# 多元文化背景下
# 新疆维吾尔族大学生双语学习使用与文化适应

龙玉红 张 梅 / 著

中央编译出版社
Central Compilation & Translation Press

**图书在版编目（CIP）数据**

多元文化背景下新疆维吾尔族大学生双语学习使用与文化适应/龙玉红，张梅著.
—北京：中央编译出版社,2015.5

ISBN 978-7-5117-2577-6

Ⅰ. ①多…

Ⅱ. ①龙… ②张…

Ⅲ. ①维吾尔族－少数民族教育－双语教学－研究－新疆

Ⅳ. ①G759.2

中国版本图书馆 CIP 数据核字(2015)第 052485 号

**多元文化背景下新疆维吾尔族大学生双语学习使用与文化适应**

出 版 人：刘明清

出版统筹：贾宇琰

责任编辑：杜永明

责任印制：尹 珺

出版发行：中央编译出版社

地　　址：北京西城区车公庄大街乙 5 号鸿儒大厦 B 座（100044）

电　　话：(010) 52612345（总编室）　　　　(010) 52612341（编辑室）
　　　　　(010) 52612316（发行部）　　　　(010) 52612317（网络销售）
　　　　　(010) 52612346（馆配部）　　　　(010) 55626985（读者服务部）

传　　真：(010) 66515838

经　　销：全国新华书店

印　　刷：北京京华虎彩印刷有限公司

开　　本：720 毫米×1000 毫米　　　1/16

字　　数：208 千字

印　　张：13.75

版　　次：2015 年 5 月第 1 版第 1 次印刷

定　　价：48.00 元

网　　址：www.cctphome.com　　　　邮　　箱：cctp@cctphome.com

新浪微博：@中央编译出版社　　　　微　　信：中央编译出版社（1D：cctphome）

淘宝店铺：中央编译出版社直销店（http://shop108367160.taobao.com）(010) 52612349

本社常年法律顾问：北京市吴奕赵阎律师事务所律师　闰军　梁勤

凡有印装质量问题，本社负责调换，电话：(010) 55626985

# 前　言

季羡林曾这样评论过新疆在历史地理上的重要性:"世界上历史悠久、地域辽阔、自成体系、影响深远的文化体系只有四个:中国、印度、希腊、伊斯兰,再没有第五个;而这四个文化体系汇流的地方只有一个,就是中国的敦煌和新疆地区,再没有第二个。"同时,各民族语言作为这些文化交流的载体,也在不可避免地彼此影响、相互学习。当前新疆地区汉族与各少数民族共同的经济生活以及史无前例的交流与融合的规模,更加决定了这种语言交换的长期性。为了适应当前这一最现实的社会发展需要,在不影响学习者母语学习能力的前提下,其他民族的语言特别是汉语言在这一地区的学习与推广,更是与生活在这里的各民族增加了解、取长补短,共同促进新疆各项事业的发展紧密相连。

本书第一、二章对新疆地区自古以来历史文化和语言交流进行了简要回顾,突出了这一交流的长期性与复杂性,并主要从历史佐证中揭示各族语言使用与交流中所受到的来自多元文化层面的影响。

本书第三章回顾了从新疆解放至今,本地区各少数民族教育事业所取得的进步,着重介绍了该地区的双语教育。从它所历经的初创、挫折、恢复、实验改革、大力推进等五个发展阶段,详细阐释这一地区教育政策的主要内容如何被反复修改,实施状况如何不断改善,以及在摸索中不断前进的双语教育如何取得理论的丰硕研究成果,在充分认识到制约双语教育发展的各种因素的同时,试图探寻一条符合新疆区情的特色双语教育发展之路。

第四章探讨不断得到提升的新疆少数民族双语教育的社会保障体系和机构体系，说明其对顺利实施双语教育工作的重要性。少数民族双语教育是对本地原有教育体系的突破，是民汉双语教育系统的创新，它既承担着语言的传授，还包含着文化的教育，它培养学生成为双语、双文化人，是新疆各族人民文化交融的纽带和桥梁。新疆少数民族双语教育是中国少数民族双语教育的一个组成部分，同时也是中国多元文化整合教育的重要组成部分。

第五章从研究新疆双语教育的性质、规律、特点和指导思想入手，详细介绍了从学前到高校的各个阶段的双语教育，及其重在促进少数民族大学生加强交际中对双语的实践运用、分级分层预科教学、提高语言应用能力以及注重学习策略的培养。

第六章从新疆作为较典型的多元文化和多种语言的社会特点入手，调查研究了本地少数民族大学生的汉语言使用及其文化适应情况，阐释其对于各民族之间的跨文化交际、语言教学以及建设和谐稳定新疆的现实意义。

最后一章结合当前西部大开发和新疆发展的形势，介绍了新疆高校培养少数民族优秀人才、学生在英语学习时会面临巨大的跨文化适应问题这一现状，引出了新疆的高校英语教师肩负的多重任务：既要帮助少数民族学生们认识其英语学习的先天优势与不足，更要帮助他们提高跨文化能力，从而不断增强他们的信心和学习兴趣。

总之，因地制宜、因势利导地探索出一条适合新疆少数民族学生双语学习的教学体系，兼顾培养其各方面的语言技能和跨文化意识，增强学生的国家认同和民族认同，才有可能为新疆的经济建设和社会稳定与发展培养出高质量的少数民族人才。

# 目　录

# 第一章　新疆文化地理成就了多元文化

新疆位于欧亚大陆的心脏地带，是中国、印度、希腊和伊斯兰文化的汇聚地，这里进行着多民族文化的交流，共建着经济的繁荣。古代丝绸之路从这里穿过，成为多民族文化交流与传播的大动脉，留下了丰富的文化遗产，更逐渐形成了独具特色又丰富多彩的地域民族文化。现如今，新疆的绿洲文化以这里的维吾尔族居民为代表，在与内地的汉文化交流的同时，也受到了其他文化的深远影响，在语言和宗教等方面留下深深的烙印。

《孟子·公孙丑下》说："天时不如地利，地利不如人和。"❶在中国，从古至今都很重视人的作用，都很重视文化的影响力。随着社会进入知识经济时代，人的重要性、知识的重要性、文化的重要性得到了更深一层的凸显。基于此，对于文化地理的了解和把握，并在此基础上提升对本地区的文化状况，是摆在我们面前的重大课题。

当然，文化是一个具有庞大体系的概念。我们生活中的一切，包括衣食住行，包括琴棋书画，无不包含在这个体系之内。为了了解文化地理，我们首先需要明确文化的几个基本特征：第一，文化的结构是多层次的，它从高到低，包括意识文化、雅文化、俗文化等，而且这些文化的层次中又各自包含多个层级。第二，文化的主体具有很明显的抽象性和敏感性。物质文化相对直接，意识文化相对间接，无论是哪种文化，它都是难以用精确的数字去计量化、标准化的。因此，我们提文化地理，也往往以定性为主、定量为辅。至于其敏感性，主要是因为文化中的制度文化和意识文化，往往涉及政治、军事、宗教等多个敏

---

❶ 《孟子·公孙丑下》。

感领域，不仅政治性、政策性比较强，而且很容易招来意想不到的误会和麻烦。第三，文化内涵区域具有很明显的多样性。文化是在特定的自然环境下形成的，属于历史发展的积淀。无需刻意去注意，我们也能感受到世界各国的不一样。看到旗袍、牌楼、舞龙，人们就明白已经进入中华文化圈。看到和服、富士山、相扑，人们就清楚这是日本文化圈。这一切说明，文化具有很强的区域性，具有很明显的区域性。当然，由于文化的主要载体是人，而人是可移动的，因此，文化随着人的移动，不断在混合居住，也不断将文化区界线变得模糊。尽管有这种模糊性的存在，但在整体上来看，我们仍旧能较为清楚地根据地理分出文化圈，中华文化圈是其中共同点比较明显、区域差异比较大的一个文化圈。

在世界各种文化体系中，中华文化具有其明显的特点。首先，上下五千年的文明，在各民族的分分合合中不断凝聚中华文化的力量，形成了世界历史上唯一一个延续不断的文明。这种延续性也成为了中华文化不可忽略的特性。其次，中华文化具有很明显的亲和性，这种亲和性主要体现在各民族的融合上。在各民族的融合过程中，中华文化显示了极大的开放性和包容性。在这种开放的状态下，各种文化进入中华文化，便迅速得到与本地文化融合。最明显的一个例子，全世界犹太人在离开本土后，往往能长时间保留自己的文化传统。而在北宋时进入开封地区生活的犹太人群，已经完全融入中华文化中。再次，尽管中国地域辽阔、民族众多，但凭借中华文化明显的同一性，特别是大一统的文化意识，历经分分合合，中华大地一直拥有统一的愿望，并努力实现着这一目标。当然，中国毕竟幅员辽阔，巨大的区域差异性也成为了中华文化的重要特点之一。《晏子春秋》说："古者百里而异习，千里而殊俗。"❶从全国来看，南北差异是文化区域差异的主要特点。比如，在语言上南繁北齐，在文学上南骚北风，在武术上南拳北腿，在音乐上南柔北刚等等。胡兆量、王恩涌、韩茂莉等人在分析国家区域经济的差异时，对这些差异进行了细致的分析❷。新疆位

❶ 《晏子春秋·内篇·问上》。

❷ 胡兆量、王恩涌、韩茂莉：《中国区域经济差异及其对策》，清华大学出版社1997年版，第31页。

于中国大陆的西北角，其文化特点上符合了北方的特色。从文化地理上来看，这个省份具有很明显的特征。

## 第一节　新疆是四大文化体系汇流的地方

新疆是一个多民族的地区，以维吾尔族为主体民族。在新疆的不少地区，维吾尔族占人口的一半以上，和田和喀什等地，维吾尔族更是占据了九成以上的比重。因此，在新疆，维吾尔文化是不容忽视的重要文化。而维吾尔文化地理的主要特征，正是不同文化的交融与汇合。这首先体现在新疆一地属于多文化汇流地的地理优势上。

季羡林早在 1986 年便曾经论及新疆在历史地理上的重要性："世界上历史悠久、地域辽阔、自成体系、影响深远的文化体系只有四个：中国、印度、希腊、伊斯兰，再没有第五个；而这四个文化体系汇流的地方只有一个，就是中国的敦煌和新疆地区，再没有第二个。"❶这个评价给新疆在文化上的地位和作用从历史地理的角度进行了高度的概括。而新疆能成为这样一个汇流地，与其得天独厚的地理位置是分不开的。

### 一、新疆位于欧亚大陆的心脏地带

从世界地图上来看，新疆位于欧亚大陆的心脏地带。中国、印度、希腊、伊斯兰则正在出现在欧亚大陆的四个方位。以新疆为中心，中华文化位于其东面，印度文化出现在其南面，伊斯兰文化出现在其西南面，希腊文化出现在其西面。新疆处于这一得天独厚的中心地带，使其具备了成为多文化汇流地的重要条件。

千百年来，各民族人民在这块土地上繁衍生息、相互依存，共同维护着祖国统一，推动着社会发展。作为人类四大文化体系交融汇流的新疆文化，值得我们自豪和珍惜，而其博大精深的文化内容，多姿多彩的文化样式，深沉厚重

---

❶ 季羡林：《敦煌学、吐鲁番学在中国文化史上的地位和作用》，载《红旗》，1986 年第 3 期。

的文化价值更是需要我们认真地去研究发掘、继承光大。现在，新疆的宗教主要有 6 种：伊斯兰教、佛教（汉传佛教、藏传佛教）、基督教、天主教、东正教、道教。另外，萨满教在有些民族中仍然有较大影响。信仰藏传佛教的主要是蒙古族，约 15 万人。基督教教徒在新疆约 3 万人。天主教教徒有 4000 多人。俄罗斯族总人口约 9000 人，他们普遍信仰东正教。道教信徒约 300 人。信仰伊斯兰教的民族有：维吾尔、哈萨克、回、柯尔克孜、塔吉克、乌孜别克、塔塔尔、东乡、撒拉、保安等 10 个民族，至 2006 年，信教人数约 1100 多万人，占全疆总人口的 60%左右。新疆自古以来就经历着民族迁徙融合，由此形成从古至今的多民族聚居状态。新疆民族迁徙不仅使大批不同民族先后进入这块土地，在这里开发建设，促进了文化的交流和经济的繁荣，同时也促进了不同民族的融合，增加了人口，提高了民族素质。

新疆现有 47 个民族成分，主要居住有维吾尔、汉、哈萨克、回、蒙古、柯尔克孜、锡伯、塔吉克、乌孜别克、满、达斡尔、塔塔尔、俄罗斯等 13 个民族，是中国五个少数民族自治区之一。多民族聚居是到了清代末期的时候，逐渐形成的一个以维吾尔族为主体的、多民族共同聚居的格局，大概经历两三千年。而这个过程非常漫长。这 13 个世居民族是历史上众多民族相互接触、相互吸收、同化融合，最终发展出来的结果。同时也有迁居的、迁徙的因素在里边。根据现在的研究，两千多年前，新疆的民族已经比较多元了。根据司马迁《史记》里边所记载，新疆当时是西域 36 国。这些地方的政权、民族构成就比较多。

从历史上我们可以看出，自古以来，新疆就是一个多民族聚居的地区。在新疆这块广袤的土地上曾经有过不同的民族在此地繁衍生息，不同民族的人们带来了他们特有的生产方式、风俗习惯、民族宗教、价值理念等，这些不同的因素在此地碰撞、融合、变异、交融。这些多元的文化不断的交融，最终形成了以绿洲维吾尔文化、草原卫拉特文化、满汉文化为主体，包括众多其他民族文化并存的格局。新疆的文化由于受到东西文化的影响，因而其文化有多种文化的因子，兼具本土文化与中原文化的特点，同时还吸收了伊斯兰文化的特点，具有很深的伊斯兰文化的烙印，这就不可避免地和中亚的一些文化具有一定的相似性。在长期的共同劳动、生活斗争中，形成了一个你中有我、我中有你的多民族共存的格局。新疆现有 13 个世居民族，47 个民族成分。中亚地区同样是各民族相互交往和融合的地域，在民族的迁徙和融合的过程中，新疆与中亚五国形成了许多的跨界民族，世世代代生活在新疆的维吾尔族与散居中亚的维吾尔族同属一个民族；居住在新疆的哈萨克族和塔吉克族人与中亚地区的哈萨克人、塔吉克人同根同源；新疆的柯尔克孜族、乌兹别克族和塔塔尔族，实际上与中亚地区的吉尔吉斯人、乌兹别克人、鞑靼人同根同源，只是译名不同。这些跨界民族语言相同、文化背景相似、宗教信仰一致、生活方式相似。

**二、丝绸之路让文化在新疆汇流**

当然，占据中心位置仅是新疆成为多文化汇流地的重要条件，要使其真正成为汇流地，还需要具备另外一个重要条件：交通的条件。古代的世界，受科学技术条件的影响，人们之间的交流主要是通过陆地。欧亚大陆是一个多高山、荒漠和森林的大陆，人们为了相互之间的交流，共开辟了三条丝绸之路。这三条丝绸之路，第一条沿着天山北麓穿行，第二条沿着天山南麓和塔里木盆地北侧穿行，第三条则沿着昆仑山北麓穿行。这三条穿行的路线，都通过了新疆。

丝绸之路是指起始于古代中国政治、经济、文化中心古都长安（今西安），连接亚洲、非洲和欧洲的古代陆地商业贸易路线。这一商业贸易路线跨越陇山山脉，穿过河西走廊，通过玉门关、阳关，抵达新疆，沿绿洲和帕米尔高原通过中亚、西亚和北非，最终抵达非洲和欧洲。在新疆，丝绸之路分为南、中、北三道。南道由葱岭西行，越兴都库什山至阿富汗喀布尔后分两路，一条西行至赫拉特，与经兰氏城而来的中道相会，再西行穿巴格达、大马士革，抵地中海东岸西顿或贝鲁特，由海路转至罗马；另一线从白沙瓦南下抵南亚。中道（汉北道）越葱岭至兰氏城西北行，一条与南道汇合，一条过德黑兰与南道汇合。北新道也分两支，一经钹汗（今费尔干纳）、康（今撒马尔罕）、安（今布哈拉）至木鹿与中道汇合西行；一经俄罗斯，沿锡尔河西北行，绕过咸海、里海北岸，至亚速海东岸的塔那，由水路转刻赤，抵君士坦丁堡（今伊斯坦布尔）。当然，历史上的国家众多，民族关系也很复杂，路线常有变化。1877年，德国地理学家李希霍芬将其命名为"丝绸之路"，得到了广泛的接受。

丝绸之路的开辟，为四大文化体系的交流和交往提供了重要的通道，成为文化交流与传播的大动脉。随着三条动脉的涌动，物产、音乐、美术、宗教等等得以实现交流。

东晋僧人法显为了弥补国内律藏的不足，于东晋安帝隆安三年（399年）与慧景、道整、慧应、慧嵬等前往天竺求法。他们的足迹遍布北、西、中、东天竺，获得了《方等般泥洹经》、《摩诃僧祇律》、《萨婆多律抄》、《杂阿毗昙心论》、《摩诃阿毗昙》等梵本。后来又到师子国（今斯里兰卡）求得《弥沙塞律》、《长阿含》、《杂藏》等。法显求经所走的路线是从长安（今西安）出发，经过河西走廊、敦煌以西的沙漠到达焉夷（今新疆焉耆附近）。此后，向西南方行进，穿过塔克拉玛干大沙漠抵达于阗（今新疆和田）。再南越葱岭，取道印度河流域，在今巴基斯坦、阿富汗、印度、尼泊尔、斯里兰卡等国内取经，后乘商船东归，在义熙九年（413年）抵达建康（今南京）。汤用彤说："海陆并遵，广游西土，留学天竺，携经而反者，恐以法显为第一人。"❶法显求经所走的便是丝绸之路。

唐朝第一高僧玄奘，为了问惑辨疑，于贞观三年（629年）从长安（今西安）出发，经秦凉高昌等地，抵达天竺北境。从地理上来看，就是越过今天的新疆省北路，经阿富汗进入印度境内。他求经所走的路线，也是丝绸之路。

马可·波罗是为世界留下第一幅"世界地图"的旅行家。他在狱中口述、鲁斯蒂谦整理完成的《马可·波罗游记》掀起了人们对东方的热切向往。根据书中的叙述，他们在波斯湾的出海口霍尔木兹等了两个月没有看到前往中国的航船后，决定改走陆路。越过伊朗沙漠，跨过帕米尔高原，来到了中国新疆。又继续向东，穿过塔克拉玛干沙漠，来到敦煌。此后，他们经玉门关见到了万里长城，穿过河西走廊，到达元上都。他们进入中国，所走的也是丝绸之路。

根据学者的研究，中国古代印刷术是沿着丝绸之路逐渐西传的重要技术之一。在敦煌、吐鲁番等地，已经发现了用于雕版印刷的木刻板和部分纸制品。唐

---

❶ 汤用彤：《汉魏两晋南北朝佛教史》，北京大学出版社2011年版，第380页。

代的《金刚经》雕版残本，在英国得以保存。15世纪时，欧洲人谷腾堡利用印刷术印出了一部《圣经》。1466年，第一个雕版印刷厂在意大利出现，令这一技术迅速传遍整个欧洲。

无论是政治、经济还是文化领域，丝绸之路都发挥了其重要的作用。位于丝绸之路冲要和中心位置的新疆，世代在这里生活的各个民族在继承和发扬自身的民族文化过程中，也不断从汉文化、希腊文化、伊斯兰文化、印度文化中获取不可或缺的营养成分，逐渐形成了独具特色又丰富多彩的地域民族文化。

### 三、新疆地区文化与汉文化的交流

文化传播学派认为，每个民族都有一定的创造力，但这种创造力是有限的。人类文化的昌盛，与世界几大文明中心文明的传播密切相关。新疆得天独厚，成为欧洲文明、西亚文明、印度文明和华夏文明等几大文明的辐射区。当然，这一区域与印度相隔昆仑、喜马拉雅两座大山脉，与波斯等地，受到葱岭和乌浒水的隔阻，与欧洲则更是受到了乌拉尔山和其他陆地的影响。只有华夏文化的聚焦区中原地带，与其最近。正因为如此，新疆地区很早就受到了中原地区的关注。

在中国的先秦古籍中，不乏对新疆地区的介绍和认识。《尚书》《竹书纪年》《逸周书》《山海经》《穆天子传》《楚辞》等书籍和文献中，已经出现了诸如流沙、大荒、火山、潡泽、昆仑、西海、不周山等有关新疆地理、物产等的记载。尤其是昆仑，一直被视为中华民族的发祥圣山。1969年，安阳殷墟发掘妇好墓时，出土了大量玉器，其中不少来自新疆于阗。另外，在新疆阿拉沟出土了环状贝，在七角井出土了红珊瑚，这些来自滨海地区的贝和珊瑚说明，早在3000年前，中国的中原地区与新疆地区就已经有了较为密切的交流。

到汉代时，张骞"凿空"带来西域都护府的创立。此后，新疆开始正式纳入中华多民族统一的版图中。尽管中原汉文化与新疆地区文化之间存在着多种差异性，但是，经过几千年的分并与联系，新疆与中原逐渐形成了一个统一的整体。

### 四、新疆地区文化对其他文化的吸收

受四种文化腹地的影响，新疆地区文化除了受汉文化的影响外，受其他文化的影响也比较大。这可以从以下几个方面看出端倪。

新疆地区的人种具有黄种与白种混合的特征。中国社会科学院韩信康在接受《南方周末》的采访时，对新疆地区出土的人种头骨分布进行了一番统计和介绍。这些统计数据是根据古墓中出土的头骨进行分析得来的。其中，位于新疆东部的哈密马不克古墓，其人种成分为蒙古人种占66%，印欧人种占34%，这一印欧人种来自高加索人种。位于东部古墓沟的古墓则全部来自高加索人种。位于楼兰古墓的人种，10%属于蒙古人种，90%属于地中海人种。位于米兰古墓，成分最为复杂，20%属于蒙古人种，18%属于地中海人种，32%属于高加索人种，30%属于中亚两河人种。位于新疆北部的阿拉沟丛葬墓，人种的分布同样复杂：12%属于蒙古人种，25%属于地中海人种，38%属于高加索人种，25%属于中亚两河人种。只有新疆南部地区的人种分布比较单一，从挖掘的塔什库尔干墓和洛甫山普拉丛葬墓来看，其人种完全属于地中海人种。[1]这些数据表明，在新疆地区，黄种人和白种人混合的特点是比较明显的。随着人种的交错，其文化的相互影响也就成为了必然。

第二，新疆地区语言具有丰富性的特点。

新疆地区的主要民族是维吾尔族。维吾尔族主要使用的是维吾尔语。这一语言属于阿尔泰语系，其中除了大量吸收汉语词汇外，还大量吸收了伊朗语、阿拉伯语、俄语等语种的词汇。此外，根据历史文献的记载，新疆地区还曾经吸收过蒙古语、藏语、印度梵语等语言的词汇。赵相如、朱志宁在《维吾尔语简志》中对此进行了较为详细的介绍[2]。早期的汉文佛经，多数是通过新疆地区传入中原的。在文化信息传递的过程中，新疆地区使用的突厥文、回鹘文、粟特文成为了重要的载体，维吾尔族也涌现了一批翻译佛经的高僧。

第三，新疆地区宗教具有很强的综合性。

---

[1] 寿蓓蓓：《楼兰古国里的白种人》，载《南方周末》，1999年9月24日。

[2] 赵相如、朱志宁：《维吾尔语简志》，民族出版社1995年版，第199~209页。

在宗教上，新疆地区具有特别强的综合性。在维吾尔人的观念中，太阳、月亮和星星是他们崇拜的对象。这种崇拜体现了原始宗教的特点。而在民间跳"皮尔洪"舞驱邪、治病、解梦、相面，则属于萨满教跳绳舞的演变。新疆民间结婚需要新郎新娘跳过火堆或者绕过火堆以避邪气，则是拜火教的遗风。吐鲁番发现的摩尼教经文和壁画说明他们曾经受摩尼教的影响。景教教堂中有用突厥文写就的福音书，说明新疆曾经接受过基督教中的景教影响。至于佛教，更是对新疆影响较大的宗教。在新疆有文字记载的历史上，佛教占据了多半的时间。伊斯兰教从9世纪时传入新疆，到15世纪时成为维吾尔族的全民信仰，给了维吾尔文化最深的宗教影响。

正是在这种文化的碰撞中，新疆地区文化也不断吸收除了汉文化以外的其他文化，不断形成了自己独特的文化形式。

## 第二节　广阔的地域形成新疆地区文化的错落

### 一、绿洲文化是新疆地区文化的基础

绿洲是维吾尔人休养生息的据点，是维吾尔文化的自然环境基础。维吾尔绿洲文化有深厚的草原文化背景。一方面，天山以北和南疆周边地区有广阔的草原，有许多游牧民族。另一方面，维吾尔先民来自漠北。公元740~840年维吾尔在漠北草原建立回鹘汗国。公元9世纪中叶回鹘汗国覆灭，维吾尔人大举西迁，主力越过阿尔泰山，进入天山南北麓，从游牧生活，过渡到定居的农耕生活。

维吾尔人吃苦耐劳、苦中取乐、互助互爱的传统作风与绿洲环境关系密切。绿洲的自然环境并不优越。一走出绿色屏障，便是广阔的大漠，风沙弥漫，冬季严寒，夏季炎热，干旱缺雨，日照强烈。玄奘的描写是："沙则流浸，聚则随风，人行无迹，遂多迷路。四远茫茫，莫知所指，是以往来者聚遗骸以记之。""乏水草，多热风，风起则人畜昏迷，因以成病。"一边是黄沙，一边是绿浪，一边是悲愁，一边是欢欣。严酷的周边环境，强烈的景观对比，造就绿洲文化具有相反相成的两个侧面，造就绿洲人民深沉、豁达、坚韧的性格。艰

苦的自然环境要求人们互相照应。在大漠中，碰到一个人会感到格外亲切。"交个朋友吧，交个朋友，有一个馕也要掰成两半一起吃。"维吾尔人的谚语说明绿洲人民具有热情好客和礼貌待人的传统。❶

绿洲人对音乐歌舞有特殊的爱好。在茫茫大漠中，人们要驱散苍凉的愁云，最好的手段是音乐歌舞。哭也是歌，笑也是歌，维吾尔人与音乐歌舞有不解之缘。大地给维吾尔人的音乐歌舞提供营养，也给维吾尔人的音乐歌舞打上烙印。这就是一个"朦"字，包含着苍凉、忧怨的情调，抒情和缠绵的韵味。在维吾尔古典诗歌中，人类在大自然面前是渺小的，犹如来去匆匆的过客。毛拉比拉利的诗句："在这个人世间，我是个流浪汉。唯有流浪汉才会为我心酸。"阿图什民歌："阿图什遍地是石滩，石滩上长出粮食片片，似那河里的渠水匆匆流过，那就是我们的青春年复一年。"在维吾尔音乐作品中，几乎看不到赞颂太阳的词句，反映这里是日光资源过于充分的地方。相反，常见的赞颂对象是月亮，是星辰，是泉水。

维吾尔人的色彩观以绿为首，兼爱蓝和红。绿是绿洲景色的折射。在茫茫大漠中，举眼望去全是灰色和黄色，只有绿洲孕育生机。在沙漠和干旱地区诞生的伊斯兰教崇尚绿色，进一步提升了维吾尔人民对绿色的崇敬和喜爱。伊斯兰教将蓝色代表上天，爱蓝也有宗教色彩。爱红反映热情奔放的性格，也受汉人色彩观的影响。绿用翠绿，蓝用碧蓝，红用鲜红，这是维吾尔民族的色彩观，是维吾尔民族的美感观。维吾尔人的色彩观与环境观是一脉相承的。在楼兰出土的佉卢文民约中规定：连根砍断一棵树，处罚一匹马；砍掉树枝，处罚一头母牛。这是十分严厉的环境生态保护法规。今天走进维吾尔村落，可以看到纵横的沟渠，成荫的果木。跨入维吾尔庭院，更是绿荫遮阳，鸟语花香，流水潺潺，院内搭着葡萄棚，屋前屋后栽着桃、杏、苹果、桑等果木。南疆气候温和，少雨雪，民居建筑除顶棚使用少量木材外，四壁多用土坯砌成，房顶平坦，留有天窗。喀什民居室内布置比较讲究，墙壁常施石膏花，墙顶有石膏花或木雕花，地

---

❶ 阿尔斯朗·马木提：《新疆维吾尔文化地理特征研究》，载《干旱区资源与环境》，2009年12月。

面铺有艳丽的地毯。和田民居顶盖设木棂花侧窗，通风采光。吐鲁番夏季炎热少雨，冬天寒冷，民居建有地下室和半地下室的土拱平顶式样，院中引进渠水，遍栽白杨，架葡萄棚，朴实清新。维吾尔族虽然以农业为主，对牲畜饲养也比较重视。在住宅布局上，既要考虑农具置放，粮食储藏，又要考虑牛棚、羊圈设置。屋顶平台周围设木栏杆，可以堆积瓜果和粮食。屋前有较深的前廊，供人在夏季户外起居。

新疆的清真寺兼容阿拉伯和维吾尔风格于一体，多采用平顶或穹隆圆拱顶的廊柱结构，与内地清真寺殿宇式的重檐结构形成明显对比。拱顶，高耸尖塔，绿色或蓝色廊柱，藻井图案和三面回廊，是维吾尔清真寺常用的格式。伊斯兰教反对偶像崇拜，绘画和雕刻以图案和花卉为主。菊花、梅花、牡丹花、玫瑰花是常采用的花卉。墙壁、房顶、房檐、廊柱，有各式图案和花卉，配有阿拉伯经文，色彩明朗鲜艳。

色彩鲜明，花卉点缀是维吾尔服饰的特征。妇女衣服的领口、袖口、胸前、肩部、裤脚都绣花，喜爱佩戴耳环、手镯、项链等饰物。男子的衣服也绣满花。绣的内容是绿洲花卉和作物，如桃花、李花、石榴花、棉桃花、麦穗、葡萄、豆角、石榴、桃子等。图样在写实的基础上，概括夸张，生动形象，显示维吾尔妇女心灵手巧的艺术才华。

维吾尔族男女老幼都爱戴绣花的四楞小帽。和田小花帽口大顶小，直径 8 厘米，像一只碗扣在头上，远看像一朵鲜花，别有一番情趣。每逢喜庆佳节，歌舞盛期，人们都要戴上精制的小花帽赴会。

新疆自古产丝绸。著名的艾岱来斯绸又称和田土花绸，采用纯丝织成，色彩艳丽，图样粗犷。用艾岱来斯绸缝制的筒裙是维吾尔妇女的盛装礼服。着绣花衣，穿绣花鞋，扎绣花巾，背绣花袋，戴绣花帽，再加砌有花纹的墙，雕有花饰的门窗，挂着花壁毯和铺着花地毯的居室，栽满花卉的庭院，走进维吾尔人的世界，犹如进入花的海洋。

## 二、东西部差异造就了文化的区域性

### 1. 自然资源的利用方式具有地域差异

南疆维吾尔传统文化具有较强的同一性，也有明显的地域差异。地域差异的主要表现是东部和西部的不同：以吐鲁番—哈密盆地为中心的新疆东部地区生存生活的古代维吾尔人，发挥自己的聪明才智和智慧，在长期的历史发展过程中，以本地化态度选择而消化采纳利用中原的一些优秀生产方式，与自然界和谐生活，创造发明了适合于该地特殊地形环境条件的"坎儿井灌溉农业文化"。"坎儿井"工程是生存生活在吐—哈盆地古代维吾尔人的勤劳、勇敢、聪明才智和智慧的结晶。所以，现代人同等比喻称她为在中国古代"三大"伟大工程(长城、大运河、坎儿井)之一；南疆塔里木盆地为中心的古代维吾尔人，从来自西方的文化体系中摄取营养，也选择本地化的方式和接受中原文化的个别优点，生存生活在母亲河——塔里木流域而充分并有效利用其肥沃土地及水资源，开创性地发展农业生产。塔里木盆地的古代维吾尔人，自古就勇敢而巧妙地与沙漠进行着斗争，一直保护利用原始胡杨林等天然植被，采取以扩大红柳、胡杨、梭梭、黄麻、甘草等抗旱荒漠植被面积和覆盖率来防沙治沙及固定沙漠办法措施，保持和延续和谐自然的传统，逐渐形成并独创了灿烂而悠久的塔里木盆地"沙漠绿洲灌溉农耕生态文化"。

对新疆来讲，北疆的降水相对较多，是属于温带半干旱大陆性气候。水土资源丰富，土地肥沃，草地的草质好而自然生物量高，草地草原广阔而面积大，土地植被覆盖率高等特征。这里生存生活的各族人民，在这样的自然环境条件下，在水草丰肥的地方以游牧的方式放牧，逐渐形成了"草原(游牧民族)生态文化"。北疆维吾尔人也充分发挥自己的聪明才智，逐渐摸索而形成创立了适合于本地自然生态环境和自然条件的"旱田农耕生态文化"。

### 2. 民间音乐歌舞风格具有地域差异

维吾尔人的音乐歌舞也有地域差异，大体可以分东疆、北疆(主要指伊犁维吾尔人的民间音乐歌舞)、南疆和刀郎四个音乐歌舞色彩区域。

东疆区包括哈密和吐鲁番等地，这两地维吾尔人的民间音乐歌舞都有自己的独特木卡姆演奏方式和民间歌曲结构和节奏调式风格，与南北疆其他地区有别。如：以吐鲁番的民间音乐歌舞"纳孜尔库姆"为例，其音乐歌舞深厚而热烈活泼、欢乐节奏调式多变的独特演奏风格。因为，该民间歌舞音乐为歌颂劳动人民的生产丰收欢乐而创造的。所以，其歌词内容和音乐节奏调式及歌舞演奏方式，始终以歌颂劳动人民的生产丰收欢乐为核心；而哈密民间音乐歌舞歌曲的结构和调式受蒙古族、汉族等兄弟民族民歌的一些影响，但却有民间音乐歌舞歌曲的结构和节奏调式，温柔柔和歌舞歌曲的节奏调式变化较缓慢而单调，也区别于吐鲁番和其他地区。

南疆的喀什民歌节奏丰富，调式较多。和田民歌古朴短小，乡土气息较浓。库车民歌热烈活泼，透露出古龟兹声乐舞蹈的遗风。叶尔羌河下游麦盖提和阿瓦提县等地是属于音乐歌舞色彩区域，是称之为"刀郎音乐歌舞之乡"。刀郎是麦盖提的古地名。刀郎舞热情粗犷，反映狩猎和游牧生活，表现骁勇善战的先民遗风。

北疆（指伊犁维吾尔人的民间音乐歌舞）的民间音乐歌舞具有宽阔草原为背景的独特风格，他们的音乐舞蹈演奏音调和节奏调式，与其周围生活的哈萨克等民族音乐演奏音调和节奏调式有很大区别。伊犁维吾尔人的民间音乐歌舞活泼、高雅、音乐音调和节奏调式，从较缓慢而越来越高潮化、合唱化和系列化的独特性。与以上其他地区相比具有不同的风格。所以，在维吾尔人民间有："歌词和作曲出于喀什，传到了阿克苏音调变化出现含糊音调，传到了库车音调恢复原委，库车人演唱活泼、高雅，传到了伊犁，伊犁人把她整合系列化演唱"的谚语。还有，在伊犁人的麦西热甫和民间宴会中，笑话者特别幽默而灵感，民间娱乐活动中起活跃而刺激的作用，把娱乐活动提升到格外欢乐的气氛。这种格外欢乐的娱乐活动气氛在新疆其他地区罕见。

严格的讲，音乐是表现人的思想、感情和精神的文化艺术形式。而人的思想、感情和精神，又不能不受到他所在的自然环境的影响和制约。

人类社会活动复杂、多样，受其影响使音乐在这复杂的人文地理环境中形成许多不同风格、不同流派的特点，这是音乐产生不同风格的主要原因。自然地理环境也复杂多样，不同的自然环境给人以不同的感受、产生不同的思想感情与意愿；同一自然环境在不同的人群中也有不同的反应。因此，自然地理环境也对音乐风格形成有着不可忽视的影响。我国著名的历史学家张广达教授在他向第十六届国际历史科学大会上提交的论文——"古代亚欧的内陆交通"中指出："人们既然从各自所处的不同的自然生存环境中获得物质资料，当然也就不免因此获得不同的禀性和不同的精神面貌。换言之，各个民族的气质中，免不了保存一些由于自然生存环境的影响而形成的特色。"诚如上文所及，绿洲人所处的坚苦的自然环境使得绿洲人只有互相照应才能共同生存，在漫漫的大漠之中，碰到一个同类会使绿洲人感到格外亲切。因此，绿洲人好客，绿洲人最富人情味，诚如维吾尔族的一名民谚所说："交个朋友吧交个朋友，有一个馕也要掰成两半一起吃。"实在找不到同路人时，音乐就成了先进在大漠中的绿洲人最好的伴侣和抒发孤独、忧伤、苍凉等复杂感情、驱散愁云的最好手段。所以，绿洲人对音乐有着特殊的爱好、特殊的感情，绿洲人所处的艰苦环境又使得他们只有具备高度的乐观精神才能生活下去，因此，他们心脑开朗，诙谐幽默，爱唱爱跳，爱说爱哭，能歌善舞成了绿洲人的优良传统之一。哭也是歌，笑也是歌，绿洲人的一生和音乐结下了不解之缘，这就是"木卡姆"音乐现象之所以能够在这条绿洲链上产生、存在、发展的最根本的原因。

绿洲音乐的风格虽然因地区、国家、民族的不同而各有迥异，但其共同的特点都是对阴柔美的偏爱。拿我国最主要的绿洲民族——维吾尔族人民来说，他们的独特音乐审美心理凝成了一个内核——对"朦"的执着追求。"朦"这个字是维吾尔语的音译，它包蕴着韵味、感染力、动人度、抒情性及偏于苍凉、忧怨的感情等多层含义。

一个地区的自然景观，常常是当地音乐创作的素材，音乐作品风格特点也总是不同程度地带有当地自然景观的背景色彩，音乐在这方面的差异性与自然景观的地域分异是基本一致的。在维吾尔族的各种音乐作品中很明显地看出这一点。在维吾尔族的各种音乐作品中，我们几乎看不到赞颂太阳的词句（在我们这个星球上生活的其他地方的同类都对太阳崇拜得五体投地，因此而对它赞颂、歌唱），对于绿洲人来说，常见的赞颂对象是月亮、是星星、是泉水、是绿地等等。从音乐形态学的角度来观察，维吾尔族传统音乐则通过中立律制的经常应用、游移音级的大量存在、音调关系的多转换和被模糊，常常以下方五度（上方四度）音而非上方五度音和结音一起构成乐曲旋律框架，节奏强弱位于节拍强弱位的有意交错，物理性均衡节奏的经常被打破，非节拍强位起讫乐句、乐段、乐曲、旋律委婉并以下行进构成旋律的主要特点，旋律装饰手段的大量运用等各个方面来达到所谓"朦"的效果。这种与"阳刚"相对而言的"阴柔"之美被绿洲人强调到如此重要的地位，显然与上文所及绿洲人所在的自然生存环境和精神素质直接关联，艰苦的条件使他们容易从偏于苍凉、忧怨的音乐中得到共鸣，漫长的夏天、炎热的气候，使他们把如火的骄阳视作了可畏之物，浓厚的"人情味"使他们的音乐特别抒情、缠绵。

当然，强调绿洲人在音乐文化领域对"阴柔"之美的执着追求并不意味无视绿洲音乐文化的其他侧面：长期处于黄色为主的单一色彩包围之中的绿洲人追求着各种鲜艳色彩的强烈对比（他们的服饰、花帽、挂毯等都可对此加以证明），他们的乐观精神和幽默性格为音乐带来了欢快、热烈、诙谐、风趣的另一个侧面。一边是黄沙，一边是绿浪；一边是悲戚，一边是欢欣；这就是绿洲人的生活，这就是形成强烈对比的绿洲音乐文化中不可分割的相反相成、对立统一的两上侧面。

在长期的历史发展中，新疆各地的维吾尔民间音乐都融注了本地生活的乳汁。最近又有部分学者证实了匈牙利民间乐曲和裕固民间乐曲的相同点。而当今的一些研究结果表明，居于甘肃省境内的裕固族（又称黄种维吾尔人），是早期由哈密一带迁移的。这就提示出这样一个疑问，即在哈密维吾尔人和裕固族民间乐曲中是否保留着古代匈奴时期的乐曲基因？

总之，文化、宗教、语言、音乐艺术等诸因素以及哈密维吾尔人生活的自然地理环境、经济生活方式等，形成了其民间文化，尤其是民间文学所独有的特色，而这些特色在哈密民歌比喻中体现得尤为突出。其原因，哈密不仅是西域文化和中原文化的相逢点，而且也是衔接突厥民族文化与满蒙民族文化的重要枢纽。

刀郎色彩区的民歌风格粗犷，保留着古代从事游牧的刀郎人所喜爱的牧歌情调。木卡姆因地区不同而分为"刀郎木卡姆"、"哈密木卡姆"、"伊犁木卡姆"、"喀什木卡姆"等，其中以"喀什木卡姆"的规模最宏大，形式曲调最为完整。

综上所述，一种音乐风格是在多种人为和自然因素的长期综合作用下形成的，地理环境为音乐风格的保存、发展提供了可靠的保证，音乐的分布受地理环境地域分异的影响，表现出明显的地区差异性。

3. 有些地区的维吾尔人群具有独到之处

新疆有些地区的维吾尔人群，在历史上所处的客观区位地理位置和特殊的自然环境条件以及延续来得传统等原因，他们在生产经营意识上独到之处。

喀什是维吾尔族古老的交通、经济和文化中心。清朝时，喀什按音译，名喀什噶尔。丝绸之路进入塔里木盆地后分成南北两路。南路经罗布诺尔、米兰、且末、和田。北路经吐鲁番、焉耆、库车、阿克苏。这两条通道在喀什交汇，翻越帕米尔高原，分别通往印度、阿富汗、波斯和中亚各国。因此，喀什是东西方文明交流的十字路口。十字路口的位置决定喀什是西方文化传入新疆的第一站。古希腊文化对喀什的影响至今犹在。民间流传伊斯坎迪尔（亚历山大）东征的传说。11 世纪喀什学者对古希腊哲人柏拉图和亚里士多德的学说相当熟悉。具有希腊文化色彩的健陀罗文化在喀什曾经兴盛一时。佛教在公元 1 世纪传入喀什。喀什郊区三仙洞佛教壁画，陆续发掘的佛寺遗址和佛祖造像，说明佛教兴旺昌盛的历史。历经近一千年的佛教文化后，10 世纪伊斯兰教传入新疆，经喀什遍及全疆。喀什成为新疆伊斯兰教的中心。

在古代很长一段时间内，由于喀什所处的历史区位位置原因，辉煌一时成为新疆的文化中心。因有这样客观中心区位位置条件，使喀什的辐射范围大大扩大，人们的服务意识也大幅度提升。在这里生存生活的维吾尔人中造就了一大批擅长经商的商人和从事饮食服务行业人员和炊事大师。所以，自古以来，喀什人善于经商。尤其喀什在饮食品种和质量上，全疆有名。就这样，在民间有："有了喀什炊事大师、阿克苏大米和面粉，就好味好香抓饭及拉条白面"的谚语。现在新疆各地维吾尔人中从事饮食服务行业的原籍喀什人,占决大数量和比率。

阿图什是新疆商人的摇篮,是现代学校教育的发祥地,也是古丝绸之路上的新商都。阿图什维吾尔人很早就具有很强的经商传统和开拓、创新精神、竞争意识。所以,近现代新疆维吾尔个体商业户大都原籍阿图什。阿图什市兴建的西城商贸城建筑面积 6 万平方米,有摊位 4000 个,是南疆最大的商品批发市场,又称"香港巴扎"。西域商贸城的分号在喀什市落成。阿图什人还把经商的足迹延伸到上海、天津、深圳等全国通都大邑,延伸到中亚、俄罗斯、西欧、美国。新疆民谚说:"除了月亮,到处都有阿图什人。"阿图什成为新疆商人的摇篮有区位和自然环境的基础,有历史的背景,也是阿图什社会良性循环发展的硕果。阿图什位于天山南麓,博孜塔格山南坡,塔里木盆地西缘,西离南疆经济和文化中心喀什市只有 40 公里,相当于喀什市的一个远郊区。

阿图什的城市功能具有辅助喀什完善南疆政治、经济和文化中心的重任。有限的绿洲耕地在一定程度上迫使阿图什人出外经商。阿图什商人大都来自城郊阿扎克乡和松他克乡。这两个乡的人均耕地不到 0.5 亩,有些村庄人均耕地只有 0.2 亩到 0.3 亩。在阿图什,历来水量和耕地有限而土地也不肥沃,所以,阿图什维吾尔人很早就开始自发地迁出本地迁入它地的方式,开辟自己的美好未来。现在,新疆的南北疆各地州都具有一定规模的以阿图什为取名的村落村庄存在,其很早就有迁出移民存在的客观事例。在阿图什维吾尔人历来的这种自发的迁出本地迁入它地生存生活方式,像阿图什那样自然资源和自然条件有限地区来讲,可以认为是现代人所形容称呼的"生态移民"。

阿图什的教育事业有悠久的历史,对新疆现代教育产生了较大的影响。清光绪十一年(1885 年),上阿图什乡依克萨克村商人巴吾东·木沙巴也夫创办私立依克萨克"玉赛音亚"学校或称"胡赛尼亚学校",是维吾尔现代新型教育之始。

现在以各种渠道,从阿图什迁出到新疆各地去在各行各业工作并从事各种生产生活的原籍阿图什的维吾尔人,占据与阿图什现有维吾尔人口大体相等比例。这可能与他们坚强的遗传经商传统的开拓和开辟精神意识紧密相关。

"柯坪出人才"，这是新疆人民对 4 万多人口的柯坪县的赞誉。柯坪是全疆第一批扫除文盲县之一。1985 年全县适龄儿童入学已经达到 97.5%。在柯坪县，农民田头谈话的主要内容是家中有几个孩子在上大学。这样的文化氛围在周边地区是没有的。

柯坪维吾尔人的方言与它比邻的周边各县（市）有区别，与和田、若羌、且末、民丰比较接近。10 世纪中期到 11 世纪中期，信奉佛教的于田国与信奉伊斯兰教的喀喇汗王朝发生激烈冲突。结果于阗国败北，居民逐渐伊斯兰化。一部分不愿意接受伊斯兰教的高僧名士，被强制流放到柯坪山间盆地。在这批从于阗国迁来的流民中，有不少才艺出众、智能过人的强者。他们赋予柯坪人勤奋好学的传统。

柯坪维吾尔人中独有的勤奋好学传统的主要一面是与其先民遗传历史的延伸有关；再一面是柯坪的水和耕地比起阿图什还要短缺，尤其是水量特别短缺而很有限。所以，民间有："在柯坪一滴水等于一滴血"的谚语。

柯坪维吾尔人历来只靠两股泉水为水源维持生存并进行生产生活，柯坪县境内没有任何河流，与县境以山脉隔界并流经于阿合奇县和乌什县境内的阿克苏河上游托什干河的直线距离就算比较近，但它都有高山和山地，现阶段无法开渠引水。加之，柯坪县境的地形坡度较大，更没有修建水库大坝栏蓄积水和冬天闲流走水的库容和可能。20 世纪 70—80 年之间，柯坪人民为了拦蓄积水和冬天流走的闲水，在泉水之源的上游和泉水下游溢出处修建水库大坝，但地形坡度大，回流未有较大积水库容，一到来年春夏洪水期，洪水冲击水库冲走大坝，拦蓄积水往往失败。

柯坪的自然环境条件特殊，虽然，在柯坪境内有了一定量可以开垦的荒地，只靠两股泉水水源来进行生产活动加之主要集中农业生产的山前洪水洪积而生成的绿洲耕作地区，因地下水位较深、盐度高等原因，地下水不能灌溉使用，所以，无法开垦荒地而扩大耕地。因水量很有限，历来现有的耕地也由轮耕轮空的办法来安排生产耕作活动，绝大多数农民以主农兼牧的方式维持生产和生存生活。而其矿产资源也很贫乏，到现在为止，柯坪没有任何工矿企业，也无像样的农产品加工的副食品工业企业。为此，柯坪农民的生活比较艰苦并贫穷。所以，定为国家级贫困县。

在这样有限的自然环境条件下，勤劳、朴素而勤奋好学传统的柯坪维吾尔人，早就树立了较强的开创及开拓开辟意识。以自发地迁移迁出本地迁入疆内其它地方式以及求知求学的渠道跨入其它地求职就业居住，开辟自己的生活未来并为迁入地的经济发展作出贡献。在历史上，往柯坪与自己邻近的乌什、阿瓦提、拜城县等周围地区迁移的数量较多，他们在迁入地都集中居住，已形成以柯坪为取名的村落村庄。自发迁移过来的原籍柯坪的农牧民生活水平和生活条件与迁入地的农牧民相比，没有一家贫困户家庭，他们都比较富裕。这说明，柯坪维吾尔人的勤劳而具有能干吃苦开辟精神意识以及勤奋好学传统。

所以，柯坪也像阿图什那样，现代在新疆各地各行各业工作和从事各类生产生活活动的原籍柯坪的维吾尔人，占据与柯坪现在维吾尔人口大体相当的等比例。以县为计算单位，在柯坪县现有人口（现有人口为 4.5 万人）中，受高等教育的人口比例（每 1 万人口中比例），在全疆各县中名列前茅。值得一提的是，在阿克苏地区教育系统的职工中，原籍柯坪的占 70%以上。在全疆各地，特别在乌鲁木齐，都可以遇到柯坪籍的专家、干部和文艺工作者。柯坪对新疆社会经济发展的主要贡献是人才。

# 第二章　新疆地区古代文化
## 交流与语言使用[*]

　　新疆地区与内地的文化交流自古就有史籍记载，从先秦两汉直到明清时期，古代的文化交流从未中断。在这一漫长的历史过程中，新疆多元民族文化的格局也随之定型。多类型的经济文化和多彩的语言与宗教类型并存，使新疆的人文景观独具特色，散发出诱人的光芒。新疆各族语言发展和交流，呈现出直接型、历时型、共用型、不平衡型、文化型、域内型等特点，使得这里的语言交融纷繁复杂，极富研究价值。

## 第一节　先秦两汉时期

　　我国史籍对新疆文化主体的族属有明确记载是在汉代。新疆古称"西域"，意为中国的西部疆域。据记载，战国至西汉时期，在西域北部以伊犁河流域为中心的广大地区，主要活动着塞人。汉文帝三年（约公元前 177 年），塞人在西迁大月氏人的挤压和打击下，被迫放弃伊犁河流域，他们中的人一部分南下，散处帕米尔各地，以后又东向进入塔里木盆地，与此同时，受秦国、匈奴、汉朝向西扩展的影响，羌人、月氏人、乌孙人、匈奴人、汉人等民族相继进入西域。羌人是这些民族中进入西域最早的民族。秦献公时期（公元前 384～前 362 年）他们就已经由河湟一带经过阿尔金山口进入塔里木盆地，这一迁徙

---

　　* 贺萍：《新疆多元民族文化流变述略》，载《西北工业大学学报》（社会科学版），2005年第 1 期。

活动一直延续到东汉以后。月氏人、乌孙人的西迁与匈奴的兴起有关。正是由于匈奴的兴起与强大，导致了河西走廊地区一系列的民族迁徙活动。首先是月氏人西迁。月氏人迁至伊犁河流域后，逐走了原先居住在那里的塞人，据有其地。但不久，在紧随其后的匈奴与乌孙的联合进攻下，被迫再迁至大夏（今阿姆河上游地区），伊犁河流域及伊塞克湖周围则为追随其后的乌孙人占据。在追赶月氏人的过程中，匈奴人也进入了西域，成为了西域的统治民族。匈奴在向西发展的同时，还向南扩张。它经常越过长城，掠扰汉朝，严重影响了汉朝北方地区社会经济的发展，为此，汉朝与匈奴之间展开了长期角逐。为了"断匈奴右臂"，建元三年（公元前 138 年）、元狩四年（公元前 119 年），汉武帝先后两次派张骞出使西域，打通了汉朝与西域的直接联系。汉宣帝神爵二年（公元前 60 年），汉朝在西域设立西域都护府，对西域正式行使有效管辖，从此，西域正式成为祖国不可分割的一部分。随着汉朝对西域的经略，汉人西迁西域的人数日增，并在西域逐渐形成了遍布各地的大分散和各屯田点小集中的分布格局。

除此之外，在阿尔泰山东段，额尔齐斯河上游，逶迤往南，直到东天山北麓的广大地区，还有呼揭、丁零和坚昆在活动。上述这些民族所承载的文化构成了汉代西域文化的基本内容。

第二，张骞"凿空"，打通了"丝绸之路"这条东西方文化交流的通道，从而为东西文化大规模的交流提供了基础条件和保障。早在"丝绸之路"开通之前，西域与周边地区就已存在着交往和联系，只是这种联系和交往是民间性的，很零散。张骞通西域后，西域才开始了与中原官方大规模的交往，"丝绸之路"才得到实质性开发。正是通过"丝绸之路"这条东西方文化交流的通道，中原汉文化、波斯文化、印度文化等世界几大文明在西域汇聚与碰撞，这种文化交流的格局规定了以后西域文化发展的面貌，决定了今天新疆地区文化模式的特色。因此，"丝绸之路"的开通是西域文化史上具有标志性意义的事件。

第三，印度佛教传入西域，并逐渐发展成为前伊斯兰时期（公元 10 世纪以前）在西域占主导地位的宗教。在佛教文化的浸润下，前伊斯兰时期的西域民族文化带有浓厚的佛教文化色彩。汉代新疆的多元民族文化面貌，从经济生活方式来看，以天山为界，可以分为绿洲农耕和草原游牧两个相互依赖，又各具特色的文化区。其中，塔里木盆地和吐鲁番盆地属于绿洲农耕经济；天山以北的乌孙国等是草原游牧经济。对此，《汉书·西域传》明确记载："西域诸国大率土著，有城郭田畜，与匈奴、乌孙异俗"。天山南部的绿洲农耕经济不只是单纯的农耕经济，而是以农耕为主，兼营畜牧业和商业。在天山北部活动的塞人、大月氏、匈奴和乌孙则代表的是一种草原游牧文化，其特点如《汉书·西域传》卷96记载："不田作种树，随畜逐水草"。

从语言文字情况来看，汉代活动在西域的民族在语系上分别属于印欧语系、汉藏语系和阿勒泰语系。具体地说，早期天山南部居民的语言属于印欧语系，而且，这种语言可以进一步分为塞语和龟兹）（焉耆）语。塞语，流行于塔里木盆地南缘；龟兹（焉耆）语，流行于塔里木盆地以西地区。属于汉藏语系的有羌人、汉人；属于阿尔泰语系的有匈奴人、乌孙人。

一般而言，塔里木盆地北道诸国流行婆罗谜文字书写的吐火罗语，称为龟兹（焉耆）语。这种语言又分为龟兹和焉耆两种方言，一种流行于高昌、焉耆一带，叫甲种吐火罗语；一种流行于龟兹地区，叫乙种吐火罗语。南道鄯善诸国流行的民间语言是楼兰语。于阗地区除了塞克语外，还流行佉卢文为代表的"印度俗语"。随着中原汉族的大量移入，汉语文也在城郭诸国中广泛流行。一些上层贵族使用的比较多，而且程度很高。

从宗教信仰的情况来看，天山以南绿洲诸国的宗教信仰主要是萨满教、祆教和佛教。萨满教是西域土生土长的宗教，它相信万物有灵，认为世界上的一切生灵都有灵魂，山川河流、风霜雨雪也有神灵，因此，都成为他们崇拜的对象。当时，巫术盛行于各国。《后汉书·班超传》记载：于阗"其俗信巫"。公元前4世纪，祆教传入西域。龟兹、疏勒、焉耆等国都"俗事祆神"。公元前1世纪左右，佛教传入西域。在西域统治阶级的大力推动下，佛教逐渐发展成为西域的主要宗教。由于传播途径不同，西域佛教艺术存在着地域性差异。塔里木南端的佛教艺术与西北的印度健陀罗艺术关系密切，北缘的龟兹佛教艺术则与巴米扬石窟壁画艺术相似。天山北部草原地区活动的民族主要信奉原始宗教。如,乌孙人崇拜自然、崇拜图腾、信奉萨满教;匈奴人祭祀祖先、天地和鬼神等。

汉代,西域的外来文化因素主要有匈奴游牧文化、中原汉文化、波斯文化和印度文化。匈奴对西域的长期统治,使匈奴文化对西域各民族产生了深远的影响。汉文史籍记载说,乌孙与匈奴同俗。张骞初通乌孙时,乌孙昆莫"见骞如单于礼","昆莫起拜,其他如故"。匈奴设置的侯、左右将、左右都尉、译长等官号为西域诸国所使用。波斯文化和印度文化则分别借助祆教和佛教影响着西域各民族的社会生活;中原物质文化如农耕技术、水利灌溉技术,精神文化如汉字、音乐舞蹈和风俗习惯等大规模地辐射到西域,汉文化对西域民族文化产生了深刻影响。《汉书·西域传》曾记载,龟兹王"乐汉衣服制度,归其国,治宫室,作徼道周卫,出入传呼,撞钟鼓,如汉家仪"。

## 第二节　魏晋南北朝时期

魏晋南北朝时期,诸多政治势力在西域角逐。经过激烈兼并,西域出现七国对峙局面。他们是天山以北的乌孙和车师国,天山以南的焉耆、龟兹、鄯善、于阗和疏勒五国。西域社会的变动导致了民族结构的变化。在天山以南,中亚人种(主要是粟特人)东徙塔里木盆地;吐谷浑人西进鄯善、且末;北印度释迦族进入于阗。鲜卑、柔然、铁勒、高车等游牧民族更替统治天山以北的草原地区。结果,在塔里木绿洲城邦诸国中,除高昌是汉魏戍卒遗黎所建的汉族移民国以外,其余各国形成了以使用印欧语系语言的白色人种或黄、白混血人种为主,羌人已退居次要地位的人种分布格局。天山以北的草原地区在继东胡系部族鲜卑、柔然的统治之后,开始了铁勒系部族铁勒、高车等统治的历史。异常频繁的民族迁徙,造成了西域各民族间的接触混杂,促进了民族大融合,其融合的趋势是铁勒化,曾经在西域历史舞台上一度十分活跃的匈奴、鲜卑、高车、厌哒的主要成分基本上都融合到了铁勒之中。这一时期,"丝绸之路"进一步发展,除过去传统的两条线路,"丝绸之路"还开通了新道,这样,"丝绸之路"就有了南道、中道和北道（新道）三条交通干线。东西方交通网络的扩展，使得东西方人员往来、文化交流更加便利和频繁，范围更加广阔。西域各民族在进一步吸收外来文化因子的基础上不断地进行文化整合，形成了以地域为特点的诸文化圈即"城邦文化圈"。由于融会的东西方文化因子和程度的不同，又形成了几个亚文化圈。他们是：以汉文化和健陀罗文化并行为特点的鄯善、且末文化圈；以东西文化交融为特点的高昌文化圈；以佛教文化为主体的于阗文化圈和龟兹文化圈。其中，于阗为大乘佛教文化中心，龟兹是小乘佛教文化中心。这些文化圈的形成及其特点，与东方文化（主要是汉文化）的西传和西方文化（主要是佛教文化）的东渐路线基本一致，即越往西，东方文化的影响越小，而西方文化的影响越大。在天山以北的草原地区，厌哒、悦般、高车、柔然等游牧民族创造着"行国"文化。这些游牧民族的文化总体上与游牧经济方式相适应，但在大同中有变异。其共性表现在信仰萨满教，习俗相同或相近，差异性在于对外来文化取舍有所不同，仍表现出本民族文化的特性。

## 第三节　隋唐时期

历史步入隋唐以后，经过了隋朝的暂短经营，西域在唐朝时期重新实现了政治统一，而且，疆域较之两汉时期更为扩大。西域在隋朝时期主要处于西突厥的控制之下。唐朝建立后，突厥政权衰落，西域进入以唐朝为主、各种势力争夺的历史时期。唐朝时期，大批中原内地的汉人西徙定居西域，汉人在西域的数量骤增，分布区域遍及天山南北，尤以三州（伊州、西州、庭州）四镇（龟兹、于阗、疏勒、焉耆）后改为碎叶为多，汉文化又一次以强劲之势传播到西域，而且，以汉文典籍、边塞诗、汉族习俗礼仪等在西域著称。安史之乱后，唐祚转衰，吐蕃（今藏族的先民）取代唐朝成为西域新的主宰。吐蕃在西域组编军队，驻屯部落，设立官职，划地征税等，随之，大批吐蕃人进入西域，吐蕃文化也如涓涓细流，汇入到了西域文化的汪洋大海之中。公元9世纪中叶，回鹘西迁，吐蕃势力退出西域后，仍有不少吐蕃人滞留当地，这些吐蕃人随着历史的发展，最后逐渐融合到当地民族之中。

至于突厥，早在魏晋南北朝时期就已经进入西域。隋开皇三年（公元583年），突厥分裂为东西两部，西域由西突厥统治。唐朝时期，虽然以阿史那氏为主体的突厥政权衰落，但是，异姓突厥，如，突骑施、葛逻禄、车鼻施、样磨等部族在西域仍很活跃，在回鹘西迁之前，他们基本上占据了天山北麓的广大草原地区。隋唐时期，突厥语族诸部在西域的统治及其活动，揭开了西域突厥化的历史进程。

唐开成五年（公元840年），漠北回鹘西迁西域，同时，样磨、葛逻禄等异姓突厥诸部开始进入塔里木盆地南缘，西域开始了一次民族大迁徙的过程，这一过程不仅结束了吐蕃对西域的统治，还确定了西域新的统治民族——回鹘，从此，西域的民族分布、民族关系格局发生重大变化。唐朝时期除了上述借助政治力量进入西域的民族外，还有一些民族通过"丝绸之路"移居西域，粟特人最为典型。粟特人，又称"昭武九姓"，原居于阿姆河和锡尔河之间的泽拉河流域，擅长经商，长期活跃在"丝绸之路"上，唐代中叶，他们的商业、文化活动臻至极盛；足迹遍及西域各地。就目前所知，蒲昌海（今罗布泊地区）、播仙镇（今且末）、西州（今吐鲁番）、伊吾（今哈密）、疏勒（今喀什）、于阗（今和田）、龟兹（今库车）及河西地区的敦煌、肃州（今甘肃酒泉）、甘州（今甘肃张掖）、凉州（今甘肃武威）等地都有粟特人较为集中的聚落。这些粟特人或客籍，或成为编户，成为当时西域的新居民。隋唐时期的西域民族文化依然保持着传统的格局，天山以北是以突厥为代表的游牧文化，天山以南则是以高昌、焉耆、龟兹、疏勒、于阗等绿洲城诸国为代表的绿洲农耕文化。虽然，唐朝在政治上统一了西域，但绿洲经济的孤立性、分散性以各国在政治上的聚散分合，使绿洲城邦各国在文化上依然存在着差异性，西域文化仍然是异彩纷呈的多元状态。另一方面，各种势力在西域的频繁角逐以及隋唐时期"丝绸之路"的繁荣鼎盛，使外来文化不断辐射、渗透到各民族文化之中。突厥文化、唐代汉文化，吐蕃文化、粟特文化等在当时西域地区的流布，为民族文化增添了新鲜的文化因子。文化的交流整合在南部绿洲地区表现得十分突出：一是在文化上出现双向回授的现象。龟兹乐、高昌乐进入中原，成为隋唐宫廷乐的组成部分；以尉迟乙僧父子为代表的于阗画派对中原画风产生革命性影响，唐代长安一度"胡风"风行，与此同时，唐代不少诗人从军到西域，以西域边塞诗为核心的中原文化登上西域历史舞台。二是西域本土民俗文化与佛教文化、突厥文化交相辉映。龟兹的"断发"、"压头"、元旦斗牛习俗依然随处可见；"佛曲"在于阗、龟兹流行；突厥民俗文化在丝绸之路北道的影响日渐加深。突厥职官制度、突厥语及突厥风俗习惯诸如"被发左衽"、收继婚制度等逐渐为西域各族接受。三是多民族文化出现交融。高昌王国中的汉文化融入了突厥文化，"男子胡服"、"被发左衽"成为当地居民的时尚。回鹘汗国建立后，回鹘文化注入其中，汉文化、突厥文化、回鹘文化在高昌地区相融相济地发展。此外，吐蕃文化尤其是吐蕃语言文字也对西域各民族文化产生了很深的影响。国外学者埃默瑞克在《于阗语言中的藏文借词和藏语中的于阗文借词》一文中指出，在于阗语言中发现有 30 多个藏文借词。粟特人把祆教、粟特文等传入西域，粟特文是后来回鹘文的原型。多元民族文化相互依存，相互吸收，相互借鉴，共同发展，造就了隋唐时期西域文化的兴盛局面。各民族文化在相互吸收、涵化的基础上开始了突厥化的历史进程。此时，伊斯兰教势力虽然由于吐蕃势力的阻挡，未能东扩延伸到西域，但是，作为一种新兴文明，它已经显示出旺盛的活力和进取心。

## 第四节　五代辽宋金时期

辽宋金时期，回鹘成为西域的统治民族。西域诸政权经过重新整合，形成了高昌回鹘王朝、喀喇汗王朝、于阗国三足鼎立之势。多元文化的碰撞、交融呈现出更加复杂的局面，东西方文化与西域本土文化的相互适应处在孕育状态中。西迁后的回鹘，受西域自然环境的影响和制约，经济文化进行了重构整合：生产方式由游牧向农业定居过渡；语言文字方面，高昌回鹘王朝主要使用以粟特文字母为基础创制的回鹘文；喀喇汗王朝使用以阿拉伯字母拼写的突厥文；宗教信仰更加多元化，过去主要信仰萨满教，摩尼教，西迁后又信仰了祆教、景教、佛教。回鹘人经济文化的不断整合，加快了西域民族融合的进程，这一融合进程由于回鹘人在政治、经济、军事上已有的优势而呈现出回鹘化趋势，最终形成了以回鹘为主体的民族共同体。

公元 12 世纪 30 年代，契丹人西迁，在西域建立西辽政权。契丹是一支高度汉文化素养的游牧民族，它的西迁，使西域出现了盛唐以后汉文化西传的又一次高潮，只是此时西域突厥化、回鹘化的进程已经基本完成，西辽暂短而又强有力的统治并未改变这一历史进程，反而随着历史的发展被融化到当地民族之中。

公元 13 世纪，蒙古西征，重新统一西域，随之，大批蒙古人进入西域，西域进入了蒙古人统治的历史时期。在这期间，西域民族文化发生着剧烈的变革。蒙古人曾经强行推行蒙古习惯法，试图从上层制度文化到民间习俗文化方面使西域蒙古化，但结果却是适得其反，反而是蒙古人被同化到当地民族之中。

契丹人、蒙古人的西来，为西域游牧文化增添了新鲜内容，使西域与中原的联系变得空前密切。蒙元时期，西域逐渐形成以操突厥语和汉语成分为主体民族的格局。佛教、聂思脱里派基督教和伊斯兰教在西域通行，不论在草原地区还是在绿洲地区，伊斯兰教都呈现出从西向东扩展的趋势。在语言文字上，畏兀儿以西、天山以南地区和葱岭以西地区的回回知识分子将阿拉伯文或波斯文作为书面语，并逐渐创制出波斯文字母拼写突厥语东部方言的察合台文；畏兀儿人使用畏兀儿文。天山北部地区各民族的书面语因宗教信仰而异：信奉伊斯兰教的知识分子使用阿拉伯文和波斯文；信奉聂思脱里教的操突厥语的民族的书面语也因所居地区而有异：吹河（碎叶水）和亦列河地区的居民使用叙利亚文或以叙利亚字母拼写的突厥文，金山地区的乃蛮人使用畏兀儿文，河套以北的汪古人使用叙利亚字母拼写的突厥文。

## 第五节　元明清时期

明清时期，在民族融合的基础上，新疆一些近代意义上的民族形成。而且，在东察合台汗国统治者的强力推行下，伊斯兰教成为西域占统治地位的宗教。

在塔里木盆地周围地区，政治、经济、语言、文化和宗教方面的统一，使一种新的合成式的文化产生，并因此促成了近代意义上的维吾尔族最终形成。截止到清末，维吾尔人主要分布在南疆地区，哈密、吐鲁番及伊犁地区，并且，随着北疆地区农业开发和社会发展，不断定居北疆地区，逐渐发展成为新疆的主体民族。

在中亚地区，白帐汗国的分裂导致了近代哈萨克族与乌孜别克族的形成。公元 15 世纪中叶，白帐汗国被瓦剌击败，其所属的乃蛮、克烈等部部众在首领克烈和扎尼别克的率领下，迁徙至楚河流域。这些人自称"哈萨克"，在与当地居民不断融合的过程中，势力扩大，于 1480 年建立哈萨克汗国，到公元 16 世纪初，最终形成哈萨克族。清政府平定准噶尔叛乱期间，哈萨克族的中玉兹和大玉兹先后臣属清朝。他们先为清朝的"外藩"，后变成清朝的"内属"。同治三年（公元 1864 年），中俄签订《勘分西北界约记》。根据这个条约制定的"人随地归"原则，原本已经内属的哈萨克部落大部分又划归俄国。但是，划界后归入俄国的哈萨克人，不愿接受俄国的统治，又纷纷迁入中国境内，游牧于伊犁、塔城、阿勒泰地区。后由于连年发生自然灾害，阿勒泰的哈萨克又大半流亡，有的迁到昌吉、玛纳斯、乌鲁木齐、奇台、木垒、巴里坤等地，甚至迁至甘肃、青海和西藏。

白帐汗国分裂以后，未迁徙仍留在原地的游牧居民，以后南下河中地区，与当地的农业民族杂居在一起，逐渐形成乌孜别克族。

蒙元时期西域民族融合的趋势，也影响到帕米尔以东、以西地区。这里的居民以塞种人为主体，融合契丹、月氏、突厥等部落后形成塔吉克族。历史上我国将其称之为色勒库尔人，清朝统一新疆后，受叶尔羌办事大臣直接管辖。

柯尔克孜族，清代被称为布鲁特。清初，它分布在浩罕汗国以东，伊犁西南，喀什噶尔西北，伊塞克河周围，帕米尔和喀喇昆仑山一带的广大地区。近代以后，由于沙俄、英帝国主义对我国西北边疆的不断蚕食、瓜分，受清政府管辖的布鲁特所剩无几，清末，他们零散地分布在今柯孜勒苏柯尔克孜自治州、乌什、喀什、塔什库尔干、塔吉克自治县以及北疆的伊犁、塔城等地。

在察合台系、术赤系蒙古走向分化的过程中，另一支蒙古即西蒙古，也称厄鲁特蒙古崛起，他们在 17 世纪初，形成准噶尔、杜尔伯特、和硕特和土尔扈特四部。准噶尔部强大以后，统一天山南北，进而威胁清朝统治。清政府出兵平定准噶尔叛乱。平叛结束后，将准噶尔余众、由内地遣回的厄鲁特兵丁以及与土尔扈特蒙古一同东返的厄鲁特人组成"厄鲁特营"，驻守伊犁、塔城一带。乾隆二十七、二十八年（公元 1762、1763 年），又先后分两批从张家口外调防察哈尔蒙古官兵到伊犁、博尔塔拉等地驻防。乾隆三十六年（公元 1771 年），远徙伏尔加河流域的土尔扈特蒙古东归，清政府将他们分别安置在裕勒都斯、和布克赛尔、库尔喀拉乌苏（今乌苏县）、精河，与他们一同东返的和硕特蒙古则被安置在博斯腾湖畔。这样，厄鲁特、土尔扈特、和硕特和察哈尔蒙古构成了新疆蒙古族的主要成分。

清朝统一西域以后，为了行政和军事防务的需要，还从东北调派蒙古、锡伯、索伦、达斡尔等到西域驻防，这些满营、索伦营、锡伯营的官兵辛亥革命后退伍为民，形成新疆的满族、锡伯族、达斡尔族，他们主要分布在伊犁、塔城、乌鲁木齐、古城（今奇台）等地。此外，在清政府的鼓励、遣发和安置下，大批内地汉人西迁，西域汉族人口大增，人员分布于西域各地。由于屯垦、经商、被遣送等原因，回族分布在北疆乌鲁木齐、昌吉、米泉，南疆叶尔羌（今莎车）、喀什、阿克苏、库车、喀喇沙尔（今焉耆）等地，清末遍布西域各地。

除了上述由内地进入西域的这些民族外，近代，乌孜别克族、塔塔尔族、俄罗斯族等民族由国外进入西域，这样，以维吾尔族为主的由 13 个民族构成的新的多民族结构确立。

随着新疆多民族格局的定型，新疆多元民族文化的格局也随之定型。其面貌是：各民族文化既各具特色，又形成一些共性特点，文化类型多样化。既有原生形态的文化类型——经济文化类型。具体说，就是草原游牧经济文化与绿洲农耕经济文化。哈萨克、柯尔克孜、蒙古等民族属于前者；维吾尔族、乌兹别克族等属于后者；还有次生形态的文化类型——语言类型与宗教类型。语言类型有阿勒泰语系、汉藏语系和印欧语系。维吾尔族、哈萨克、柯尔克孜、乌孜别克、塔塔尔属于阿勒泰语系突厥语族，蒙古、达斡尔族属于阿勒泰语系蒙古语族，锡伯、满族属于阿勒泰语系满—通古斯语族；汉族、回族属于汉藏语系；塔吉克族属于印欧语系伊朗语族，俄罗斯族属于印欧语系斯拉夫语族。宗教类型有伊斯兰文化类型和非伊斯兰文化类型。维吾尔、哈萨克、回族、柯尔克孜、塔吉克、乌孜别克、塔塔尔属于伊斯兰文化类型；汉族、蒙古、锡伯、达斡尔、满、俄罗斯属于非伊斯兰文化类型。非伊斯兰教文化类型还可以细分为佛教文化类型，属于此类的有汉族、蒙古、锡伯、达斡尔；基督教文化类型，属于此类的有汉族、俄罗斯；道教文化类型，属于此类的有汉族；萨满教文化类型，属于此类的有锡伯、满族。

正是这些异彩纷呈的多元民族文化，使新疆的人文景观独具特色，散发出诱人的光芒。

## 第六节　古代文化交流中语言接触的类型特点

普通语言学的奠基人洪堡特曾指出，语言不是一件已经完成的工程，而是一种行动。简言之，语言只在运动中存在。处在运动中的语言，不仅自身在演变，同时也受到社会因素的影响。影响语言演变的社会因素包括社会形态的变迁、新鲜事物的出现、认知水平的提高、地理环境的改变、社会成员的交往、不同语言的接触（language contact）等。其中，操不同语言的人种或民族相互交际，是语言同社会保持协调发展的必然，也是丰富语言结构、产生语言社会功能变异的基础。亦如房德里耶斯所言：我们往往看到，语言愈是向外扩展，愈是为众多而不同的人们所使用，就发展得愈快。

由语内因素和社会因素引起的不同形态的语言接触叫做语言接触模式（the model of language contact）。语言接触不仅涉及语言本身，还涉及社会因素、民族关系、自然环境、宗教信仰、人口分布以及经济状况等，所以对语言接触形态可以从接触方式、时间、程度、结果、范围、方向、系属、数量等方面进行归类。新疆自古以来就是一个语种丰富、文化多样、种群复杂的地区，研究这一地区的语言接触模式，有利于反映各民族之间的交流历史，确定各语言不同时期的功能，探究接触模式和影响结果的关系等。

根据新疆世居民族的语言发展史，结合现代新疆诸语言特征，以语言事实为依据，我们认为以下几种模式基本反映了新疆民汉语言接触特征。

一、直接型

因经济交往、文化传播、民族迁徙、环境变化、战争扩张等导致的语言间直接借用现象叫直接接触，它主要借助口语形式得以实现，而通过某一中介民族、文化或媒体等，间接地与其他语言发生关系就叫间接接触，它主要借助书面语形式得以实现。从接触方式上来看，新疆民汉语言以直接接触为主，以间接接触为辅。这是因为汉人是新疆的古老民族之一，两汉时遍布天山南北。魏晋以后河西及陇右乃至内地汉人为躲避战火而大规模向西迁移，与高昌当地及北方部落居民杂居，形成了高度汉化的社会。唐咸通七年（866），回鹘首领仆固俊建立高昌回鹘国。社会统一、居民混居，为汉语、回鹘语的直接接触创造了良好的条件。反映 13—14 世纪吐鲁番情况的回鹘文世俗文书就保留了大量的汉语借词，如：vap（法律）、taydu（大都）、qa（家）、qaj（街道）、tutuq（都督）等。保大四年（1124 年），耶律大石率部北趋，统一西域，建立西辽政权。西辽契丹人是具有高度汉文化素养的游牧部落，汉语和汉文是西辽政府的官方语言和文字，因此西辽人自然承担起沟通汉人与西域居民的任务。西辽契丹人除传播汉语外，还学习和掌握回鹘语，如西辽菊儿汗曾召畏兀儿人哈剌亦哈赤北鲁到巴拉沙衮教其儿子回鹘语，迭剌利用回鹘文制契丹小字。契丹小字数少而连贯，从笔画和字体上看，也受了汉字的影响。

二、历时型

一个民族在不同历史时期与不同的民族接触，并形成一个连续体，这种接触类型叫做历时接触。某一历史时期内，不同民族之间的相互接触叫做共时接触。在两千多年的接触史中，民汉双语接触始终是主流。因此，从接触时间上来看，新疆民汉语言接触属于历时型。如先秦两汉时期，主要是汉语-吐火罗语-突厥语-羌语的接触；魏晋南北朝时期，主要是汉语—吐火罗语—突厥语—通古斯语族语言的接触；隋唐时期，主要是汉语—粟特语—突厥语—藏语的接触；五代辽宋金时期，主要是汉语—回鹘语—阿拉伯语—哈卡尼亚语—契丹语—和阗塞语的接触；元明时期，主要是汉语—突厥语—蒙古语—阿拉伯语的接触；清前期，主要是汉语—察合台语的接触，清中后期，主要是汉语—突厥语族语言—通古斯语族语言—蒙古语族语言的接触。这一历时接触，不仅增加了词汇，也形成汉语的地方变体——新疆汉语。新疆汉语中否定副词"不"只能放在动词前，不能放在形容词、副词、介词前，如：我和你不玩（普通话：我不和你玩），维吾尔语译作：mɛn  sizbil·nojnimajmɛn。这一语言现象显然是受到维吾尔语动词否定式（动词词干+mɛ·）的影响。

### 三、功用型

语言之间的接触首先以词语借贷为先导，进而引起语音、语法的相关变化。当关联变化大于语言自身演变速度时，就会导致语言的混合、语言的替代。同时，语言接触也会使其使用范围、使用人群、语场层次发生变化。这种变化称作语言的社会功能变异，其结果就是语言的兼用、转用。从接触程度上来看，新疆民汉语言接触是以语言功能变化为主，以语言结构变化为辅。魏晋南北朝时，汉人自西域各地聚拢至高昌壁，形成以汉人为主体的社会。从鞠氏高昌开始，昭武九姓（粟特）中的曹、何、史、康、安、石、米等姓迁来的增多，加之高昌曾先后臣服于高车、柔然、突厥等北方强族，因此民族交往密切，以致出现胡人汉化和汉人胡化的倾向。高昌居民多为双语甚至多语人，其在使用汉语汉字的同时，还兼用胡书、胡语。胡语是指包括回鹘、柔然、突厥、吐蕃等在内的各少数民族语言，胡书则指粟特文。以胡书、胡语来学习汉文化，是高昌的一大特色。

### 四、不平衡型

社会语言学关于语言接触和影响的普遍规律认为，语言使用不管属于哪一种社会环境，总是同使用语言的人员成正比。使用人群多的语言影响就大，反之则小。由于经济、政治、人口、文字、宗教等因素影响，汉文化成为古代中国文化的核心，加之汉民族是统一国家的主体民族，汉语始终是强势语言。新疆民汉语言接触也呈现出不平衡型，表现在：汉语对少数民族语言的影响大于其反作用。这种不平衡性表现在汉语对少数民族语言的词语贷出大于语音、语法贷出；功能调整大于结构类化。例如哈萨克语中大量地吸收了政治、文化、农业、计量等领域的汉语借词，如 zu·lij（总理）、laza（辣子）、wadaw（瓦刀）、duwfuw（豆腐）、muw（亩）、borm·j（苞米）等。汉语对新疆少数民族语言的影响中，对语言功能的整合重于对结构的趋同。清代新疆双语现象非常普遍，上层维吾尔人学习汉语和满语，一般略通汉语，"慕化蕃王能国语，太平边帅赛神仙"，并在官府设立"通事"（翻译汉语或满语）；维吾尔人还学习汉语普及读物，"巴郎汉语音琅琅，中庸论语吟篇章"；哈密维吾尔人"其语与华语大异，然能华言者亦多"。

## 五、文化型

不同文化世界的碰撞，是促进文化快速发展的重要因素。因新疆汉族和少数民族所属的文化背景不同，语言接触无论是个人直接接触，或是通过媒体的间接接触，其共同结果是文化跨越语言的地理疆界进行扩散。新疆民汉语言的接触表现在以文化接触为主，以语言发展为辅。文化接触主要是汉人的主体文化中原文化与塔里木绿洲文化、天山北路游牧文化的交融，佛教与西域袄教、摩尼教、萨满教、伊斯兰教等的交汇。两汉之交，佛教的势力从印度本土扩展到大夏、安息。经来华的使节、商人，佛教大概在东汉初传入中原并盛行。9世纪中期回鹘人到达新疆后，在当地居民的影响下，逐渐接受了佛教，并用回鹘语翻译了大量的佛教经典，其中多数译自汉文，如《金光明最胜王经》《八阳神咒经》《玄奘传》等。佛经的翻译，充实和发展了回鹘书面语：词汇比漠北时期更丰富，增加了许多表示抽象概念的词；由于使用各种副句，语法更完善了。

## 六、域内型

域间的接触指交界地带两种语言互相接触的情况，域内的接触指的是操一种语言的人大量移居于操另一种语言的人居住地区时所引起的两种语言互相接触的情形。从古代新疆人种变迁来看，新疆民汉语言的接触属于在域间基础上的域内接触。战国至西汉期间，新疆的主要居民为塞人、月氏、乌孙、羌人、姑师、匈奴、呼揭、丁零、坚昆和汉人，这些居民有自己活动的区域，因此这时的接触更接近域间型。自建元三年（公元前 138 年）和元狩四年（公元前 119 年），张骞出使西域，"于是西北国始通于汉"。随着新疆汉人的增多，语言接触也演变为域内型。回族先民原使用阿拉伯语、波斯语或西域其他民族的语言，16 世纪后转用汉语。从元代起，回族大批迁入新疆，并与汉族、维吾尔族、哈萨克族等杂居，渐渐形成独特的新疆回族话。如在汉语北方方言基础上，出现了受维吾尔语影响的特殊声母：唇齿浊擦音[v]—乌[vu]、舌尖中颤音[r]—古兰经[kurani]；构词词缀：松[so·]（读阳平，意为人）—坏松、懒松；复合助词：的呢（着）—外头刮风的呢（外面正在刮风）。

## 七、多语型

在语言的接触中，有一对一的双语接触，也有一对多的多语接触。新疆民族众多，语种复杂，因此民汉语接触多以多语接触为主，只有极少的迁徙民族语言与汉语是双语接触。西迁后的回鹘人与西域塞人、粟特人、吐蕃人、西辽、阿拉伯人、波斯人、汉人多有接触，并促使新疆突厥语化和回鹘化。同时，也从各民族语言中吸收成分，使自己的语言变得更加严谨、规范。如回鹘语中不仅有汉语借词，还有蒙古语借词 aqa（哥哥）、yasa（法律）；梵语（和阗塞语）借词 s l（僧人）、virxar（寺院）；波斯语借词 n san（手印）、d pt r（账簿）；阿拉伯语借词 qasa（事故）、mal（货物）等。《汉语外来词词典》收入借自新疆少数民族现代语言的借词近百个，如：坎土曼（k·tm·n 一种农具，借自维吾尔语）、冬不拉（domb·ra 一种乐器，借自哈萨克语）、库木孜（qomuz 一种乐器，借自柯尔克孜语）、拉泼依（raboj 一种乐曲，借自塔吉克语）。

## 八、社会型

两个语言使用集团之间发生的语言关系属于社会接触。语言是以交流思想、达到互相了解的方式而作为人类社会中人与人之间的交际工具的，语言的这一社会特性决定了语言的社会接触是语言接触的本体，个人接触只是基础。从接触范围来看，新疆民汉语言接触是建立在个体接触上的社会接触。秦汉时期于阗羌人没有完整的政权组织和统治机构，多以大小不一的部落作为社会基本结构。这一期间羌人吸收汉文化，只是个人行为，如：万阿羌等凿写在拜城的东汉时期的摩崖石刻《刘平国治关亭诵》、白马羌女的家信等。魏晋南北朝时，于阗羌人让位于塞人，后者进而建立信仰佛教的国度，以婆罗米文取代佉卢文成为书面语。尼雅出土的汉文木简主要是官方文书，还包括秦汉时期全国使用的小学课文《仓颉篇》。这说明不论是于阗上层社会，还是普通百姓，都热衷学习汉语。近现代以来，新疆少数民族语言发展呈现了一个共同的趋势——部分社会成员成为双语使用者，主动学习掌握汉语。

## 九、圈层型

当两种语言长久相邻双方就会互相靠近，这叫"近邻效应（neighbourhood effect）"，即相邻的两种语言，即使语系不同，也会逐渐相似。语系不同而具有相似类型特征的语言，叫做语言联盟，有时不管它们属于哪一种语系都一概统称为"语言圈"（linguistic area）。新疆少数民族语言和汉语，由于长期接触和封闭环境，构成了一个结构趋同的统一体。这一接触不是发生学上有渊源关系的亲属语言接触，而是在一个地理范围内追求共性的非亲属语言接触。因为统一体是以汉语为核心和基础，所以这类接触形式称作圈层型。桥本万太郎的"北方汉语阿尔泰化"说认为在各朝代的早期，阿尔泰语族的移民和汉族居民中间流行一种洋泾浜语，其词汇和部分句法是汉语的，而语音结构和另一部分句法是阿尔泰语的。这充分说明，作为圈层中心的汉语在与少数民族语言接触时，由于影响较深，形成了不同于接触语言的混合语，而这一混合语也影响了汉语的历史形式，并具有接触双方的特点。新疆民汉混合语实质就是新疆汉语，以南疆汉语为例，其特征是：语码混杂、词尾调值改轻声、使用混合句式或 SOV 句型。如：我们海买斯（维吾尔语：h·mm，全、都）去了。/我巴扎去了（普通话：我去了巴扎）。明天把书给我呆依曼（维吾尔语：d·jm·n，我说，表引语）。

民族历史、语言交融的复杂性决定了语言接触类型的多样性、模糊性，因此没有一个标准能够将语言接触类型截然分开。但是，只要依据新疆民族语言发展史，采取不同观察角度，允许界线交叉，就能明确区分语言接触类型。

# 第三章　近现代以来新疆少数民族双语教育发展状况

从新疆解放至今，本地各少数民族教育事业取得长足进步，尤以双语教育最为突出。双语教育历经初创、挫折、恢复、实验改革、大力推进五个发展阶段，教育政策的主要内容几经修改，实施状况不断改善，双语教育在摸索中不断前进，理论研究成果丰硕，在充分认识到制约双语教育发展的各种因素的同时，正在走出一条符合新疆区情的特色发展之路。

## 第一节　新疆少数民族双语教育的政策演变及发展历程

新疆维吾尔自治区成立于 1955 年，是一个多民族地区。这里生活着维吾尔族、汉族、哈萨克族、回族、柯尔克孜族、蒙古族、塔吉克族、锡伯族、乌孜别克族、满族、俄罗斯族、达斡尔族、塔塔尔族等 13 个世居民族，共 47 个民族成分。2009 年全疆总人口 21308100 人，其中汉族人口 8363265 人，占全疆总人口的 39.25%，少数民族人口 12944835 人，占全疆总人口的 60.75%。从 1949 年新疆解放至今的 60 年发展历程中，少数民族教育事业取得了令人瞩目的成绩，双语教育作为少数民族教育的重要内容和主要形式，也取得了长足的发展。少数民族双语教育从无到有，从简单到复杂，从起步到发展，从落后到进步，伴随着双语教育政策的不断变化，在困难中摸索着前进，从实践中总结经验教训，探寻着符合新疆实际的，具有新疆特色的少数民族双语教育的理论与实践模式。本节以新疆少数民族双语教育政策的演变为轴线，将新疆少数民族双语教育划分为初创、挫折、恢复、实验改革、大力推进五个发展阶段，阐述各阶段双语教育政策的主要内容、实施状况及双语教育的发展特点。

一、初创阶段（1949—1965）

新中国成立后，党和政府制定了一系列法律和政策，为新疆双语及双语教育的发展提供了根本保证。1949 年颁布的《中国人民政治协商会议共同纲领》和1954 年颁布的我国第一部《宪法》中明确规定："中华人民共和国境内各民族一律平等"、"各民族都有使用和发展本民族语言文字的自由"、"人民政府应帮助各少数民族的人民大众发展其政治、经济、文化、教育的建设事业"，明确提出少数民族教育的总方针是：少数民族教育必须是新民主主义的内容，即民主的、科学的、大众的教育。要求各民族学校，领会共同纲领精神，克服大汉族主义和狭隘的民族主义倾向，培养各民族间互相尊重、平等、友爱、团结、合作的良好关系。1952 年 8 月颁布的《中华人民共和国民族区域自治实施纲要》指出："各民族自治区、自治机关得采用各民族自己的语言文字，以发展各民族的文化教育事业。"教育部随后制定了《关于兄弟民族应用何种语言教学的意见》指出："少数民族学校应使用本民族语文教学，但在有本民族通用语言而无文字或文字不完备的民族，在创立出通用文字之前，可暂时用汉语文或本民族所习用的语文教学。"为此从 20 世纪 50 年代起，少数民族的各级各类学校按当地少数民族的需要和意愿开设了汉语文课。第一次全国民族教育大会就少数民族教育的形式、特点、课程设置与教科书编写工作作了具体规定，指出少数民族教育"必须采取民族形式，照顾民族特点，才能很好地和各民族实际情况结合起来"，同时指出："少数民族教育的内容和形式问题、课程教材问题，既要照顾民族特点，又不能忽视整个国家教育的统一性。……少数民族学校的教学计划（课程计划）、教学大纲应以教育部的规定为基础，结合各民族的具体情况加以变通和补充"。1954 年经政务院批准的《关于帮助尚无文字的民族创立文字问题的报告》指出："各少数民族均有发展其语言文字的自由，同时不论已有文字或还没有语言文字的各民族，凡是自愿学习和使用汉语文或其他民族语言文字者，各级人民政府应予以保障和帮助，凡机关、学校、团体等亦均应尽可能予以帮助，并不得加以歧视，这是非常重要的。"

在新中国少数民族教育总体方针的指导下，新疆少数民族教育事业开始起步。1949 年新疆和平解放时只有一所高校，少数民族在校生 185 人；中专 1 所，1266 人；中学 9 所，1819 人；小学 1335 所，18.2 万人；幼儿园 2 所，10 余人。1950 年 3 月，新疆维吾尔自治区人民政府发出《关于目前新疆教育改革的指示》提出：有计划改革教育制度、课程设置、学校管理。如不得将宗教科目列为必修课，在课堂内不得进行宗教宣传，不得强迫学生信教和参加宗教仪式。要求中学汉族班选修俄文或维文，维文班选修国文或俄文。这份文件的重点是对国民党时期旧的教育制度、教育内容、课程设置和教学方法进行整顿和改造。这是目前所知新疆解放后最早涉及汉语教学的政府文件，提出民族学生在中学选修国文，即汉语，同时要求汉族学生选修俄文或维文，提倡民汉语言双向学习，但并未采取具体措施。我国是一个统一的多民族社会主义国家，在 55 个少数民族中，除回、满等民族已通用汉语、汉文外，其余各少数民族使用着 80 种以上的语言，有近 30 个民族有自己的文字，其中有 20 个民族与国外的同一民族使用着相同的语言或文字。少数民族语言文字教学在我国的民族教育中占有极其重要的地位，中小学民族课程教材建设是保证民族教育教学顺利进行的重要条件。受当时历史条件的限制，解放之初新疆维、哈、乌、俄、柯、塔吉克、塔塔尔等七个民族使用的是前苏联教材，蒙族用内蒙文教材。

1953 年 10 月 19 日，教育厅制定五年内全疆中学教育的方针，确定在调整、巩固、提高质量的基础上，有步骤、有重点、有计划的适当发展。初中重点放在南疆，高中重点在北疆，迪化、喀什各成立一所高中，伊犁成立一所民族高中，并努力解决师资、教材、教学设备等问题。

1954 年 8 月，新疆维吾尔自治区第一届中等教育会议召开，研究民族初、中等教育、牧区教育的发展布局及中小学爱国主义教育等问题。会议认为，今后一段时间，民族小学和初中发展仍应放在南疆，以进一步改变不平衡状态。要加速师资培养，办好四所师范，除和田、莎车、阿克苏外，其他地区要压缩幼师，发展中师，要切实办好高中、完中和工农速成中学。牧区要适当开办帐篷学校，随牧民搬迁，争取在春秋牧场也能上课，以延长教学时间。新疆教育要以民族教育为重点，各级教育行政机构要加强对民族教育的管理。

1955年3月28日，新疆维吾尔自治区政府批复教育厅《加强学校政治思想教育，贯彻民族政策，注意对语文教学的领导》的报告，强调对学生进行民族政策教育，汉族学生要学好维语，民族学生要学好汉语。在强调加强少数民族语文教学的同时，再次强调民汉学生互学语言。这份文件首次把民汉学生相互学习语言同贯彻党的民族政策联系在一起，当时的政治气氛很浓，广大师生的政治热情非常高，进行政治宣传、党的民族政策宣传都需要相互学习语言，这主要从实用的角度考虑，但并无实际措施。在新疆少数民族教育初级发展阶段，汉语远未形成一门学科，也没有专门针对少数民族学生编写的汉语教材。

1956年7月2日，新疆维吾尔自治区第二届中等教育会议召开，明确了学校工作要以教学为中心，全面贯彻党的教育方针。会议对师资培训、教学质量、民汉学生互学语言、民族中小学教材等关系到新疆教育事业发展的问题作了研究和部署。对汉语教学提出的具体要求是：民族学校初中每周4—6课时汉语课，识字量2500个左右，学会一般的日常用语，能阅读一般通俗读物，能进行简单的表达；高中毕业时识字量达到4500个左右，了解一般科学术语和名词，能用汉文记述一般的事情，进入大学阶段能用汉语听课和看懂汉文讲义。这是自治区首次明确汉语教学的培养目标和教学要求，可以认为是新疆解放后汉语教学的真正起点。可见，早在1956年自治区就提出了少数民族大学生"进入大学能用汉语听课和看懂汉文讲义的要求"。此时，恰逢教育部在北京召开第二次全国民族教育工作会议，提出少数民族教育水平要赶上汉族教育水平，在少数民族地区有步骤地开展扫盲工作和普及小学义务教育。在这一会议精神的指引下，自治区的少数民族教育受到重视，民族学校的教育课程进行了相应的改革，主要是进一步加强汉语文课的开设和民族语文在教学中的使用。成立了新疆教育出版社，开始编译民文教材，各民族地区的中小学和师范学校译用或采用全国通用教科书，同时自编本民族语言教材、民族学校汉语教材及民族补充教材，编译出一套比较完整的民族文字教科书和教学参考书，尽管译用全国通用教科书和设置相应课程有照搬之嫌，但它确实从事实上为民族地区培养各类人才发挥了作用,也为新疆教育出版事业的发展奠定了基础,这在当时的历史条件下是十分有意义的。汉语课作为一门学科的概念开始出现,因而汉语教材的编写和使用理所当然地就提上了议事日程。1958 年,新疆教育出版社出版了维、哈、蒙三种文字的中学汉语课本 1—3 册。同时,汉语教师的培养问题开始受到关注。

1959 年 6 月,新疆维吾尔自治区教育厅召开教育行政会议,决定少数民族小学从四年级起开设汉语课。同年,自治区党委和人大常委决定,升入高校和中等专业学校的少数民族新生必须先上一年汉语预科。这个《决定》使汉语教学从中学向下延伸到了小学四年级,向上延伸到了高等院校的预科教育。对汉语预科提出的具体要求是:每周 22 课时,一年约 880 个课时,掌握 3000 个常用词语,听懂专业课 50%以上的内容。自此,汉语教学初步形成了从小学、中学到高等院校的体系。这次会议还要求多民族杂居区积极开办民汉合校。12 月,自治区召开高等学校汉语教学座谈会,研究提高汉语教学质量的问题。同年,教育厅召开民族教师汉语教学现场会和建立汉语校际教研会。

1960 年 8 月,新疆维吾尔自治区教育厅印发《关于改进与提高民族中学汉语教学工作的通知》,提出将汉语课列为民族中学的主要课程之一,要求培养学生的听、说、读、写能力,使他们进入大学后可以直接用汉语听课和记笔记。《通知》首次将汉语课程从中小学的一般课程上升到主要课程,同时开始关注汉语教学的质量问题,要求培养学生的听、说、读、写能力。同年,原自治区教育厅组织有关学校编写了维、哈、蒙三种文字的初中和高中"五、三、二"制学校的汉语课本 1—5 册。次年,教育厅在制定民族中学教学计划的说明中强调指出:"当前应特别注意加强民语文和汉语的教学工作。"

1963 年 3 月,新疆维吾尔自治区教育厅印发《关于提高民族中小学汉语教学质量的几点意见》,要求各地要切实加强对汉语教学工作的领导,对学生进行学习汉语的目的性教育,建立和加强学校的汉语教研组,做好教材培训工作。同年,汉语课被自治区教育厅列为民族中小学的考试科目。《意见》针对前几年汉语教学的混乱状况,提出了一系列规范要求,开始重视汉语教研工作。首次将汉语学科明确列为考试科目，从而真正确立了汉语的主学科地位。7月13日，教育厅颁发《1962—1963学年民汉族中学、小学、中等师范学校教学计划》，基本精神是加强文化科学和教育专业基础知识的教学以及基本技能的训练，强调学好语文、数学。1964年教育厅组织编写出版了新疆民族中学"汉语教科书"和教学大纲。自此，新疆民族中学开始有了一套相对完整的汉语教材。为了解决汉语师资问题，1960—1965年，在乌鲁木齐、伊犁、喀什、巴州、阿克苏、昌吉、和田等师范学校开办了维吾尔语专修班，从北京、天津、保定、济南、徐州、南京、上海等地未升学的高中毕业生中选招960名，在新疆大学及各地师范学校培训半年、一年或二年后，分配到民族小学和中学做汉语教师，以解决各民族学校汉语教师之急，这批教师中很多人成为日后汉语教师队伍的骨干力量。

1964年6月17日，自治区教育厅根据自治区人民政府有关领导的意见，在认真总结乌鲁木齐市五中和新大附中试办初中汉语强化班经验的基础上，以教记统字第113号文件向自治区人民委员会提交了《关于新疆大学附中等四校试办少数民族高、初中班试用汉语文教学的报告》。自治区人民委员会7月31日下发了《关于试办少数民族高、初中班试用汉语文教学问题的批复》，并决定从1964年9月开始，在新疆大学附中、伊犁六中、喀什二中和博州二中四所中学十个教学班开办自治区汉语教学实验班。其中，新疆大学附中和博州二中各招收了两个高中汉语教学实验班，伊犁六中和喀什二中各招收了两个初中汉语教学实验班。到1965年，乌鲁木齐市六中和新疆大学附中又分别开办了两个初中汉语教学实验班，全疆办班学校也增加到五所。为此，自治区教育厅又以教普字第174号文件下发了《试办民族高中汉语班教学计划》，以教计统字第219号文件下发了《关于新大附中民族高中班采用汉语教学有关问题的通知》，对办班工作提出了各项具体要求。这是目前所知开办最早的政府行为的汉语教学实验班，学制增加一年，先过汉语关，然后全部课程用汉语授课，其性质类似于现在的区内初中班。

这一时期，虽然少数民族汉语教学在逐步发展，但汉语作为一门课程开设的教学模式一直未能达到比较理想的教学效果。少数民族学生高中毕业时所掌握的汉语知识远不能用作学习和交流的工具，进行思想表达更是无从谈起。每年到内地院校学习深造的少数民族学生因汉语水平不达标，学习困难重重。如听课一知半解，对所学内容不能正确理解或全面把握，请教老师又表达不清，语言障碍严重制约着教学质量的提高。1965年6月，中央民族学院致函新疆教育厅："按高教部函，今年汉补班毕业生升学需进行测验，成绩不符合最低录取标准者不予录取，由你厅处理。根据这期毕业生的学习水平，经我院初步研究，只能有少数人被录取，绝大部分人不能录取"❶。这份函件使自治区领导意识到，提高少数民族中小学的汉语教学质量迫在眉睫。但十年"文革"的开始使刚刚起步的汉语教学实验被迫停止，汉语教学甚至出现了倒退。此时汉语教师大约不超过500人。

起步阶段汉语学科经历了"选修科目→副科目→主科目→考试科目"等几个发展阶段，新疆维吾尔自治区少数民族双语教育初步形成了"母语授课加授汉语"的模式。但是在当时的条件下，民族中学开展汉语教育还没有成为大多数语言工作者、教育工作者和相关部门的自觉行动，还未把双语教育当做一门学科来研究，对双语教育重要性的认识还不到位。这一时期作为新疆双语教育的初创阶段，其主要特点是以强调学习使用民族语文为主，部分民族地区兼学汉语文。但因十年"文革"而夭折的"汉语教学实验"却为日后新疆双语教育的改革奠定了一定的基础。

### 二、挫折阶段（1966—1976）

同全国各地一样，十年动乱给新疆少数民族教育也造成了巨大的损失。学校纷纷停课"闹革命"，搞串联，进行阶级斗争，刚刚起步的汉语教学工作遭到破坏，新疆大学附中等校开办的汉语教学实验班被迫停止，民族教育事业几乎处于瘫痪状态。1969年学校开始复课，1970年4月，新疆编写了四年制中学《毛泽东思想》《语文》《农业基础知识》和民族学生使用的《汉语》教材，同时翻译成维、哈、蒙文陆续出版。尽管"文革"十年使民族教育工作出现了倒

---

❶ 廖冬梅，2008：162

退，但民族中学的汉语教材建设还在艰难地继续。1971 年中央民族学院恢复在新疆招生，1972 年新疆召开中等师范学校工作座谈会，讨论解决少数民族师资短缺的问题，停办五年的中师恢复招生，和田、巴州、博州等地成立师范学校。1973 年新疆召开南北疆牧区教育座谈会，提出抓好边境地区和牧区的普及教育工作，但 1974 年到 1976 年，"批林批孔"和"反击右倾翻案风"运动，使民族教育再次遭受破坏，老师们纷纷投入到政治运动中，学校师资严重不足，各类图书资料和教学设施损失殆尽，少数民族教育及汉语教学再次陷入停滞状态。

### 三、恢复阶段（1977—1990）

1976 年十年动乱结束，新疆少数民族教育开始恢复。1977 年 2 月，自治区教育局发布了《新疆维吾尔自治区全日制十年制中小学教学计划》，规定民族学校从小学三年级起至高中毕业开设汉语课，各年级每周 4 学时，总计 1080 学时，不开外语课。对汉语教学提出了具体要求：高中毕业掌握 3000—3500 个汉字，能阅读通俗的汉文书报，用汉语表达自己的思想，到高一级学校能直接接受汉语授课。这是首次将汉语课从小学四年级下延至小学三年级，并统一规定了汉语教学的总课时数及具体目标，与 1956 年第二届中等教育会议提出的培养目标相比，更切合新疆汉语教学的实际。

1977 年，自治区教育局在教学计划中把汉语课列为民族学生必修的主课，先后编写出版了维、哈、蒙三种文字的中小学汉语教材 1—7 册。同年 10 月，全国开始恢复高等学校招生工作，自治区教育局发出《1977 年高等学校招生工作补充意见》，采取"自愿报名，统一考试，择优录取"的办法。提出要十分重视录取少数民族学生，对人口较少和边远地区的少数民族要给予照顾，举办民族预科班，发展民族教育。当年经过统考共录取 3916 人，其中少数民族 1613 人，占 41.3%。11 月自治区恢复新疆广播师范大学，招收全疆中小学教师，设语文、数学（学制两年）、维语、汉语（学制一年）专修班，用维、汉两种语言播讲。

1978 年 3 月，自治区教育局转发国家教育部《全日制中小学教学计划（试行草案）》时强调民族学校要从小学三年级开设汉语课，汉语学校要从小学三年级开设外语课。同年 6 月，自治区教育局专门下发了《关于加强民族学校汉语教学的意见》，提出六条重要意见：（1）要把汉语作为少数民族中小学一门重要的基础课尽快从小学三年级开起来，并欢迎能听懂汉语的民族学生自愿入汉语学校学习❶；（2）要加速培养和培训汉语教师，各地中等和高等师范学校要开设培养汉语教师的普通班、专科班和进修班，县市要开各种短训班，争取在 1985 年前基本解决汉语教师问题;（3）认真做好汉语教师的归队工作;（4）加强汉语教学大纲、教材的编印发工作，要编印汉维小字典、儿童读物、汉语教学片及音像制品，进行电化教学;（5）大中专院校的少数民族学生经过预科后要有一门以上的课用汉语授课;（6）各级各类学校的民族班要开展各种形式的汉语学习活动。自治区转发教育部的教学计划，真正确立了汉语学科在整个少数民族教育教学体系中的地位，汉语教学进入了比较规范的发展时期。这六条意见第一次系统地考虑了汉语教学实施的基本条件，特别是提出了汉语教师这个核心问题，汉语教师极度匮乏的状况得到了重视，提出了"要加速培养和培训汉语课教师，各地中等和高等师范学校要开设培养汉语教师的普通班、专科班和进修班,县市要开各种短训班,争取在 1985 年前基本解决汉语教师问题"的要求，但这一要求也存在脱离实际的问题，尤其是为以后大量不合格的人员进入汉语教师队伍，严重影响中小学汉语教学质量提高埋下了隐患。这时中小学汉语教师不超过 1000 人。

1979 年，自治区组织人力编写主要针对高等院校预科汉语教学需要的《基础汉语》教材，这套教材从 1981 年投入使用后，曾多次修订再版，沿用近 20 年，对新疆高校的预科汉语教学功不可没。1980 年自治区教育厅开始组织编写自治区第一部《中小学汉语教学大纲》，并着手重新编写小学至初中的七册汉语教科书。同年 11 月，自治区召开第二次民族教育工作会议，要求贯彻落实

---

❶ 事实上，虽然政府文件明文规定"少数民族中小学要从小学三年级开设汉语课"，但广大农牧区由于缺乏汉语教学实施的基本条件——师资，很多学校直至 20 世纪 90 年代初也未能实现"从小学三年级开设汉语课"的目标。

全国民族教育工作会议精神，并提出新疆的教育要以少数民族教育为重点、对少数民族教育要采取优先照顾的政策、普及小学教育、延长中小学学制、改革中等教育结构、培养少数民族师资、加强少数民族教材建设和加强汉语教学等九条改革措施。这次会议有一个很重要的转折，就是形成了空前重视少数民族教育的局面，并把扶持、照顾措施作为发展少数民族教育的主要手段。至 1982 年 9 月，正式印发了统一的中小学《汉语教学大纲》。这个教学大纲是自治区对汉语教学和教材编写最早的规范性文件，具有非常重要的地位。

1982 年 3 月，自治区教育厅召开中小学汉语教学座谈会，自治区副主席巴岱提出把"民汉兼通"作为汉语教学的方针，争取十年内过汉语关。"民汉兼通"即"少数民族学生高中毕业时掌握 2500—3000 个汉字、4500—5000 个词汇，听说读写译全面发展，达到汉族学生初中二年级的语文水平，升入高校后直接接受汉语授课"。这是自治区首次提出"民汉兼通"的十年奋斗目标，并对"民汉兼通"的基本内涵做出了明确阐释。5 月，针对各地不重视汉语教学、汉语师资不足、质量不高和汉语教材不配套等突出问题，自治区教育厅印发了《关于加强民族中小学汉语教学的几点意见》，提出各地要关心汉语教学和汉语教师，加强对汉语教学的领导；要采取有力措施，建设一支合格的汉语教师队伍；编写一套适合新疆维吾尔自治区特点的汉语教材、教学参考书和电教、音像制品；对汉语教学实行严格的考试与成绩考核制度；同时，规定从 1982 年开始，少数民族考生高考加试汉语并逐年提高计分比例❶。《意见》进一步强调了对汉语教师及汉语教学的重视，高考加试汉语成为汉语教学重要的"指挥棒"。12 月，自治区副主席巴岱以个人名义向自治区党委提出《关于加强民族学校汉语教学的建议》，建议共分五条：一是明确汉语教学的方针任务，提出在全日制学校中要把"民汉兼通"作为汉语教学的基本方针，民族学校学生的汉语教学要进行听、说、读、写全面训练，到高中毕业时掌握 3000 个汉字、5000—6000 个常用词汇，大体接近汉族学生初中二年级的语文程度，凡县镇以上条件较好的民族中小学都要争取十年内实现汉语基本过关的上述奋斗目

❶ 1982 年高考汉语 50 分；1988 年增至 100 分；1997 年增至 150 分至今。

标；二是全面规划，分期分批在中小学开好汉语课，即 1985 年以前县镇以上民族中小学一律从小学四年级开设汉语课，1990 年以后县镇以下民族中小学全部从小学四年级开设汉语课，要求自治区教育厅解决培养和培训汉语教师的问题；三是对直接上汉语学校的民族学生加授民族语文课，坚持"民汉兼通"，还可以免修一、二门副课或者外语课；四是在中学汉语过关前后都要继续办好大学预科，还可考虑创办一所预科学校；五是加强对汉语教学的领导，各地党政和教育行政部门的领导要关心和支持汉语教学，加强业务领导，自治区教育厅要建立教育研究所，汉语应列为主要研究学科之一。巴岱副主席以个人名义向自治区党委提出的这五条建议，是建国以来自治区高层领导对汉语教学最系统的思考，也是新疆汉语教学的一个重要转折点。《建议》首次提出汉语教学按城乡分类实施的发展规划，首次提出要建立汉语教学的研究机构。自此，汉语教师队伍逐年壮大，1982 年 1516 人，1984 年 3270 人，1986 年 3953 人，1988 年 5661 人，1990 年 7337 人，平均每年增加 1700 多人。

1984 年 1 月，自治区党委批转了巴岱同志《关于加强民族学校汉语教学的建议》，即新党发（1984）3 号文件，并指出在少数民族学校加强汉语教学，实现"民汉兼通"，对发展新疆的民族教育，提高少数民族群众的科学文化水平，促进社会主义建设事业的发展，巩固和发展各民族的大团结有着重要意义，是培养少数民族建设人才的大事。这是首次把汉语教学的政治意义提到各民族大团结的高度，并与培养少数民族建设人才联系起来。12 月，自治区教育厅根据新党发（1984）3 号文件精神下发了《关于贯彻落实自治区党委 3 号文件的几点意见》，共提出了七条意见：（1）各级党委、政府必须提高对汉语教学的认识，加强领导；（2）明确汉语教学的方针和要求；（3）认真落实计划、任务；（4）采取有力措施，建设一支合格的汉语教师队伍；（5）加强汉语教材建设；（6）做好对汉语教学的检查考核；（7）加强组织领导，即在自治区教育厅普教处设汉语教研室，各地和学校设汉语教研组。这是自治区教育厅对新党发〔1984〕3 号文件精神的进一步具体化和全面的贯彻落实，开始大规模地进行汉语教师的培养与培训工作，建立多层次的汉语教学研究机构。

1985 年 9 月，自治区教育厅发出《关于调整五年制小学部分课程计划的通知》，要求城镇民族小学从当年的新学期开始，必须从四年级起开足汉语课，农牧区民族小学要创造条件从 1987 年开始开设汉语课。这是根据第一次全教会精神对巴岱副主席《建议》的重要调整，即把农牧区开设汉语课的时间提前到了 1987 年。1985—1987 年，教育厅组织新疆大学李祥瑞教授主持新编维、哈、蒙、柯四种文字的中小学汉语课本。这套汉语教材每学年一册，从小学三年级起至高中毕业共十册，新疆民族中小学汉语教学第一次有了从小学、初中到高中整体设计、相互衔接的汉语教材。这套教材的编写指导思想受当时的语法翻译法影响很大，曾在民族中小学使用长达 18 年。虽然"翻译法"作为第二语言教学法如今已被淘汰，但注重民汉翻译对比教学的编写方法是与当时大多数汉语教师的教学水平相适应的。

1987 年 7 月，铁木尔·达瓦买提主席在新疆维吾尔自治区教育工作会议上指出，要把加强和改革民族学校汉语教学工作作为发展民族教育、提高民族素质和开发、振兴新疆的一项战略措施来抓，第一次将汉语教学提到了战略地位的高度。9 月，自治区教委为解决汉语教学的师资问题，印发了《关于进一步加强民族中小学汉语教学工作的几项措施》，共提出了九项重要措施：（1）各级党委、政府和教育行政部门要切实加强对汉语教学工作的领导，主要是建立管理机构和配备专职人员；（2）扩大师范院校汉语专业招生名额，即从 1988 年开始高等师范类院校汉语言专业每年招生人数不少于 300 人，中师不少于 700 人，力争在 1990 年和 1995 年以前分别配齐城镇和农牧区民族中小学的合格汉语教师；（3）制定区、地（州）和县三级汉语教师培训规划；（4）从 1987 年开始，自治区从每年自然减员指标中拿出 500 个劳动指标，从高中毕业生中通过一年的短训补充汉语教师；（5）稳定现有汉语教师队伍；（6）初、高中汉语课每周从 4 节增加到 5 节；（7）从 1988 年开始，高校招生汉语学科按 100 分计算成绩，中专与技工招生加试汉语;（8）大力加强汉语教学的现代化;（9）一视同仁，提高汉语教师的生活待遇。这是上个世纪加强汉语教学中操作性最强的对策措施，首次明确每年汉语言专业的招生和培训计划，但也再次为日后汉语教师的培养只重数量不重质量埋下了隐患。

这一阶段，少数民族汉语学科再次经历了"副科目→主科目→考试科目→高考科目"等几个发展过程，汉语教学的重要性不断得到加强。双语教学的重点从初创阶段的"注重少数民族母语教学的重要性"逐步过渡到"强调少数民族汉语教学的重要性"。"母语授课加授汉语"的传统双语教育模式基本普及开来。在保障少数民族使用本民族语言文字权力的前提下，1984 年 5 月通过的《中华人民共和国民族区域自治法》；1988 年 5 月通过的《新疆维吾尔自治区义务教育实施办法》，1993 年 9 月通过的《新疆维吾尔自治区语言文字工作条例》和2000 年颁布的《中华人民共和国国家通用语言文字法》都明确规定：学校应推广使用普通话、标准语和规范文字；少数民族学校必须从小学三年级开设汉语，推广全国通用的普通话。这些法律条例为少数民族汉语教学和双语教学提供了法律依据和保障。

### 四、实验改革阶段（1991—2003）

1991 年 4 月，自治区教委选定伊宁市一中、哈密地区一中等十所民族中学（民汉合校）作为自治区"民汉兼通"的试点学校，这是自治区开办最早的"民汉兼通"的实验学校，其目的是在校园内通过多种途径加强汉语教学，这些学校中的一部分后来发展成为部分学科汉语授课实验的主要学校。1992 年，自治区人民政府提出在少数民族中学数、理、化等部分学科采用汉语授课的双语授课实验设想（以后又增加了英语）。在自治区教委的统一安排下，维吾尔族、哈萨克族、蒙古族部分中学先后开始进行双语教学实验，即在自治区民族中学教学计划框架下，数学、物理、化学三门课（后来加英语，共为四门）用汉语授课，其余的课程用民语授课，新疆少数民族双语教育正式步入实验改革阶段。这项实验刚开始的时候，只有乌鲁木齐、塔城、吐鲁番三个地区，共三个初中班，100 名学生，截至 1999 年，实验班遍及 15 个地、州、市的 29 所学校，学生总数 3159 人，其中高中学生 1185 人，初中学生 1974 人。维吾尔族学生 2234 人，哈萨克族学生 546 人，蒙古族学生 379 人，实验班的规模和数量一直呈加速发展态势。从实验形式上看，既有把维汉语作为授课语言的，也有把哈汉语、蒙汉语作为授课语言的；既有本地招生，也有全疆招生；既有单独办班，也有合作办班。主要模式有库尔勒市第八小学试行的汉维同步教学实验（汉语课：从一年级起用统编语文教材）；哈密市小学一、二年级汉语口语训练实验；博乐市蒙汉语混合教学实验；克拉玛依市第五小学浸没式双语教学实验；少数民族中学部分课程汉语授课（数学、物理、化学、英语用汉语授课）等多种形式的实验。其中，少数民族中学部分课程汉语授课实验规模最大。实验形式的多样化，为各地州因地制宜，选择最佳、最有效的办学模式提供了条件。1998 年 7 月和 1999 年 7 月，上述几个地区的首批实验班都先后参加了高考，高中毕业生升学率达 77.1%，其中乌鲁木齐、吐鲁番、塔城、克拉玛依地区为 100%。实验班取得的成绩引起了社会各界的强烈反响，起步阶段的双语实验工作有了良好的开端。

1993 年 10 月，自治区教委组织召开首次"民族学生部分学科汉语授课实验研讨会"，自治区教委主任努尔提也夫做主题讲话，指出开办实验班的目的：一是实验班的学生必须在听、说、读、写等方面全部达到"民汉兼通"的要求，在升入高一级学校后，免上预科，直接用汉语文学习专业课；二是用汉语讲授的数、理、化等理科课程要大幅度提高教学质量，力争达到或接近一般汉族学校的中等水平；三是为其他学校开展类似的实验和汉语教学改革提供经验。以此次研讨会为转折点，自治区的汉语教学开始逐步向双语教学过渡，与之相比，少数民族语言授课学校的理科教学质量受到社会各方面的关注。

1995 年，自治区教委主持编译、审定并组织出版社了高等教育 40 多种民族文字教材和地方乡土教材，制定了新疆自解放以来的第一个中等职业技术学校预科汉语教学大纲，并组织编写、审定了相应的汉语教材。

1996 年 2 月，自治区人民政府办公厅下发《转发＜自治区教委关于进一步做好民族中学部分学科汉语授课"民汉兼通"工作的几点意见＞的通知》，即新政办[1996]186 号文件。明确提出双语实验的目的是："加快民汉兼通的步伐，尽快提高少数民族学生的汉语水平和理科成绩，保证每年向内地院校选送足够数量的少数民族合格生源"。同时，充分肯定这项实验是有利于提高新疆民族教育质量，加速培养高水平、高层次少数民族各类人才的有效措施，希望各地本着"统筹考虑、合理布局、加强管理、保证质量"的原则，结合各地实际，积极创造条件，使这项实验得到进一步推广。《通知》就实现"民汉兼通"目标所涉及的教师、教材、引入汉语时间、考试等内容也提出了具体要求。此外，文件还对部分学科汉语授课中的招生规模、课程设置、高考升学、办班经费和教师待遇等问题提出了规范性要求，使开办实验班的行为成为政府行为，特别是每班每年5000元的实验经费极大地调动了各地办班的积极性。

1996年6月，国家汉语水平考试（HSK）引入新疆，自治区人民政府王怀玉副主席在开考仪式上讲话。国家汉语水平考试是国家教委委托北京语言大学于1987年开始研制，到1990年投入使用的，共分初、中、高三等11级，简称HSK。HSK考试在新疆的推行，使少数民族汉语水平有了统一的评价标准，极大推动了新疆的汉语教学工作。1998年9月23日，教育部民教司在乌鲁木齐召开"HSK与少数民族汉语教学研讨会"，来自新疆、内蒙古、青海、吉林、黑龙江、辽宁等省、自治区的教育行政部门的负责人、从事HSK工作的专家学者、从事少数民族汉语教学的教师、教学研究部门、教材编译部门及研究少数民族双语教学的有关专家、学者、教授就如何正确处理HSK与我国现行的高等学校招生考试之间的关系，如何改进教学方法，培养、培训汉语教师，教学语言的选择，少数民族学生语言思维的研究、自治区推行HSK试点工作的阶段性总结与交流等方面的问题进行了广泛研讨。代表们还就新的《中国少数民族中小学汉语课程标准》进行了讨论。

由于HSK的推广，过去单一的语法翻译教学法已不能满足教学的需要，取而代之的是相对直接教学法，即少用甚至不用民族语讲课，而直接用汉语讲授。教学手段方面，也一改过去"一块黑板、一支粉笔"的落后状况，取而代之的是收录机、电视机、VCD、电脑等现代化多媒体电教设备，大大增强了教学效果。

1998年10月13日，自治区中小学（含中师）教材审查委员会正式成立，这标志着新疆中小学教材审查工作进入了科学、规范的轨道。7月，自治区教委印发了《自治区少数民族中学生双语授课实验方案（试行）》，即新教基[1997]17号文件。文件从实验目的、形式与规模、基本条件、管理、教材与课程计划、考试与升学、经费等七个方面对少数民族中学生双语授课实验进行了规范。这是对 186 号文件的进一步细化，使双语实验工作在各级教育行政部门的领导下积极稳妥地进行。正式将民族学生部分学科汉语授课实验界定为"双语授课实验"，对全区进一步办好双语教学作了原则性的规定和要求。各地、州、市教育行政部门先后成立了双语教学领导小组。自治区从少数民族教育补助款中拿出 40 万元，给每个实验班补助 5000 元，解决了实验班经费不足的问题。

为进一步加强汉语教学，加快"民汉兼通"的步伐，适应考试制度逐步向HSK 靠拢，国家教育部组织制定了《中国少数民族中小学汉语课程标准（试行草案）》。根据该《课程标准》，参照新疆少数民族汉语教学的实际，自治区教委重新制定了《新疆维吾尔自治区少数民族中小学汉语教学大纲》。1998—1999年自治区教委重新组织编写了民族中小学《汉语》课本，这套汉语教材由方晓华、王明义分别主持编写中学和小学部分，同样每学年一册，从小学三年级起至高中毕业共十册，2000 年全部完成并投入使用。2003 年教育厅又组织部分专家为这套教材增编了小学一、二年级汉语口语教材四册，用以满足从一年级起始汉语教学的学校需要。这套教材基本上是按结构—功能—文化三位一体的理念，吸收了以第二语言教学理论为支撑的汉语水平考试（HSK）的许多研究成果编写的，直到目前还在大多数民族中小学使用。但由于教材从小学起点教学是三年级，选入的课文内容陈旧、练习设置较为单一，已明显不适应目前新疆中小学汉语教学的需要。

1998 年 7 月，自治区教委发出《关于进一步加强民族中小学汉语教师培训工作的意见的通知》，要求自治区、地（州、市）、县（市）三级主管部门分别负责组织高中（含师范）、初中、小学汉语教师的集中培训和教研提高活动。各级教育主管部门要通过对汉语教师的学历、思想道德、教学业务水平、汉语言文字能力的全面调查研究，制定出 1998—2000 年的达标目标。

1999 年 2 月，历时 3 天的"自治区少数民族中学双语授课实验教学工作研讨会"在乌鲁木齐闭幕。来自全疆 14 个地州市开展双语授课实验的教师、校长 120 多人聚集一起，共同观摩、研讨、总结双语授课实验班的现状、成果和经验。3 月，自治区人民政府办公厅印发《关于大力开展中小学继续教育和加强汉语教师队伍建设的意见》，即新政办[1999]22 号文件。要求 1964 年以后出生的少数民族青年教师在继续巩固、提高母语水平的同时，学好汉语。其中，汉语教师的 HSK 水平为：高中 8 级、初中 6 级、小学 5 级，非汉语教师的 HSK 水平为：高中 5 级、初中 4 级、小学 3 级。具体的措施有：（1）实施定向汉语师资班招生计划，每年安排 800 名招生计划；（2）稳定高、中等师范类院校汉语专业的招生规模；（3）从汉考民、民考汉高校毕业生中录用；（4）大中专毕业生每人支教 2 年。《意见》首次确定少数民族汉语教师及非汉语教师的汉语水平等级，界定了中小学汉语教师"入口"执教的标准，对培养和培训中小学汉语教师基本达标，保证中小学汉语教师的整体素质有着重要的作用。但截至 2002 年 35 岁以下的少数民族教师汉语水平要达到上述要求，这个目标几乎是无法实现的。为了进一步加强民族中小学汉语教学工作，不断提高民族中小学汉语教学质量，3 月 31 日，自治区教委下发了《关于调整少数民族中小学汉语学科课时的通知》，要求少数民族中小学汉语学科的总课时量由原来的 1193 学时增加到 1504 学时。5 月，自治区教委印发了《新疆维吾尔自治区少数民族中学双语授课实验方案（试行）》，即新教基[1999]25 号文件，重新修改和完善了新教基[1997]17 号文件，在双语教学班的实验目标、开办条件、招生办法、经费来源、课程设置、师资配备、实验管理及办学绩效评估等诸多方面做出了明确规定，对全区双语实验工作逐步走向规范化、科学化管理起到了重要作用，有力地推动了各地、州、市双语教学实验工作向前发展。其中，实验目的：高中毕业时 HSK 达到 6 级以上，理科成绩达到当地汉语学校的平均水平，母语不低于当地非实验班水平，有一定的英语水平；教材与教学语言：明确规定使用的教材版本，数、理、化、英语用汉语授课，政治和语文用民族语授课，其余学科自定；经费：除自治区专项经费外还要求各地按 1∶1 配套。文件使双语授课实验目的从模糊变得非常具体，从"民汉兼通"到 HSK6 级，高中理科学习成绩以汉语系学校为参照，并对母语和英语提出了一定的要求。

1999 年 9 月，国务院办公厅转发了国家教育部、计委、财政部和国家民委《关于加强少数民族地区人才培养工作的意见》，即国办发[1999]85 号文件。提出在部分经济较发达的城市开办内地新疆高中班，并从十个方面具体规定了办班的各项政策。2000 年 1 月，教育部根据国务院 85 号文件出台了《关于内地有关城市开办内地新疆高中班的实施意见》。同年 3 月，自治区教委根据有关文件出台了《新疆维吾尔自治区关于在内地部分经济发达城市开办内地新疆高中班实施方案（试行）》。《方案》规定了内高班的招生模式、招生比例和汉语单科分数线。国务院 85 号文件拉开了开办内地新疆高中班的序幕，对新疆的汉语教学和双语教学都产生了极大的推动作用。

2001 年以来，在党中央、国务院的支持下，全区县、乡镇以下已有 2000 多所中小学安装了远程教育模式系统。自治区电教馆和教科所都已开发了远程教育和网上课程资源，但利用率还非常有限。主要问题是技术维护力量薄弱，针对性强、实用有效的教学软件资源不足。自治区"十一五"教育发展规划中明确提出要"依托现代教育技术和手段，大力开展双语教师培训，促进中小学双语教学。争取到 2007 年，使高中具备闭路电视系统，初中具备计算机教室，小学具备语音室。结合农村实行现代远程教育工程，推进现代远程教育设施建设，加快开发汉语教学教材、双语教学课件和现代远程教育资源"。边远农牧区中小学是国家和自治区投入现代教育技术装备的重点，这些措施已经逐步得到落实。

进入上世纪 90 年代以来，新疆维吾尔自治区的双语教育工作开始注重科学理论的指导，加强了与高校的联系，依靠高校专家对自治区双语教育进行科学研究。1998—2003 年的五年间，新疆师范大学等处连续召开了三次全区性的汉语和双语教学工作会议，及时总结双语实验工作中的经验，探索新思路、新举措，及时指导全区的双语教学实验工作。到 2002 年底，全区地州市共有 105 所学校开办了总计 294 个实验班，在读学生达到了 13733 人。喀什、和田等地区还充分考虑到当地人民群众对发展双语教育的需求，结合本地区实际将双语教学实验的学段扩展到了小学，有的乡村小学也克服困难，积极创造条件开办了双语授课实验班，受到了当地群众的欢迎。克拉玛依市等地区除公办幼儿园积极吸收少数民族幼儿入园，从幼儿园就开始抓汉语口语教学外，柯州等一些偏远农牧区的群众也有自发举办双语幼儿园的。这些事例充分说明地方政府、基层学校和人民群众在发展双语教育事业中所迸发出的热情和创造力。2003年11月，自治区人民政府办公厅印发了《关于在乌鲁木齐市等八个城市开办新疆区内初中班的通知》，即新政办发[2003]155号文件，明确了开办区内初中班的指导思想、办班城市、招生规模、办学方式、组织机构与经费投入等问题。区内初中班是内地新疆高中班工作的向下延伸，是少数民族汉语教学向汉语文教学的过渡，也是促进城乡教育协调发展的重要措施，对推动农牧区的汉语教学和双语教学具有十分重要的意义。

**五、全面推进阶段（2004年以来）**

2004年3月，新疆维吾尔自治区党委、人民政府印发《关于大力推进"双语"教学工作的决定》，即新党发[2004]2号文件。从四个大的方面共23项内容对"双语"教学工作提出了要求：（1）充分认识"双语"教学工作的重要意义，进一步明确"双语"教学工作的指导思想和总体目标；（2）加大汉语教学力度，大力推进"双语"教学工作；（3）全面提高少数民族教师的汉语水平，加快建设适应"双语"教学要求的教师队伍；（4）加强对"双语"教学工作的领导，建立健全"双语"教学保障机制。这是一份具有里程碑意义的文件，是结束"双语"教学实验全面实施"双语"教学的转折点。第一次明确了新疆的"双语"教学的最终模式是"全部课程汉语授课，同时加授母语文"的模式。根据因地制宜、分类指导、分区规划、分步实施的原则，首次将新疆的"双语"教学分为"大中城市区；北疆、东疆的市县以及南疆的地、州所在城市区；广大的农牧区"三类地区。再次提高了少数民族汉语教师的汉语水平标准：高中、初中和小学HSK等级标准分别是8级、7级和6级，非汉语教师的HSK等级标准分别是7级、6级和5级。自此，新疆的双语教学工作开始有了更为明确的办学方向。到2004年底，全区15个地、州（市）从城市到乡村，从小学、初中到高中,开办双语教学班的学校数(包括民汉合校在内)已增加到190所,班数达到了943个,在读学生达到了35948人;2005年底,双语教学班的总数从943个班增加到了4037个,就读学生一跃达到了127275人;2006年12月,全区中小学双语教学班在读学生数已起过14万人。

2004年起,在全国部分省区和新疆部分地、州、市进入新一轮课程改革的大环境下,新疆维吾尔自治区教育厅开始考虑逐步推广的"部分课程汉语授课"模式的双语教学实验学校和教学班没有适用的汉语教材的问题,组织新疆师范大学、新疆财经学院等部分专家和中小学骨干教师开始编写基于新课程理念的双语教学实验班专用汉语教材,由方晓华教授担任主编。这套教材从小学一年级起编写至高中三年级,每学期一册共22册(其中初三、高三年级各为全一册),2005年9月开始投入使用,配套的教师教学指导用书和教辅练习材料也在2006年上半年全部编写完成。这套教材在最初的编写指导思想上主要是为双语教学实验班的学生学习汉语而编写的,同时由于编写匆忙,缺乏必要的教学实验,因此在投入使用之初就发现存在着一些问题。但由于新疆双语教学发展迅速,形势始料不及,在目前尚无合适的汉语教材的情况下,这套教材的投入使用仍然起到了非常重要的作用。

2005年7月,自治区党委办公厅、自治区人民政府办公厅印发《自治区关于加强少数民族学前"双语"教育的意见》,即新党办[2005]28号文件,从9个方面对少数民族学前"双语"教育提出了改进措施,包括幼儿的口语交际能力、农村学校办两年制学前班、小学的"1加5"模式、每个乡镇办一所示范性幼儿园、社会力量办园、培养学前双语师资等。特别是制定了一个扶持南疆四地、州和伊犁、塔城、阿勒泰三地州农牧区学前2年教育的经费预算方案,按基建补助、幼儿伙食补助(每人每天1.5元)、幼儿教师工资补助(每人每月400元)和教材补助,从2005年到2009年计划投入近2.8亿元。这是自治区贯彻2号文件的配套文件,是"双语"教育向学前教育的延伸,也是自治区首次大规模地向农牧区的学前教育投入资金。少数民族学前"双语"教育的开展和普及,将从源头上改善中小学双语教育的生源质量,从根本上提高新疆双语教育的质量。

在党的民族政策光辉照耀下，新疆少数民族教育在新中国成立 60 年多里尽管走过了一些屈折和艰难，但总体上是在逐步壮大和向前发展。汉语课程从选修到必修，从副科到主科，从定为高考科目到 HSK 引入，充分体现了汉语教学重要性在少数民族教育课程体系中的逐步提高。双语教育从实验到推广，从中学到小学乃至学前教育的体系构建，有力说明了新时代广大少数民族群众对教育的新要求。特别是 21 世纪以来，新疆少数民族双语教育呈现了快速发展的趋势。截至 2012 年底，自治区接受学前两年少数民族双语教育（36.91万人）和民考汉（5.70 万人）幼儿 42.60 万人，比 2011 年（37.63 万人）增长了 13.21%；学前两年少数民族适龄幼儿双语教育普及率达到 92.03%，比 2011年（85.87%）提高了 6.16%,；自治区中小学（含职业高中，下同）少数民族在校学生 206.23 万人（小学 126.02 万人、初中 57.73 万人、普通高中 18.01 万人、职业高中 4.47 万人），其中接受双语教育的学生 122.36 万人（双语班 85.16万人，其中模式一 55.42 万人、模式二 29.74 万人，民考汉 37.20 万人），占中小学少数民族在校生数的 59.33%，比 2011 年接受双语教育的学生数（99.85万人）增长了 22.54%。新疆双语教育进入了一个崭新的发展时期。

## 第二节　新疆少数民族双语教育发展现状

### 一、新疆各少数民族人口分布及语言使用状况

新疆各民族的分布基本上呈现大聚居、小杂居的状态，但各民族的散、杂居状况又有很大的差别。新疆民族众多，文化多元，言语异声，文字异形，走进新疆的人戏称进入"语文博览会"。13 个世居民族（按人口数量序列是：维吾尔族、汉族、哈萨克族、回族、柯尔克孜族、蒙古族、锡伯族、塔吉克族、满族、乌孜别克族、俄罗斯族、达斡尔族、塔塔尔族）所使用的语言分属阿尔泰语系、汉藏语系和印欧语系下的六大语族，即突厥语族（维吾尔语、哈萨克语、柯尔克孜语、乌孜别克语、塔塔尔语）、汉语族（汉语）、蒙古语族（蒙古语、达斡尔语）、满—通古斯语族（满语、锡伯语）、伊朗语族（塔吉克语）、

斯拉夫语族（俄罗斯语）。徐思益先生按语言的应用场所和环境将语言分为三个层次：工作语言、生活语言和家庭语言。工作语言是某一社会族群工作、学习重要的交际工具，是这个族群文化载体的一定表现方式；生活语言是一个族群日常交际工具，在这个族群内部具有活力，却难于在社会广大人群中行使交际职能；家庭语言只限于家庭成员之间交际，已丧失了社会实用价值❶。

维吾尔族现有人口 9831760 人，在新疆南部地区分布很均匀，密度很大。喀什地区维吾尔族 3444705 人，占当地总人口的 91.24%，和田地区 1838945 人，占当地总人口的 96.28%.其中和田、墨玉、洛浦、策勒四县的维吾尔人口比例达98%以上❷，不仅点上（县或县以下地区）的聚居程度高，而且面上（地区或较地区更为广阔的地区）的聚居特点也非常明显，已形成成片聚居的格局。维吾尔族在新疆北部和东部地区的人口分布虽然很广，但很不均衡，所占比例也仅有 12%。就其聚居状况来说，大多聚居在点上，即在县的地域范围内，而在面上比例则较小，形成了大分散、小集中的居住特点，可以看做是杂居状态下的聚居❸。一般情况下，语言分布与人口分布呈现一致性。南疆地区维吾尔族人口密集，维吾尔语的通行范围遍及南疆各个地区，成为各民族相互交流的主要语言之一。北疆各县市的维吾尔族人口分布还够不成点面上的覆盖，这种状况一方面限制了维吾尔语在这些地区的通行范围，另一方面也促使维吾尔语同其他语言发生接触。因此，这一地区的维吾尔族居民除操用母语外，同其他民族交际时也用汉语或其他民族语言。哈萨克族人口为 1510497 人，仅次于维吾尔族和汉族，位于新疆 13 个世居民族的第三位。全疆除若羌、柯平、泽普、英吉沙、岳普湖、塔什库尔干、和田、皮山和民丰这九个县无哈萨克族居民外，其他各县市都有哈萨克族居民。其中，伊犁地区的各县市哈萨克族人口聚居程度较高，哈萨克语也是这一地区的主要交际语言之一。散、杂居状态的哈萨克族除操用母语外，还兼用汉语或当地主要少数民族语言，如维吾尔语。柯尔克孜

---

❶ 徐思益：《徐思益语言学论文选》（续集），新疆大学出版社 2006 年版，第 170 页。

❷ 新疆维吾尔自治区编，2009：82。

❸ 新疆维吾尔自治区民族语言文字工作委员会编，2002：46~47。

族人口为 186374 人，其中 80%以上聚居在克孜勒苏柯尔克孜自治州境内，柯尔克孜族语是这一地区的主要交际语言之一。散、杂居状态的柯尔克孜族除操用母语外，还兼用汉语或当地主要少数民族语言，如维吾尔语、哈萨克语等。新疆蒙古族人口主要以聚居或杂居形式分布于天山南北的 28 个县市。其中人口集中聚居的地区为巴音郭楞蒙古自治州的各县市，其他县市为散、杂居状态。蒙古语在巴州等地的聚居区内是蒙古族交际的主要语言之一，在蒙古族的散杂居地区，蒙古族除操用母语外，还兼用汉语或当地主要少数民族语言，如维吾尔语、哈萨克语等。新疆锡伯族人口为 37813 人，主要分布在北疆地区，特别是聚居在伊犁哈萨克自治州七县一市的锡伯族人口占全疆锡伯族总人口的 81%以上。其中察布查尔锡伯族自治县的人口最为集中，人口为 20525 人，约占伊犁地区锡伯族总人口的 65%。新疆锡伯语的使用范围较小，主要在本民族中使用，察布查尔县是锡伯语的重点使用地区。锡伯族人之间交际一般使用锡伯语，一部分生长在城市或散杂居的锡伯族人已基本上不会熟练地说本民族语言了，这部分锡伯族人一般精通汉语，有些兼通维吾尔语或哈萨克语。塔吉克族人口为 45375 人，聚居在塔什库尔干塔吉克自治县的塔吉克族人为 29235 人，占塔吉克总人口的 64%以上。塔吉克语是塔什库尔干塔吉克自治县内塔吉克居民日常生活交际的主要语言，文化教育和政府日常事务中使用维吾尔语言文字或汉语言文字。乌孜别克族人口为 16945 人，占全区总人口的 0.08%。乌孜别克族在新疆各个地区都有分布，其中以伊犁地区、喀什地区、昌吉州及乌鲁木齐市较多。人数较多，处于小聚居状态的乌孜别克族除部分人在家庭及本族内交际使用乌孜别克语，大多已转用或兼用维吾尔语、哈萨克语，人数较少且散杂居的乌孜别克族已基本转用维吾尔语或哈萨克语，从语言转用的程度和范围来看，乌孜别克族转用或兼用第二语言已基本属于"主体转用型"。新疆现有达斡尔族人口 6751 人，主要聚居在塔城市及塔城市阿西尔民族乡，共有 5061 人，占达斡尔族总人口的 75%以上。达斡尔族由于人口少，且处于大杂居、小聚居的状况，20 世纪 60 年代后其子女基本上都接受汉语教育了。年长者之间还使用本族语，年轻人能听懂达斡尔语但不能表达。达斡尔族不仅上汉校、说汉语，还与汉族通婚。进入二十一世纪，操用汉语的现象越来越普遍，本族语处于濒危状态。新疆塔塔尔族人口为 4894 人，占全区总人口的 0.023%，是我国 55 个少数民族中人口最少的民族之一，主要分布于乌鲁木齐、伊宁、塔城、阿勒泰、昌吉等城市。除奇台县大泉沟塔塔尔民族乡是全国惟一的聚居区外，其他区域内均以 5—6 户左右的居民点散居于汉族、维吾尔族或哈萨克族之中。塔塔尔语的使用与塔塔尔人的地理分布一致，以乌鲁木齐为中心形成 4 个语言区：乌鲁木齐语言区、伊犁语言区、塔城语言区、阿勒泰语言区。语言区内操塔塔尔语的人口为 2900 人，占全疆塔塔尔总人口的 62%，且多为知识分子，兼通汉语、维语或哈语，在翻译方面具有优势。他们坚持本民族内部使用塔塔尔语，坚持用塔塔尔语进行家庭教育，使塔塔尔语言文字得以保存。❶

　　总之，新疆各民族的分布总体呈现"大聚居、小杂居"或"大杂居、小聚居"的特点。所谓"大聚居、小杂居"是指某一民族在地、州、市、县大面积聚居，部分地区小面积杂居；所谓"大杂居、小聚居"是指某些地、州、市、县总体上各民族杂居，局部区域某个民族相对聚居。新疆各民族语言的使用总体上呈现"求大同，存小异"的发展趋势。所谓"求大同"就是应用大多数人都懂的语言，即选用国家通用的汉语普通话或新疆维吾尔自治区通用的维吾尔语；"存小异"就是保存使用范围较小的本民族母语。如哈萨克族、柯尔克孜族、蒙古族在各自的自治州、自治县将本民族的语言文字和汉语一同作为通用的语言文字使用，还有一些民族由于人口少，居住分散，本民族语言已经退居为生活语言或家庭语言。随着社会的发展，为适应工作、学习和生活的需要，双语双文成为新疆民族语言生活的一大特色，也代表着民族语言发展的总体趋势。在少数民族绝对聚居的地区，母语是人们生活、工作和学习的强势语言，汉语几乎起不到主流语言的作用。在汉族人口较多的地区（如乌鲁木齐市、石河子市、奎屯市、克拉玛依市等）汉语显然是强势语言，是人们生活、工作和学习的主要交流工具。在民族成分较为复杂，有多个民族杂居的城市（如哈密市、伊宁市、库尔勒市、塔城市、阿勒泰市及焉吉、乌苏县城等）汉语则与当地的

---

❶ 以上各民族人口数据均来自《2009 年新疆统计年鉴》。

主要民族语言如维吾尔或哈萨克语双语并行，共同成为人们生活、工作和学习的主要交流工具；而在地域广阔、汉族人口稀少、少数民族高度聚居的农牧区，当地人口使用维吾尔、哈萨克、柯尔克孜、蒙古等母语作为主要交流工具是必然的。正是基于新疆存在着汉语绝对单语区（如石河子市等）、少数民族母语绝对单语区（如喀什、和田等地区）、汉语和少数民族母语双语甚至多语并用区（如伊宁市、塔城市等）等复杂语言环境，决定了新疆基础教育总体发展上的不平衡性，同时也造成了在选择双语教育模式上的多样性。

## 二、新疆民族中小学现行双语教育模式及其发展目标

（一）"以母语授课为主，加授汉语"的传统双语教学模式

这种模式是新疆和平解放以来长期采用的模式，我们称之为"传统双语教育模式"。主要目标是通过开设汉语课程提高少数民族学生的汉语水平。这种模式由于汉语作为第二语言的滴注式教学很难达到理想的学习效果，理科教学质量差，少数民族学生高中毕业时汉语能力及学科知识非常低下，严重影响着升学、就业等方面的机会均等。但由于新疆各民族人口分布的地理特点、语言使用的差异、地区经济发展的不平衡，在经济发展相对滞后的民语单语区，无论是师资条件，还是语言环境，都还不具备大面积开展"双语授课"的条件，因此"以母语授课为主，加授汉语"的传统双语教学模式还将在一段时期内存在。随着全疆双语教育的迅猛发展，这一模式在教育条件逐渐改善的情况下，将逐步被新双语教育模式所替代。

（二）小学阶段以母语教育为启蒙教育，加授汉语口语，初、高中阶段则完全采用汉语授课的双语教育模式

采用这种模式的主要是聚居的锡伯族、部分在中小城市或城郊长期与汉民族杂居的蒙古族等少数民族学校，人口数量较少。目的是在保持和发展本民族传统文化的同时，与主体民族接受同样的现代教育，达到同步发展。据不完全统计，目前新疆有 4 所（占民语学校总数的 0.11%）学校完全采用这一模式，学生人数总计 1271 人，占民族学生总数的 0.10%，民语授课的专任教师总数有

100 人，占全部民族中小学总数的 0.07%。

（三）"部分课程汉语授课，部分课程母语授课"的部分双语教育模式

由于历史的原因及各种客观因素综合所致，新疆少数民族教育质量与汉族教育质量相比，一直存在明显差距，尤其是新疆民族中学数理化教学质量低下，高考数理化科目成绩一直偏低。为了改变这一长期困扰新疆民族教育质量的现象，从 20 世纪 90 年代开始，新疆维吾尔自治区便开始了部分课程汉语授课的"双语授课实验"。实验取得成功后，自治区于 2004 年开始将"部分课程汉语授课（数、理、化、生及英语等），部分课程（语文、思想品德、历史、地理等）母语授课"的双语教学模式在全疆各地州市的部分民族中小学加以推广。双语教学从中学办班下移到了小学甚至发展到学前阶段，由城镇办班延伸到了乡村，部分地州市中小学甚至包括少量农牧区乡镇学校的双语教学已从数、理、化使用汉语授课发展到除母语外，其他学科全部使用汉语授课的模式（如伊犁州直霍城县果子沟乡中心学校小学一至五年级就是全部课程汉语授课、加授母语文的完全双语教学模式）。即使这样，在双语教学班就读的少数民族学生总数与全区民族中小学生总数相比，仍有巨大的拓展空间。但少数民族双语教师的数量远远不足，成为制约广大农牧区新双语教育模式推广的主要因素。随着新疆中小学双语教师培养和培训工作的进一步开展，如果大批数量充足、质量可靠的双语教师能充实到民族中小学，这种办学模式将会尽快向农牧区铺开。主要目标是通过理科课程汉语授课强化汉语学习，同时提高少数民族学生理科学习成绩。

（四）"全部课程汉语授课，加授母语文"的完全双语教育模式

这一模式是新疆民族中小学双语教育发展的方向。现在这种模式的双语教学在新疆县（市）以上的民族中小学已不鲜见，特别是办在汉语系学校或民汉合校的双语教学班基本上都是直接采用了这一模式。如在乌鲁木齐市、库尔勒市和阿勒泰市等城市就很普遍，小学起始年级的双语教学已完全采用了这一模式。就是在一些完全少数民族的小学也有直接采用这一模式的，如喀什市第三、

第八小学等，昌吉州第四中学的初、高中双语教学班从 1996 年起至今十年中一直采用的是"全部课程汉语授课、单科加授母语文"的完全双语教学模式。据调查，20 世纪 90 年代初，博尔塔拉蒙古自治州的蒙古族中小学就曾尝试这一教学模式，但后来蒙语文的授课逐步淡化或停止，演变成了完全汉语授课的"民考汉"式汉语系教育模式。这种忽视或取消母语文教学的做法是不可取的，也是广大少数民族群众担心之所在。新疆维吾尔自治区党委和人民政府《关于大力推进双语教学的决定》（新党发[2004]2 号）把少数民族双语教育的最终目标确定为"全部课程汉语授课、单科加授母语文"的完全双语教学模式，目的是在保障少数民族母语文学习的前提下，使少数民族学生真正达到"民汉兼通"，最终实现民汉教育均衡发展的目标。这是以国家、自治区相关语言文字法律、法规、政策及义务教育法为依据进行的，是为实现新疆教育和谐发展，各民族经济共同繁荣而采取的有力措施。

（五）内地高中班和区内初中班的双语教育模式

根据中央《关于进一步加强少数民族地区人才培养工作意见的通知》精神，国务院自 2000 年开始在内地部分发达的城市开办新疆内地高中班，2000—2002 年总招生量就达到了 3540 人，到 2004 年底，内地高中班在校生总数已达到 5080 人。从 2005 年开始，国家进一步加大了这一工作的力度，内地高中班的举办城市从 12 个扩大到 25 个，招生规模也继续扩大，2005 年 9 月已按计划招生 3150 名，到 2007 年扩大到 5000 人，在校生总数超过两万人。除此之外，阿勒泰、巴音郭楞蒙古蒙古自治州、吐鲁番、和田及博州精河县等地、州也有自行与山东泰安、湖南、浙江、湖北等内地省区联系办有高中班的，就读学生数百人。内地高中班的办学模式是双语教学模式的创新和发展，对新疆民族中小学的双语教学工作起到了强有力的推动作用。2003 年 9 月，自治区党委、自治区人民政府为了探索少数民族双语教育的新途径，加快少数民族人才的培养，使更多的少数民族农牧区子女享受到优质教育，决定参照内地新疆高中班的办班模式，在新疆乌鲁木齐市、昌吉市、石河子市等八个经济和教育条件较好的城市开办区内初中班，2004 年 9 月招生 1000 人，2005 年 9 月扩大招生到 3000 人，此后招生规模逐年扩大。

从初高中学段看，内地高中班和区内初中班属于完全汉语授课的模式（仅有个别城市举办的区内初中班采用加授一门母语文、全部课程汉语授课的模式），由于学生实际上在进入初中或高中以前接受的是第一类模式的教育，本身已完全具备母语言文字表达能力，因此，从基础教育的整体来看，它仍属于不同阶段的双语教育模式。

### 三、各类双语教育模式教学情况及效果评价

（一）近 60 年的少数民族汉语教学实践证明，"以母语授课为主，加授汉语"的传统双语教育模式中，学生学习汉语的课堂时数非常有限（每周 4—5 课时），校园汉语交际环境差，学生汉语运用能力难以有效提高，学习数理化等理科课程的民文教辅材料数量极少，教学质量难以提高，严重影响和制约着少数民族学生的升学和就业率。近年来新疆小学毕业、初中毕业和高中毕业会考的有关统计数据表明，这种教育模式在提高教学质量上不能令人满意，尤其是在高考方面，少数民族学生的理科成绩与汉族考生存在着巨大差距，高校招生"低进低出"的现象得不到根本性的扭转，直接影响到新疆少数民族高素质人才的培养。

目前，一些县、市地方的不少学生和家长开始倾向于上双语教学班，有些学生和家长直接选择上汉校。如阿勒泰地区六县一市中县城哈语小学近几年来生源急剧减少，有些学校学生人数从几年前的几百人锐减到几十人。南疆阿克苏地区以西的地、州各县虽没有很多的汉语授课学校，但也出现了少数民族学生大量涌入就学的情况，其中在喀什地区的莎车、泽普等县，在汉语授课学校就读的少数民族学生数已开始超过汉族学生数。

新疆地域辽阔，各地区经济、教育发展极不平衡，新疆民族中小学 70%以上处于少数民族高度聚居的农牧区，作为建设家乡的未来劳动者，少数民族学生不可能不学习和使用自己的母语。加之农牧区少数民族双语师资短缺，这种办学模式还将在未来相当长的时期内保持下去。目前要研究的问题是如何在这种传统的双语教育模式下既加强汉语教学，提高汉语教学质量，进而采取有效

措施提高整体教学质量，同时又积极创造条件推进双语教学，拓宽少数民族学生成长、成才的渠道。

（二）"小学阶段以母语教育为启蒙教育，加授汉语口语，初、高中阶段则完全采用汉语授课"的办学模式影响面很小，且处于逐渐弱化的趋势。如锡伯族的锡汉双语学校，博州温泉县的蒙汉双语学校，采取了"完全汉语授课，加授母语文"的模式，以保持双语教育的特色，但主动前来就学的人数不断减少，最后只得停授母语。究其原因，一是由于中小学课程繁多、学生学业负担重，学生和家长不愿在母语学习上投入更多的精力；二是母语在教学体系中不被重视，不作为中考或高考加试科目，从应试的角度考虑不被学生和家长重视；三是母语的社会功能逐渐减弱，从实用性的角度出发学生和家长正在放弃母语的学习。因此，从发展趋势来看，这种办学模式的发展空间会越来越小，在不长的时间内会被完全汉语授课的模式所取代。这对本身处于极度弱势的少数民族语言和传统文化的保存与发展是极为不利的。

（三）"部分课程汉语授课（数、理、化、生及英语等），部分课程（语文、思想品德、历史、地理等）母语授课"的部分双语教育模式是目前新疆主推的双语教育模式。自 2004 年 3 月自治区党委、人民政府印发《关于大力推进"双语"教学工作的决定》和 2005 年 7 月自治区党委办公厅、自治区人民政府办公厅印发《自治区关于加强少数民族学前"双语"教育的意见》以来，各地区相应制定了本地区的双语教育发展规划，各校双语教学班的规模在不断扩大。双语教学实验在新疆走过了 14 年的历史，推进双语教学工作所遇到的困难是巨大的。最突出的矛盾是缺乏大量合格的双语师资，致使双语班的教学质量普遍偏低，尤其是在一些不具备开办双语班的农牧区学校，双语班的开设是为完成学校或教育部门规定的硬项指标，教学质量根本无法保证。我们在对某民汉合校的任课教师访谈中得知，这个学校双语班期末考试试卷与同年级完全汉语授课的班相同，考试结果相差约在 30 分左右，四个双语班能达到 60 分以上学生的不足 10 人。教师是刚从内地培训了一年回来的，对教材不是很熟悉，对学生小学阶段各学科基础也很有抱怨，尤其抱怨学生汉语水平太低："大部分学生听不懂汉语授课，许多时间花在翻译概念上了"。2003—2004 两年度的全区民族中小学中考、会考和高考汉语成绩统计分析表明，县、市以上民族中小学生汉语学习成绩差别不大，乡镇及边远农牧区民族中小学生汉语学习成绩与城市学生相比差距很大，近年来内初班和内地高中班生源的汉语成绩也说明了这一点。新疆大学、新疆师范大学、喀什师范学院和伊犁师范学院等高等院校近年来一直采取对少数民族入学新生进行 HSK 摸底测试，预科阶段进行汉语分级教学。从历年 HSK 摸底测试情况看，农牧区生源与城市生源无论在汉语听说能力上，还是在汉语读写能力上，都存在着明显差距。这一方面说明农牧区汉语及双语语师资紧缺、汉语教学水平低及汉语环境差是客观事实，另一方面也说明在广大农牧区实施双语授课是一项循序渐进的长期工程，勉强推行可能事与愿违。

（四）新疆民族中小学实现"全部课程汉语授课，加授母语文"的完全双语教育模式的前提是既要具备数量充足、质量合格的少数民族双语教师队伍，又要具备具有汉语听课能力的学生，从目前情况看，在广大农牧区，甚至县城的民族中小学，这两个条件显然还不具备。一些开办这一模式的中小学本校并无数量和质量都达到要求的双语师资，主要靠邻近汉语中小学或内地支教的教师来维持教学，接受一至二年专门培训返回的教师也难以胜任完全汉语授课，加之学生也不具备完全用汉语听课的能力，因此，这一模式强行上马显然是一种急功近利的行为，就教学质量而言，存在着很大的冒险性。

（五）内地高中班和区内初中班的双语教育模式正处于探索和初步发展阶段，对其课程设置、教学管理、学生思想政治教育、日常生活管理、教材配备及办学绩效等方面的评估研究有待进一步深入。2005 年 4 月，自治区教育厅组织了以教科所部分专家为主的调研组对南疆、东疆和北疆两个片区的区内初中班教育教学管理工作进行了专题调研，在充分肯定其办学成绩的同时，也提出了课程设置、个别学科教材选用不统一、学生学习负担过重、学生学习成绩出现两极分化等诸多问题。但可以肯定，内地高中班和区内初中班的举办是党中央、国务院和自治区党委、自治区人民政府"办人民满意的教育"的具体举措，是着眼于未来、造福千百万少数民族子孙后代的伟大事业，这一举措对新疆少数民族双语教育改革和发展的影响必将是深远的。

## 第三节　新疆少数民族双语教育研究现状

新中国建立初期，全国少数民族地区的双语教育尚处于潜学科状态，双语教育研究的学科体系还未建立起来。在民族中小学及社会倡导和开展民、汉双语教育还没有成为大多数语文工作者、教育工作者和决策部门的自觉行动。但是有关民汉两种语言文字学习和使用的双语政策及广义的双语教育的政策却包含在有关法规和重要文件中。如提倡民汉学生互学语言；从双语政策的角度对民汉学生和民汉干部职工互学语言做出了专门规定；对民族中小学汉语教学提出较明确的要求，并对每一个教育层次汉语教学的课时安排、教学目标做出较具体的规定等。可以说在新中国建立的头十年中，新疆的双语教育政策已初步形成，这对于加强民汉之间的文化交融、促进民族团结、推进新疆物质和精神文明建设起到了积极作用。

新中国建国初期颁布的一系列法律和政策，明确了我国少数民族语文和汉语文的关系，较多地强调了少数民族语文教育的地位，这些政策是符合当时百废待兴的国情的。在广大少数民族聚居的边疆省区，民族语文不仅是少数民族的日常交际工具，而且已经成为少数民族地区政治、经济、文化发展的重要工具。在当时的历史条件下，在处理民族语文和汉语文的关系上，少数民族地区普遍突出了民族语文的地位。如 20 世纪 50 年代至 60 年代中期，新疆依据国家相关的法律和政策，制定了相应的语言政策，突出了以民语文为主、民汉两种语言并用的原则，同时提出了民汉互学语言的双语政策。"以民语文为主"，即少数民族认真学习、使用和发展本民族语文，这对于实施民族区域自治法、切实贯彻和落实民族政策、增进民族团结和社会稳定、维护祖国统一、继承和发扬新疆各少数民族优秀文化、加速新疆的现代化建设，都具有重要的意义。因此，新疆有传统语言和文字的维吾尔、哈萨克、柯尔克孜、蒙古、锡伯等少数民族均采用母语授课，逐步建立起了从小学到高中乃至到大学的民族教育体系。但随着祖国各项建设事业的发展，国际地位的日益提高，特别是进入 21世纪以来全球经济一体化的发展趋势，汉语的国际地位和使用功能呈强势上升态势。"以民语言为主"、"民汉两种语言并用"的语言政策在实际推行中越来越不适应新形势发展的需要，即使是生活在少数民族地区的少数民族群众，面对时代发展和社会转型的需要，也必须学习汉语，掌握汉语，使用汉语，否则很难获得个人的理想发展。而一个民族整体的汉语水平也与该民族的发展、进步息息相关。因此，无论从何种角度考虑，新疆的双语政策都必须要服从汉语是祖国"通用语言文字"这个大前提。双语政策必须从"以民语言为主"转向"以汉语言为主"，大力加强双语教育，以适应时代发展的需要。在双语教育蓬勃发展的过程中，关于双语教育的各类研究也从来没有间断过。新疆少数民族双语教育研究工作主要表现出以下特点。

## 一、注重调查研究

1976 年后，新疆各项事业进入了正常发展的轨道，民族教育也走上了复兴之路。尤其是党的十一届三中全会以后，随着改革开放和社会主义建设事业的不断发展，民族教育，特别是少数民族双语教育的重要性日益突显。上世纪 80年代初到 90 年代初期，随着新疆教育科学研究专门机构——新疆教育科学研究院的建立和发展，自治区高等院校少数民族预科教育的快速发展，汉语和双语教育研究逐渐开展起来，但也存在双语及双语教育研究人才缺乏，理论研究不够深入等问题。这一阶段，有关新疆少数民族"双语教学"、"双语教育"的专门性研究非常缺乏，各级各类刊物上发表的有关"双语"教育和教学的论文、调研报告常常以"汉语教学"的概念来涵盖，但实际上中小学汉语教学向双语教育发展的各项新举措已纷纷出台，如设置管理机构、加强领导、调整教学计划、明确培养目标、加强师资队伍建设和教材建设等等。尤其是首次提出了"民汉兼通"战略目标，并把"民汉兼通"确定为汉语教学的基本方针和教学目标，充分显示了新疆对发展少数民族"双语"教育独特的理解和认识。

1992 年新疆开始双语授课实验以来，教育厅就一直非常重视对这一工作的调查研究，先后三次召开了关于双语教学工作的专题会议。特别是《决定》和

《意见》制定以来，自治区党委和人民政府更是高度重视和关心双语教学工作，自治区党委、自治区人民政府分管教育的常委副书记、副主席亲自到基层学校考察，了解和掌握双语教学推进过程中的情况。教育厅行政和教科研部门及各地州市的教育教研部门也组织了大量调研活动，撰写了不少有价值的调研报告，为上级部门决策提供科学依据。2004 年以来，自治区教育厅教科研部门、区内各高等院校都纷纷组织专门调研小组，深入南北疆的基层中小学进行汉语教学调研。特别是教育厅教科所在 2005 年和 2006 年短短两年间，先后与区内多所高校合作，完成了《新疆基础教育战略发展研究》《新疆中小学汉语与双语教学现状与发展对策研究》两个重大科研课题。如《新疆中小学汉语与双语教学现状与发展对策研究》这一项目就取得了丰硕成果。在 2006 年 3—6 月期间，教科所组织了专家组，先后到农牧区 17 个县的 34 个乡（镇）针对民族中小学的汉语和双语教学情况进行调研，获得大量第一手材料，形成了分别为"师情、校情、学情、教材使用、课堂教法与手段、对策"等方面七个子课题及近20 万字的调研汇报材料，为教育行政部门领导科学决策提供了良好的依据。

## 二、依托高校力量，加强理论研究

实践离不开理论的指导，没有理论指导的实践往往是盲目的，生命力是短暂的。因此，自治区在大力推行双语教育，展开双语教育研究的过程中，非常重视利用高校专家、教授的学术资源，力求在双语教育的理论研究领域有所突破。在自治区教育厅的指导下，新疆师范大学等高等院校迅速成立了汉语或双语教学专门研究机构。1997 年开始，新疆师范大学设立了"双语教育"硕士研究生专业，为新疆双语教育研究培养专门人才。随着自治区双语教育的大力推广，关于双语教育的研究也达到了历史的高潮。新疆高校许多从事汉语教学的专家将目光投向自治区双语教育事业中来，从各个角度开展科学研究工作，力图为新疆的民族基础教育做出贡献。如近年来关于自治区双语教育的各级各类课题立项如雨后春笋，结合民族学、社会学、语言学、教育学等相关学科，纷纷展开了新疆双语教育的理论与实践研究，一些研究成果已受到自治区的高度重视，为自治区制定相关决策提供了很有价值的参考。新疆大学的哈力克教授

（已故）、木哈白提教授、新疆师范大学方晓华教授、郭卫东教授、华锦木教授、王阿舒教授等几乎每年都到南北疆进行双语教学的实地考察，获取第一手资料，撰写和发表有价值的调研报告，战斗在自治区双语教育研究战线的前沿。新疆师范大学双语教育方向的研究生们还直接蹲点入校，与双语教学班的教师同室办公，跟踪听课；与学生同吃同住，密切接触。如在昌吉州回民中学，每年都有 3 名以上研究生在这里蹲点考察，他们不仅密切观察双语教学班师生课内外的活动，做了大量的资料收集工作，而且还与学生家长建立了密切的联系。区外一些高校的专家、教授也主动来新疆，深入农牧区学校进行以双语教育为主题的调查研究，他们不怕路途遥远，甘愿吃苦受累，将自己的调研成果毫无保留地奉献出来，为新疆双语教育事业献计献策，提出了许多有价值的理论观点，如北京大学的马戎教授、北京语言文化大学的张宝林教授、中央教科所的程适良教授、中央民族大大学的王远新教授、滕星教授等。

三、学刊引领，学会推动

在引领和推动新疆双语教育研究方面，由自治区语委会主办的《语言与翻译》杂志作出了突出贡献。该杂志自创刊以来，就一直重视少数民族中小学和高等院校的汉语教学及双语教育研究工作，特别是从 20 世纪 90 年代开始，专门开辟了"双语教学"栏目，专门刊登汉语教学及双语教育研究方面的成果，至今所刊登的相关论文、调查报告等已达数百篇，使全疆汉语教学及双语教育研究工作者得以交流和共享研究成果。2000 年开始，方晓华教授主持创办了新疆第一个以民族中小学双语教学为研究方向的《新疆双语教育》杂志，多年来已刊登汉语和双语教育研究论文及调研报告等 200 多篇，为教学及研究工作者的教学交流、学术探讨提供了平台，对新疆双语教育事业的发展做出了很大贡献。

新疆财经大学自 1996 年设立汉语水平考试考点以来，坚持每年都召开主要有高校参加的汉语教学学术研讨会，并将会议交流的优秀论文编印成书出版，如《HSK 与新疆民族教育》一书已出版了三集，收录的文章达 200 余篇，基本上能反映新疆高等院校预汉语教学研究的情况。20 世纪 90 年代中期开始，新疆教育学会汉语教学委员会及其在各地、州、市的分会也都以不同形式组织汉语教师开展论文竞赛活动，坚持召开每年一度的中小学汉语教学研讨会，近十年来参加研讨交流的汉语教研论文已超过 600 篇，其中 150 多篇获得二等奖以上的奖励，2006 年部分优秀论文被编印成书出版，为新疆中小学汉语教研交流搭建了广阔的平台。2005 年 12 月初，自治区党委、自治区人民政府在首府乌鲁木齐市召开了首次自治区中小学双语教学工作会议，自治区教育厅、人事厅、财政厅、编委等有关部门领导应邀参加，这次会议共开了两天，专门研究了推进双语工作方面存在的问题和困难，提出了如筹建双语教学管理中心、制定双语课程设置方案、调整双语教师培训科目和培训周期等一系列解决办法和措施。2009 年 11 月 21 日上午，自治区首届双语教学论坛在新疆师范大学举行。论坛由自治区教育厅主办，自治区相关专家、教研员及一线教师汇集一堂，探寻双语教学规律、教学模式、课程设置、教材开发等有效途径，以逐步形成稳定、高水平的双语教学研究力量，切实服务于基层双语教学，推进全区双语教学工作持续健康发展。自治区副主席靳诺出席论坛开幕式并讲话。她说，当前，自治区双语教学工作面临着难得的发展机遇，要坚持抓好双语教学规划的研制工作、双语教育的普及和提高工作、双语教学的规范和指导工作、双语教师队伍的建设工作、双语教学的研究工作。希望与会各位专家、学者和广大双语教学工作者，紧密联系教学实际，围绕大力推进双语教学工作建言献策，发表真知灼见。来自全疆 15 个地州、县（市、区），11 所高校的相关负责人参加论坛。

## 四、学前双语教育研究成果丰硕

新疆少数民族学前双语教育与国内英汉学前双语教育相比起步较晚，尤其是新疆少数民族学前双语教育 2005 年才正式大规模启动，尚处于摸索实践阶段。新疆师范大学方晓华教授、新疆教科所汉语教研室主任刘军老师在大量实地调研的基础上，对近年来我区少数民族学前双语教育的现状进行了较全面的概括和总结，对教学、师资、教材、教学评价等方面存在的问题提出了较符合新疆实际的见解，为自治区进一步制定学前双语教育的相关政策提供了参考。新疆师范大学王阿舒教授承担的国家教育部课题《新疆少数民族学前双语教育研究》，对我区少数民族学前双语教育进行不同角度的专项研究，在大量调研的基础上进行理论探讨，目前正在进一步研究中，其成果形成后将为我区少数民族学前双语教育提供相关理论指导。新疆师范大学付东明副教授的自治区课题《新疆少数民族学前双语教育现状与发展模式研究》，在调研我区少数民族学前双语教育现状的基础上探讨未来宏观的发展模式，具有一定的前瞻性。新疆师范大学张梅、王阿舒的《新疆少数民族学前双语教育的多样化构建》（《民族教育研究》2008）一文，从宏观上提出了"在新疆多样化教育生态环境背景下构建新疆少数民族学前双语教育多样化模式"的观点。关于教材研究方面，教科所刘军老师的《新疆维吾尔自治区少数民族儿童学前"双语"教育教材编写与教学指导说明》一文❶，介绍了学前"双语"教育教材编写的背景、适用对象、指导思想、主要思路、编写原则等，说明了教材在教学使用中应该注意的一些问题，具有指导性意义。新疆幼儿师范学校春丽、赖敏的《少数民族儿童学前"双语"教育教材实施的原则和基本方法》一文，具体说明了我区少数民族儿童学前"双语"教学组织综合活动的基本原则、基本方法和实施要点，对具体的教学活动具有指导和示范作用。但在目前新疆维吾尔自治区少数民族学前双语教育的起始阶段，各项研究也处在初始阶段，主要是对学前双语教育的一些指导性意见和现状的调查分析，发现问题，提出解决问题的一些策略。

## 第四节　制约新疆少数民族双语教育发展的因素分析

　　双语教育的形成、发展和普及与少数民族的政治、经济、文化、历史、宗教、居住环境等诸多因素密切相关，这些因素或同时作用，或其中的若干因素相互作用，影响、制约着少数民族双语教育的发展。回顾新疆少数民族双语教育的发展历程，可谓历经曲折，艰难前行。虽然每个阶段都制定了明确的发展目标，但现在回过头看，很多预期目标未能完全达到。进入 21 世纪以来，新疆双语教育加速发展，但成效却并不尽如人意。本文拟从以下几方面深入分析

---

❶ 刘军主编：《新疆中小学汉语、双语教学研究》，新疆教育出版社 2008 年版，第 4 页。

制约新疆双语教育发展的主要因素。

### 一、境内外政治环境对新疆双语教育的干扰

新疆是跨境民族最为集中的地区之一，维吾尔、哈萨克、柯尔克孜、塔吉克、蒙古、俄罗斯、乌孜别克等民族在中亚地区跨境而居，语言接近，习俗相仿，宗教信仰相同。周边国家政治基础薄弱，政权控制能力差，暴力恐怖活动多发，为新疆的极少数民族分裂主义分子与境外民族分裂势力相互勾结提供了便利条件，对新疆社会稳定构成了潜在的威胁，使新疆双语教育缺乏和谐稳定的周边环境。境内外"三股势力"❶、敌对势力相互勾结，从未停止过对新疆的颠覆、破坏活动，妄图把新疆从祖国分裂出去。"三股势力"阶级性、政治性、欺骗性、煽动性、暴力恐怖性强，其本质是极其反动的。他们站在反马克思主义的立场上，鼓吹以"东突厥斯坦论"为核心的国家观、以"共同突厥文化论"为基本特征的文化观和反党反社会主义的政治观，极易对人们的思想政治素质和中华文化认同观念产生影响，造成一部分人民族观狭隘、本民族意识和民族分界认同意识强烈，本民族文化和利益至高无上，宗教意识浓厚，造成部分人对中国祖国、对中华民族、对中华文化、对中国特色社会主义道路认同不足、缺乏认同或不予认同，甚至发生少数民族和汉族两套"中国观念"的激烈碰撞。他们采取的阴谋手段之一便是将教育领域作为渗透的重点，明确提出"知识化、年轻化、武装化、国际化"的反动目标，宣称："必须争取有知识的人，必须在高校中发展力量"，妄图利用"青年学生涉世不深，社会经验较少，容易被蒙蔽"的特点，借助教育的方式，千方百计在教师和青少年学生中进行有计划、有目的的分裂宣传和宗教渗透，将其反动的思想灌输到青少年的头脑中，达到控制青少年思想和行为的罪恶目的。学校是一个知识和信息的集散地，对社会成员的思想有非常大的影响。一旦学校发生重大问题，特别是涉及政治的问题，必然会给社会造成极大的冲击，影响社会稳定与和谐，在国际上造成极其恶劣的影响，甚至成为国际敌对势力反华的借口。教师是培养社会主义接班人和建设者的关键，如果教师出问题，就会影响所教的学生。从新疆近

---

❶ 三股势力指民族分裂势力、宗教极端势力、暴力恐怖势力。

代以来的发展历史看，"三股势力"之所以在社会上和教育领域蔓延，与他们对教师的影响是密不可分的。他们把某些教师作为腐蚀、拉拢的对象，企图利用社会主义的讲台宣传反动思想。这些所谓的"教师"借改革中出现的一些矛盾和问题大做文章，编造谎言，挑拨民族关系，煽动对党和政府的不满情绪，使不明真相或思想偏激的学生上当受骗，妄图在意识形态领域制造民族矛盾和混乱，以达到分裂祖国，实现所谓"新疆独立"的政治目的❶。近年来，自治区在全疆推行双语教育，其根本目的是加快少数民族各方面人才的培养，让少数民族群众尽快摆脱贫困走上富裕道路，早日实现少数民族地区经济社会的和谐发展，与全国人民共同繁荣、进步，这无论于少数民族个体、群体，还是于国家，都是一项利国利民的政策。同时，自治区党委、人民政府大力推进双语教育是在积极倡导继承和发展少数民族优秀文化传统，坚持做好少数民族母语文教育工作的基础上进行的，是遵守《中华人民共和国民族区域自治法》和《中华人民共和国国家通用语言文字法》的忠实体现。然而境内外"三股势力"和敌对势力却害怕少数民族孩子学好汉语，通过汉语真正了解国家的民族优越政策，害怕少数民族青少年认同中华民族、中华文化，从而使自己的阴谋不能得逞。因此，千方百计地反对少数民族青少年从小学习汉语，反对双语教育，利用少数民族的感情和民族意识造谣煽动，说什么"双语教育剥夺了少数民族使用自己语言文字的权利"，双语教育是对少数民族"加快同化"。极少数别有用心的人甚至把攻击矛头直接对准党和政府，煽动不明真相的群众反对子女上双语教学班，干扰了双语教育的正常进行。"7·5"事件后，各民族感情受到极大伤害，民族关系遭到破坏，少数民族对双语教育的态度势必受到不良影响，使双语教育又面临着一个新的意识形态领域的挑战。可见，抓好双语教育，不仅仅是单纯的语言教学问题，也不仅仅是提高少数民族教育质量的问题，还是促进各民族团结，推进社会经济发展，保障新疆社会稳定，乃至维护祖国统一与安全的大问题。为此，我们一定要坚持做好党和国家民族教育政策及民族团结

---

❶ 《50个"为什么"——维护国家统一反对民族分裂加强民族团结读本》，新疆教育出版社2009年版。

政策的宣传教育工作，用新疆发展的事实说话，提高广大干部和人民群众的分辨力，有效抵御"三股势力"的恶意渗透和对双语教育的干扰，巩固社会主义思想阵地，维护社会主义意识形态和中华文化的安全。

## 二、宗教因素对师生思想观念的影响

新疆少数民族传统文化具有较浓郁的宗教性特点，它表现在宗教不仅是构成民族文化的主要内容，还成为维系民族信仰和文化传统的精神力量，这种特点是新疆历史、文化积淀和整合的结果，也是宗教特点特别是伊斯兰教渗透的结果。伊斯兰教是一种包括政治、经济、文化等社会生活各方面内容的宗教，具有两世（今世、来世）兼顾、教俗合一的特色。因此，它不仅是一种信仰体系，实际上还是一种生活方式的综合体。正因为伊斯兰教使宗教文化世俗化、使世俗文化神圣化，所以，它能够对社会的政治、经济、文化产生深刻的影响。如少数民族传统文化和伊斯兰教文化有着重人文科学知识、轻自然科学知识的弊端，在民族思维上形成了注重笼统、自觉思辨的思维方式，在具体的行为上表现为靠感觉、经验行事，不太重视程序化的管理方式，以及听天由命、安于现状的处世方式。如在和田一些基层学校中，老师和学生安于眼前的工作和学习现状，老师不负责任，学生不思进取的现象几乎成为校风、学风的主导，严重影响着学校双语教育的质量。我们的实习支教学生在总结汇报中这样写道："这所中学有着严格的调课制度，每天的值班人员都要检查老师和学生是否到位，但只是检查老师是否在班里，至于在班里做什么则一概不管。我曾见过有的老师这样上课：一进教室就让学生写作业，做练习，自己则拿个凳子坐在讲台上绣起了'抱枕'，一会儿孩子哭着进来了，就哄两下，待孩子不哭了就打发两个学生出去帮自己带孩子。当我带着惊诧的神情表示质疑时，她们反问我：'你不是女人吗？你将来不生小孩吗？'我无言以对。"

关于宗教对师生的影响，一位在和田实习支教的学生说："在我们学校，一来检查，所有戴头巾的老师会把头巾迅速摘下，因为学校明确规定在学校禁止带头巾。老师们摘下头巾只是为了应付检查，领导一走马上又会戴上"。"学生中也不乏给你讲'胡大'，讲'古兰经'的，但当你说'校长来了！书记来了！'时，他们便会恐慌地逃离"。戴头巾表面看似一种民族服饰习惯，究其根源却是内心深处强烈宗教意识的外化体现，而宗教对师生的影响也绝不只是停留在表面的服饰。由此，我们可以窥见学校无神论教育的苍白。另一位实习支教学生反映："学校师生的宗教意识很浓厚，在很多方面都表现出来。如有一次我和学校的一群年轻老师到山上郊游，来到一处'麻扎'（维吾尔族圣人墓地），只见所有的老师都不约而同地跪地念经，非常虔诚。有关法律、法规明确规定教师不能信教，但在这个地区，宗教已渗透到几乎每个人的思想中，只要离开学校，教师就不再是教师，而是伊斯兰教信徒。而这里的孩子们，由于从小所处的家庭环境，成长中所处的社会环境，加之在学校中还受到老师的影响，宗教意识从小就很强烈。学校中逃课去做"礼拜"的学生大有人在。有一次，我问一个学生：你喜欢学汉语吗？他反问我：我为什么要学汉语？汉语是你们汉族人的语言，我是维族人，我们的语言是维语。这样幼稚的年龄说出如此强硬的话语，从中折射出的内心世界不能不让我们震惊，由此对双语教育产生的影响不能不引起我们的深思。

### 三、教学资源匮乏对双语教育的困扰

由于历史和现实的诸多原因，新疆少数民族双语教育自推行之日起，就一直处在教学资源极度匮乏的困扰之中，主要矛盾集中在师资和教材问题上。

新疆民族中小学现有教师队伍的整体构成是在几十年的历史过程中逐步形成的，虽然汉语教师队伍不断壮大，但面对日益发展的少数民族教育，无论是数量还是质量，都远远不能满足实际教学工作的需要。进入 21 世纪，新疆双语教育大力推进以来，双语教师质、量矛盾凸显出来。为此，自治区在双语教师培养和培训方面加大了力度，投入巨额资金，采取各项措施，力图尽快尽好地解决双语师资问题。2003 年 9 月开始实施的总投入达 7600 万元的"国家支援新疆汉语教师方案"、2004 年 3 月启动的"新疆少数民族中小学双语教师培训工程"，成为"十五"期间新疆双语教师队伍建设的重要支撑，在 4 年时间中参加双语培训的教师大约 8300 余人，极大地促进了教师队伍整体素质的提升；2004 年启动了"内地高校援疆师资培训项目"、"少数民族双语骨干教

培训项目"、"少数民族骨干教师赴内地学习进修项目"、"新疆新增国家级骨干教师培训项目",继续实施"新疆中小学中青年汉语骨干教师培训工程",严格选拔标准,改进培训模式,每年还抽调 400 名干部进行双语支教;2007 年新疆在普通高等教育招生中面向喀什、和田、克州、阿克苏四地州乡镇,招收了 500 名专科层次汉语言(含民考汉)考生,为南疆四地州的农村培养高素质的中小学双语师资;教育部于 2007 年暑期委托西北师范大学、首都师范大学采取"送培进疆"的方式,实施教育部援助新疆中小学教师培训计划,培训对象以承担义务教育阶段新课程教学及培训任务的骨干教师为主,包括县级教师培训机构的培训者、教研员和有关学科一线骨干教师等 1020 人,培训经费由教育部统一支付;为进一步加强自治区中小学少数民族双语教师培训工作的管理,规范自治区双语教师培训工作,提高双语教师培训质量,自治区将 2008 年定为"新疆中小学少数民族双语教师培训工作质量建设年",主要采取以下八项措施:一是启动"自治区、生产建设兵团参训双语教师汉语授课能力强化训练"实验计划;二是启动"自治区中小学少数民族双语教师培训者培训计划",努力构建高质量双语师资培训者队伍;三是启动"自治区双语师资培训应用课题研究工作计划";四是实施"自治区两年制双语教师培训与提升学历相结合工作计划";五是积极落实"强化自治区中小学少数民族双语教师培训教学实习"的工作计划;六是组织实施"自治区、生产建设兵团参训双语教师汉语教学能力测试"计划;七是启动"自治区双语教师培训远程教育资源研发计划";八是依托新疆中小学教师继续教育中心,组织针对参训双语教师的各类活动❶。然而,就是在这些强有力的政策支持下,双语教师培养和培训仍然存在着各方面的问题。如高等院校、师资管理部门和学校间的协调配合、通力合作不够,还没有形成一整套双语教师的遴选、考核、评估、资格准入等方面的规范管理办法,致使教师队伍良莠不齐,鱼龙混杂;如近二十年来新疆高等院校的少数民族毕业生不少都是"低进低出",充实到中小学师资队伍中整体素质不高,加之使用母语授课的思维模式已成定式,知识结构单一,教学观念和方法陈旧,仅

---

❶ 王鉴:《民族教育学》,甘肃教育出版社 2002 年版。

凭一两年的短期培训，要在语言和专业知识结构上都达到双语教学的要求，几乎是不可能的；如和田地区，目前在县城以上中小学能用汉语授数理化课程的双语教师屈指可数，乡镇中心学校就更为奇缺，仅靠临时抽调机关干部支教和内地援疆教师临时代课只是权宜之计，喀什、阿克苏、克孜勒苏和北疆的伊犁州直各县、阿勒泰、塔城等地区各县（市）也都存在着同样的问题。教师是教学的主导因素，是传授知识、答疑解惑的智者，尤其在广大的农牧区，教师是教学成效的决定性因素。师资问题解决不好，新疆双语教育的质量就无从保证。通过各种形式的双语教师培训，能够在一定程度上提高少数民族教师的汉语水平和综合素质，但对于培训后的双语教师能否胜任双语教学，真正达到提高双语教学质量的目的，笔者认为至少有以下几个问题是值得深入探讨的：（1）双语人第二语言能力的构成模式是什么？短期培训能否促进其各项语言能力协调发展？（2）对双语人第二语言能力衡量的标准是什么？用 HSK 等级作为衡量少数民族双语教师汉语授课能力的语言标准是否具有科学性？（3）通常情况下，第二语言达到怎样的水平才具备使用该语言授课的能力？（4）汉语授课的目的到底是什么？授课语言形式上的汉语化能否达到汉语授课的真正目的？（5）汉语授课是否能够借助母语辅助教学？（6）对于一个教师来说，使用母语和使用不够娴熟甚至生硬的第二语言教学，那个教学效果更好？笔者认为，对诸如此类的理论问题不进行深入研究，少数民族双语教师的培训及使用就不可能摆脱随意性和盲目性，最后的结果往往是事倍功半。

教材建设方面，从总体上看，新疆民族中小学双语教材建设是滞后的，教材的种类和编写质量还不能满足大力推进双语教育工作的需求。从 1982 年自治区领导提出汉语教学要达到"民汉兼通"的目标以来，由教育出版部门正式出版并先后投入使用的主流汉语教材共有三套，编写都是在比较匆忙的情况下完成的，一经投入使用，就很少进行再修订。教材编写前的基础调研不够，编写后的使用跟踪调研也不够，这些问题都有悖于不利于教材建设的基本理论。一些地区双语教学班汉语教材选用汉语文教材，既不能与汉语系学校同年级同步使用，也与民语系学校汉语教学交流产生困难，同时给组织统一考试带来不便；数、理、化、生物、英语选用汉语系学校教材，教师觉得难教，学生觉得难学。教材作为教学资源的重要组成部分，是教学内容的载体，是各级各类教育赖以进行的物质基础，是学校教育要解决的首要问题之一。教材问题解决不好，成功的双语教育也无从谈起。另外，在政府的大力支持下，一些学校配备了"三机一幕"，安装了闭路电视、计算机教室等，但由于学校领导的教育管理理念落后，教师缺乏现代教育技术，这些现代化教学资源的利用率很低，不少成了摆设，造成资源浪费。

### 四、发展不平衡对双语教育全盘优化的牵制

新疆少数民族双语教育发展极不平衡，主要表现为由语言环境导致的民族间不平衡，由民族环境导致的南北疆不平衡及由经济环境导致的城乡不平衡。

新疆维吾尔、哈萨克、柯尔克孜三个少数民族人口总数 11528631 人，占全疆少数民族人口的 89.06%，所用语言均属阿勒泰语系突厥语族，语音系统、语法结构等与汉语差别较大，其中大部分学生又在农牧区聚居就读，是新疆民族中小学双语教学的主体。塔吉克族人口为 44824 人，学校教育一直借用维吾尔语文，近年来正在向汉语文教学过渡。乌孜别克族和塔塔尔族人口分别为 16138 人和 4728 人，有自己的语言和文字，但文字未能得到普及，曾在 20 世纪 60 年代初开办过本族语学校，由于人口规模太小，没能得到延续，他们的第三代起几乎没有上过本族语学校，上的是维吾尔语或哈萨克语学校，其双语教育也应归入维汉或维哈双语教育。蒙古、锡伯等少数民族所用语言属阿勒泰语系蒙古语族，汉语教学起点早、历史长，目前已基本实现了蒙汉、锡汉双语教学。但这两个少数民族人口总数仅 219564 人，占全疆少数民族人口的 1.73%。也就是说，新疆双语教育民族间的不平衡，主要体现在蒙古族、锡伯族双语教育的程度较高和维吾尔、哈萨克、柯尔克孜等少数民族双语教育的相对滞后。

从各地区少数民族聚居情况看，南疆喀什、和田、阿克苏和克孜勒苏州四地州属少数民族人口聚居区，占到当地人口总数的 90% 以上。少数民族语言在当地是强势交际语言，汉语仅在城市发挥一定的交际功能。尤其是在广大农牧

区，由于民族结构单一，没有汉语环境，教师整体汉语水平低，学生仅能在课堂学到简单的汉语知识，回到家庭及社会环境中很难再有使用汉语的机会，因此汉语学习困难大，成功率低。而在北疆、东疆大部分县、市，汉族人口与少数民族人口大杂居、小聚居的特征非常明显，汉语常常是当地的强势语言，即使在乡镇，民汉杂居的程度也很高，汉语环境也比南疆好得多。这种历史上形成的民族人口分布状况成为人力不可抗拒的因素，导致了南北疆语言环境的不同，也是南北疆双语教育发展不平衡的根本原因之一。新疆高校历年少数民族大学生汉语入学成绩清晰地反映出南北疆生源汉语水平的明显差距。

我国是发展中国家，社会经济特点表现为二元经济结构。所谓"二元经济结构"是发展经济学家对发展中国家现代经济与传统经济、经济发达地区与经济落后地区并存现象的概括。传统经济部分主要集中于农村和经济落后地区，现代经济部分主要集中于城市和经济发达地区。由于城乡二元经济结构，影响了农村的经济发展和农民生活水平的提高，由此又形成了二元社会结构，城乡居民由于经济地位的悬殊导致了社会地位的悬殊。二元经济结构和二元社会结构使教育发展战略的选择也存在着重城市轻农村的倾向。从办学体制来看城市学校主要由政府办学，称为公办学校，广大的村办学校主要由农民自己兴办，称为民办学校；从资金来源看，城市基础教育主要是国家投资，农村教育很大部分由农民投资；从学校布局来看，高层次、高质量的学校主要分布在城镇，低层次、低质量的学校大都在农村；从师资水平和办学条件来看，农村教师的学历、学识和水平远远低于城市教师，且有大量没有受过正规师范教育的民办教师；农村的办学条件，如教学设备、图书资料等也远不如城市学校；从升学率来看，农村生源在高考竞争中始终处于劣势地位。因此可以说，城乡教育发展的不平衡是由城乡经济发展的不平衡造成的，是教育发展过程中存在的一种普遍现象，新疆少数民族双语教育城乡发展的不平衡表现得尤为突出。

**五、理论研究水平不高对双语教育的制约**

近年来高等院校双语教育研究比较活跃，如新疆大学、新疆师范大学、新疆财经大学等都有一批专家、教师在积极从事双语教育研究，在区内外各类学术刊物上发表了不少有价值的教科研论文，新疆大学还坚持定期召开双语教学理论研讨会。但从总体上看，新疆双语教育的理论研究与国外双语教育理论研究不能接轨，与国内其他少数民族双语教育的理论研究缺乏交流，因此，不能有效地借鉴国内外双语教育的研究成果，以加强新疆双语教育研究的本土化进程，特色化研究有待进一步提高。高等院校的一些科研成果与基础教育实际有脱节现象，与中小学教师交流不够，对中小学双语教学和教研工作的指导、引领作用发挥得不够。近几年经过来大力培养和优化双语教师队伍，全疆双语教师整体结构发生了很大变化，学历层次和专业知识能力都有了很大的提高。但由于教学工作繁重，教学理念滞后，大多数教师在学习、研究双语教学理论、创新课堂教学方法上投入精力较少，教学实践仅建立在教学经验的基础上，教学能力与教学质量的提高没有支撑。教研员队伍数量少且整体素质不高，难以在双语教学理论研究上有所突破。如近年来各地区报送的双语教学调研材料，大多都是数据的堆积，缺乏深入的观察、分析和思考，更少提出建设性意见。一些基层教育行政部门及学校对抓好双语教研工作的重要性认识不足，选好、用好教研员的力度不够，不能给予必要的经费支持，致使所谓的双语教学教研室成了摆设，教研员徒有虚名，难以有所作为。部分教研员进取心不强，仅满足于安排听课、组织活动等日常事务，自身理论素养不高，在双语教学业务上不能为教师提供有效的指导和帮助，成了典型的"跑腿"员，难以发挥教研员的真正作用。

随着双语教育的大力推进，各种矛盾和问题也接踵而至，而由于双语教育理论研究跟不上形势发展的需求，只能"头痛医头，脚痛医脚"，不能从根本上解决问题。因此，加强双语教育理论的科学研究，是新疆双语教育健康发展的重要保障。

**六、部分少数民族干部群众对双语教育认识不到位**

著名双语教育专家 M.F.麦凯和 M.西格恩在《双语教育概论》一书中对双语教育的意义是这样定位的："就世界范围而言，双语教育对加强各民族相互理解是我们所能做的最有价值的贡献；就国家范围来看，这是促进各个种族群体和语言少数民族和平共处的最佳途径。"那么，就新疆而言，双语教育的意义至少可以体现在以下几个方面：

1.通过双语教育提高新疆少数民族学生的汉语水平，传授现代科学文化知识，尽可能实现少数民族学生均等享受教育资源，最大限度地提高其个人的社会生存竞争能力；

2.通过双语教育提高新疆少数民族教育质量，缩小东西部教育差距，进而提高少数民族的整体素质，培养少数民族本土优秀人才，为民族地区社会经济的繁荣和发展贡献力量；

3.通过双语教育保持和发展少数民族优秀传统文化，并努力推进民族传统文化与现代化的接轨，使之在社会主义建设中发挥积极作用；

4.通过双语教育保持新疆各民族语言文字和谐发展，文化共同繁荣，加强各民族学生对中华民族及中华文化的认同，培养跨文化交流的态度和能力，构建和谐的民族关系；

5.通过双语教育对少数民族青少年进行马克思主义的"五观"❶教育，使少数民族学生牢固树立中国国家意识，强化公民意识，用科学知识武装头脑，正确认识民族信仰及宗教问题，以促进新疆社会的和谐稳定，维护祖国统一。

然而，对上述双语教育的重要意义，部分少数民族干部、群众还认识不到位，不能以科学的态度对待双语教育。如简单地认为双语教育就是"使用两种语言进行教学"，只强调双语教育的"双语"性，认为现行双语教育实践中过分强调汉语教学及汉语授课，少数民族母语受到了挤压，却没有分析本民族对双语教育的现实需求，没有认识到本民族语言的局部强势及狭隘的语言观已成为其学习汉语、掌握现代科学文化知识的阻碍，没有认识到现阶段强化汉语学习是本民族双语教育的侧重点。一些人甚至把政府投入大量资金、采取各种措施进行的双语教育看作是"语言同化"，认为大力推进双语教育将使本民族的文化传统丢失，从而产生抵触情绪，即使学习汉语或选择了双语学校、双语班就读，也是基于汉语强大的社会功能，出于功利的目的，在思想上还缺乏对汉

---

❶ 指马克思主义的国家观、文化观、政治观、民族观、宗教观。

语及汉文化的认同，学习缺乏兴趣和热情。当然，在双语教育推进的过程中，确实存在着急功近利的不当举措。如我们在调研中发现，在不具备条件的学校盲目开办双语教学班，在教师和学生均不具备双语能力的情况下强迫教师全部使用汉语授课，"赶鸭子上架"，导致教学质量滑坡，挫伤了少数民族接受双语教育的积极性等问题。但这是新生事物发展过程中难以避免的，不能代表政府的方针、政策，也不能代表新疆双语教育的全貌。由此也使我们认识到，各地教育行政部门的管理者进行双语教育政策和有关理论的学习培训，对其正确地理解和把握政策，是很有必要的。

一些少数民族聚居的城镇或乡村，汉语在日常交际中几乎没有使用的时间和空间。由于教育质量低下，高考升学率低，绝大多数孩子初高中毕业后都会留在家乡，即使考入大学，毕业后就业率也很低，绝大多数又会回到家乡待业。因此，一些群众认为在农村学习汉语没有必要，学生学习汉语的积极性也不高。笔者在对鄯善县某乡举办的一期少数民族乡镇待业人员"创业培训班"的学员访谈中了解到，在少数民族聚居区，大多数群众认为学习汉语没有太大的必要，理由是用不上。然而，笔者问一位在少数民族聚居乡当乡党委书记的汉族干部："在少数民族高度聚居的乡村，少数民族有必要学习汉语吗"？他的回答却很肯定："非常有必要，简单地说，会汉语的农民种地都比不会汉语的农民种得好，因为他能通过汉语接受新的科技种田知识，同时思想观念也要开化一些。"由此看来，对于双语教育意义的认识，不能仅仅停留在对汉语的学习及用汉语进行日常交流上，还要看到汉语在传播现代科学文化知识上的强大功能，更要看到学习汉语、汉文化在改变少数民族传统、封闭的思想观念方面所发挥的潜移默化的作用。

近年来，党中央和国务院对于新疆维吾尔自治区"双语"教育工作给予了高度评价和充分肯定，中共中央胡锦涛原总书记、温家宝原总理等党和国家领导人在新疆视察时，都曾深入到中小学校、幼儿园，视察指导"双语"教育工作，强调要将"双语"教育作为维护新疆长治久安、促进各民族繁荣发展的长远大计抓紧抓好。"7·5"事件的发生，迫使我们必须重新思考新疆双语教育所承载的社会责任：新疆双语教育不能仅仅局限于对少数民族青少年的汉语教学和文化知识传授，还要将少数民族青少年的思想政治教育、法律知识教育、意识形态教育纳入其中，才能充分发挥双语教育的功能。

**七、农牧区少数民族双语师资汉语能力难以持续发展的无奈**

2002 年 12 月，北京语言文化大学张宝林教授一行三人在新疆喀什、和田和阿勒泰等地进行了汉语教学状况调研，在所撰写的《新疆汉语教学状况调研报告》中写道："和田、喀什地区是维吾尔族聚居区，汉族人口比重极小，在广大的农村地区，汉族人口尤其少，几近于无，有的维吾尔族学生甚至从来没有见过汉族人"；"由于没有汉语言环境，学生离开教室全用维语，有的教师就是用维语授（汉语）课，学生听说能力差的重要原因之一就在于此。在这种条件下，没学汉语的学生难以学好，已经学得不错的汉语水平也会退化。不仅学生学不好，教师自身的汉语水平也在不断下降，有的教师是在内地上的大学，汉语很好，回来后几年不用，水平逐渐退化了。"事实正像张教授调研报告所反映的那样。

新疆维吾尔自治区为解决少数民族双语师资问题，下大决心，花大力气，投入巨资，利用疆内外资源，想方设法采取各项措施培养、培训双语教师，培训数量和质量也在不断提高，受训后回到教学岗位的教师在一定程度上缓解了广大农牧区双语师资紧缺的矛盾。然而，随着时间的推移，新的矛盾又出现了。根据我们对毕业于新疆高校部分培训教师的跟踪回访，培训期间教师的汉语水平、专业知识及汉语授课能力确实有明显提高，但回到工作岗位后，由于没有汉语环境，各种专业信息交流闭塞，一两年过去后，教师的汉语水平及汉语授课能力不但不能在教学实践中得到提升，反而会随时间的推移而逐渐退化。这是农牧区存在的一种普遍现象，几乎成为一种人力所无法抗拒的因素，制约着少数民族双语教师汉语能力的可持续发展，也制约着新疆双语教育质量的提高。国外第二语言学习理论研究表明，一个人的第二语言能力如果在儿童或少年时期形成，是比较稳固的。如果在青少年阶段没有形成，那么成人后很难再形成比较理想的第二语言能力，即使通过学习短期内第二语言能力会有所提升，但一旦失去语言环境，这种能力就会很快退化。因此笔者认为，目前所采取的双语教师培训政策，只能解一时之急，治标不治本。要从根本上解决问题，必须从幼儿双语教育质量抓起；对现有不合格师资进行大换血；农村教师的继续教育工程不要办成"形式工程"，要科学、有效。这一切需要时间和力度更大的改革。总之，农牧区少数民族双语师资汉语能力可持续发展问题是一个值得重视和深入研究的课题。

新疆发展少数民族双语教育所面临的困难是特殊而巨大的，但为了新疆各族人民的共同利益，为了新疆各民族的共同繁荣、进步，无论面临怎样的困难，双语教育都必须坚定地搞下去，只是在双语教育推进的过程中，每一步都要迈得更坚实一些。

# 第四章 新疆少数民族双语教育基础理论

新疆少数民族双语教育是对本地原有教育体系的突破，是民汉双语教育系统的创新，它既承担着语言的传授，还包含着文化的教育，它培养学生成为双语、双文化人，是新疆各族人民文化交融的纽带和桥梁。新疆少数民族双语教育是中国少数民族双语教育的一个组成部分，同时也是中国多元文化整合教育的重要组成部分。通过不断提升新疆少数民族双语教育的社会保障体系和机构体系，顺利实施这一教育工作才能得到有力支持。

## 第一节 新疆少数民族双语教育的本质

### 一、新疆少数民族双语教育与国内外双语教育之比较

新疆少数民族双语教育与国外双语教育及国内其他少数民族地区的双语教育相比，有相通之处，也存在着诸多方面的差异。对其加以比较，有助于我们认清新疆双语教育的本质，以便在借鉴国内外双语教育的理论成果和实践经验的基础上，走出具有新疆特色的双语教育之路。

（一）教育对象不同

国外双语教育大多是针对国内移民所进行的主流语言和移民母语的双语教育，如美国、加拿大、澳大利亚、新加坡等。国内其他少数民族地区双语教育主要针对单一少数民族进行双语教育，如西藏、内蒙古主要是针对藏族、蒙古族的双语教育，而新疆的双语教育对象是世居新疆的除汉、回、满族之外的十个少数民族的双语教育。这十个少数民族又因其人口规模及语言使用状况不

同，双语教育的情况也各有特点。

（二）文化背景不同

国外双语教育对象是移民，所面临的文化背景是移民所在国家和原国家的文化背景，时常面对的是国家主流文化与移民国文化之间的冲突，而国内少数民族双语教育则是在中国一体文化的大背景之下展开的对拥有不同文化的各少数民族的双语教育。各民族的多元文化特征是在中华一体文化之中的亚文化，是中华一体文化的有机组成部分。所不同的是，国内其他少数民族双语教育因其对象的单一性，所面临的族群文化也是相对单一的，而新疆双语教育因其对象的多样性，所面临的族群文化背景也是多元的、复杂的，如新疆世居少数民族大多信仰伊斯兰教，而汉族文化则以信奉佛教为主。不同的文化背景难免导致双语教育课堂的文化冲突，有效地化解冲突，引导各族学生在认同本族文化的基础上，以开放的心态接纳、认同主流文化，有利于双语教育的顺利进行。

（三）语言背景不同

国外双语教育及国内其他地区少数民族双语教育对象大多数是单一民族，面临的教育对象的母语也是比较单一的，而新疆双语教育对象面对十个世居少数民族，其语言分属两大语系及不同的语族。同时，有些少数民族母语在新疆或局部区域为强势语言，如维语，哈语、柯语等，而有些少数民族语言在族际社交中为弱势语言，仅在本民族内部或家庭中使用。因此，语言背景十分复杂，由此而形成的民族心理、认知方式也存在着族际间的差异，这就要求新疆的双语教育要"因族制宜"。

（四）语言环境不同

国外双语教育大多是在主流语言占绝对优势、移民母语占绝对弱势的语言环境下进行的，国内其他地区的双语教育语言环境也相对单纯，而新疆双语教育则是在非常复杂的语言环境下进行的。如有以中心城市为代表的汉主民辅的汉民杂居双语区；有以地州县市为代表的民主汉辅的民汉杂居双语区；有以南疆乡镇村为代表的维语单语区；有以北疆乡镇村为代表的哈语单语区或哈维双语区。语言环境不同，开展双语教育的难易程度及成效也不同，这就要求新疆的少数民族双语教育必须"因地制宜"。

（五）教育目标不同

国外双语教育大多是多元文化教育或过渡型双语教育。多元文化教育在不同的国家，其宗旨和目标也各不相同。如美国的多元文化教育从一开始就缘于少数种族对主流文化同化的抵抗运动，而非一种理论；加拿大多元文化教育以注重法裔和英裔两个主体民族的文化嵌合为主导；英国的多元文化教育实施的是一种满足少数民族群体或个体在文化、意识、自我评价等方面需要的教育模式；澳大利亚的多元文化教育则更多地是为了消除偏见与歧视。与之相比，过渡型双语教育的目标则是通过双语教育使移民尽快掌握所在国家的主流语言，尽快融入主流社会，最终以主流语言取代移民母语。我国的少数民族双语教育是多元文化教育的一种形式，但又不同于国外各种类型的多元文化教育，更不同于国外过渡型双语教育。我国少数民族双语教育的目的是为了让少数民族掌握全国通用的普通话，并以此为工具，掌握先进的科学文化知识，提高民族教育质量，提高少数民族综合素质，为民族地区的社会经济发展服务。同时，通过双语教育还可以有效地保护和发展各少数民族的语言文字，保持各民族语言文化的多样性。这是由我国的国情及民族构成特点决定的，是一种保持型双语教育。新疆少数民族双语教育在此前提下，针对不同民族的双语教育，又具有不同的教育目标。

## 二、新疆少数民族双语教育概念界定

双语教育是"一种复杂现象的简单标识"❶。这句话精辟地概括了双语教育在其简单的名称标识背后所具有的复杂内涵。因此，想用一句话概括双语教育这样一个庞杂的教育现象是非常困难的，也因此，各种对双语教育的定性概

---

❶ 科林·贝克：《双语与双语教育概论》，翁燕珩等译，中央民族大学出版社 2008 年版。

念都是从某一个切入点入手，突出某一个或某几个方面，形成了众说纷纭的态势。就目前国内对双语教育的定义，可以归纳为以下几种说法❶。

（一）过程说

双语教育是指在一定的教育阶段，同时进行母语和第二语言的教育，使受教育者同时学会使用两种语言。双语教育不是两种语言的机械相加，而是在两种语言教育同时进行的条件下所构成的整体。因此，双语教育的任何一方，都要在与另一方的联系中设计和实施，而且要在民族学校课程整体中把握两者的合理组合，否则容易产生偏差，而这两种偏差不仅使两者都难以奏效，而且势必影响民族教育的全局。这种说法主要强调双语过程中的两种语言教学的有机组合过程。

（二）体制说

"双语教学是一个教学体制问题，即指在少数民族学校里，有计划地开设少数民族语文和汉语文两种课程，以达到少数民族学生民、汉两种语言兼通，民、汉两种语言文字都得到发展的目的。"这种说法是根据我国民族政策，《宪法》及《民族区域自治法》和《义务教育法》中关于民族语文政策、法令提出来的，认为双语教育是教学体制问题。

（三）方法说

"双语教学"是个教学方法问题，鉴于少数民族群众和学生不懂汉语，教师在教育教学过程中，使用当地少数民族的语言或文字对汉语文进行翻译解释，使他们真正理解教育教学的内容，尽快学会汉语汉文"。这种说法强调双语教学纯属教学方法问题。

---

❶ 滕星：《中国少数民族双语教育研究的对象、特点、内容与方法》，载《民族教育研究》，1996 年第 2 期。

（四）体制与方法说

双语教育既是教学方法问题，也是教学体制问题。一是指教师在进行第二语言教学时，用学生的母语或学生已懂得的其他语言来讲解课文，达到"懂"和"用"的目的。二是指在同一段时期内，同时教学两种文字课程，实行双语教学体制，使学生经过一定时间的学习之后，能掌握两种语言文字。

（五）目的说

"民族中小学的双语教学要达到什么样的目的，这是实施双语教学首先要明确的问题。"这种说法认为双语教学是民族中小学有计划地以民族语言文字和汉语言文字两种语文作为教学媒介的教学系统，其目的就是通过专门系统的教学活动，使少数民族学生既能熟练掌握和运用本民族语文，又能在此基础上掌握汉语文和运用汉语文进行交流与学习的技能，尤其是运用汉语文进行思维和表达思维成果的能力。也只有达到这样的目的，才能促进民族文化的继承和发展，实现各民族的共同繁荣和进步。

（六）课程说

这种说法认为："双语文教学"这一术语指在少数民族社区的部分学校里部分班级增设少数民族语文课，同时教授少数民族语文课和汉语文课两门课程，或经过一段时间的少数民族文字教学后，用少数民族书面语言为汉语注音释义，帮助少数民族儿童学习汉语文，它指的是语言学科的教学，而不是以两种语言（即两种语言的口头和书面形式）作为语言学科以外的其他学校课程的教学媒介的意思。"这种观点认为双语教育包括在学校中设置母语与第二语言课程。

王鉴在其所著的《民族教育学》❶一书中，对国内关于少数民族双语教学的概念作了如下归纳：

（1）双语文学习论

---

❶ 王鉴：《民族教育学》，甘肃教育出版社 2002 年版，第 132 页。

这种观点认为"我国民族教育领域内涉及的'双语教学',专指民族语文和汉语文的教学"。由此而引发出我国的双语教育是指"民族学生进行汉语、少数民族语双语文教育"。这种观点只注意到了两种语文的课程设置,并未提及双语教育中最核心的教学媒介语问题。

（2）双语文教学论

这种观点认为:"双语教学,是指在少数民族地区用两种语言文字进行教学。"指出在民族教育的教学过程中,采用民族语、汉语对比教学法是多年来行之有效的经验,要不断把民族语文和汉语文进行比较,帮助学生辨别两种语言的异同,提高学习效率。同时认为,民汉兼通的双语师资是搞好双语教学的重要保证。此说未涉及双语文课程的开设问题,同时民、汉语对比教学到底是指两种语言的对比教学,还是指在某些学科中用两种语言对比教学,都含混不清。

（3）双语文渗透教学论

论者认为双语教学应该有两种理解:"一种是在教学活动中,以汉语作为一般的教学用语,在必要时使用民族语言讲解,这就算是以一种语言为主的双语教学了。"其理由是,在初、幼教育中,儿童处在语言发展和智力开发的黄金时期,只要给儿童创造适当的语言环境,而且教法得当,是可以拿主体民族的语言进行教学的。民族语文作为一门课来开设而不作为主要教学用语。这样,教学有利于促使儿童养成使用主体民族语言或族际共同语的习惯,使学生更快地学会主体民族的语言文字。必要时可用儿童的母语进行适当的解释和补充说明。因为双语教学的目的就在于学生的理解和接受。另一种理解则认为:"真正称得上双语教学的是从学生的母语入手,先把孩子的心智打开,诱发儿童的学习兴趣,再在他们初步掌握母语的基础上逐步增加第二语言即汉语的教学。"并认为前一种理解更适合于有语无文的少数民族。

分析上述三种观点,王鉴先生对双语教学所作的概念是:"双语教学是指在民族学校中开设民族语文和汉语文课,并采用其中一种作为主要教学用

语。另一种作为辅助教学用语的特殊教学活动。"❶

盖兴之先生则对双语教育是这样定义的:"双语教育是指我国有自己民族语言文字的少数民族学生,在基础教育或义务教育阶段中享有本民族语文和汉语文两种语言文字的教育权利,因此在学校中并列实行本族语文和汉语文教学的教育体制",这种教育体制叫双语教育。

综观上述各家学说及定义,主要存在以下几方面的问题:

(1)双语教育与双语教学概念混淆,彼此混用,有的以"双语教育"定义;有的以"双语教学"定义;有的将二者兼用。其实双语教育与双语教学是两个不完全等同的概念。教育指的是按照一定的目的要求,对受教育者的德育、智育、体育诸方面施以影响的一种有计划的活动,包括学校教育、社会教育、家庭教育一切有教育作用的活动。教学指的是教师传授和学生学习所组成的教学活动,主要是指课堂内的教学活动。❷因此,双语教育包含双语教学,狭义的双语教育指双语教学,常常指学校的双语教学活动。广义的双语教育包含和双语学习相关的一切内容,如除学校双语教育外还有家庭双语教育,社会双语教育等。

(2)时过境迁,随着形势发展的需要,我国少数民族双语教育近年来发展迅速,双语教育从形式到内容,从政策到目标都发生了很大的变化,上述各种学说和观点,已经不能客观地反映出目前我国少数民族双语教育的实质,存在着过时和偏颇之处。

(3)我国少数民族地区区情各不相同,双语教育也各具特色,如南方不同于北方,新疆不同于西藏,因此,无论那种定义和观点,都只能是对一时一地少数民族双语教育的阐述,不能概括出我国各地少数民族双语教育的全貌。

从实践的角度来说,按照广义双语教育的概念,国内不少专家把少数民族学校全部用母语授课,同时开设汉语课的教学模式也看作双语教育,并列为长

---

❶ 王鉴:《民族教育学》,甘肃教育出版社 2002 年版,第 135 页。

❷ 王斌华:《中外比较:双语教育的界定、属性与目的》,载《教育发展研究》,2005 年第 6 期。

期单一保存型双语教育。我们认为将其列为双语教育的一种，是从民族地区的实际情况出发，有它自身的道理。我国少数民族学校的汉语教学与我国汉语系学校的英语教学相比，语言背景及文化背景完全不同，确实不能相提并论。从操作上来看，从 20 世纪 50 年代起我国少数民族中小学就开设了汉语课，都在学习两种语言。第二语言教学理论要求第二语言的教学应该在借助母语的基础上尽量用目的语授课，这是学科教学的要求，但由于各种因素所致，新疆从事少数民族汉语教学的教师大多为少数民族，且汉语水平有限，在实际教学中，少数民族汉语教师虽然大多都是用民汉两种语言教汉语，但民语的使用比例往往大于汉语，这已不是教师的个人行为或个别现象，而是新疆汉语教学的普遍事实。也就是说，学生的汉语课堂学习始终是在民汉两种语言系统的交替中进行的。因此，将少数民族汉语教学纳入双语教学，符合新疆的客观实际，也有助于我们从整体上研究我国少数民族地区的汉语及双语教育全貌。况且，许多少数民族地区现行的双语教育模式都是从最传统的"母语授课加授汉语"的模式发展而来的，是少数民族教育发展到不同阶段的现实需要。

依此，我们对新疆少数民族双语教育作如下阐释：

新疆少数民族双语教育是一种教育制度和教育体系，它是新疆多民族地区实施的包括民汉两种语言的学习及用民汉两种语言作为教学媒介语的教育体系。通过民汉两种语言课程的系统教学，或通过学科课程使用民汉两种教学媒介语，培养学生掌握本族语及本民族文化、汉语及汉文化，成为双语双文化人。具体来说，有下面几种情况：

（1）新疆少数民族双语教育是一种教育体系，它不是哪个教师或学校的个人行为，也不是没有计划、没有目标、时起时落的教育行为，而是用民汉两种语言作为教学用语实施的教育系统，不同语言的授课课程承担不同的语言和文化教育任务，形成一个完整的体系，共同培养学生成为双语双文化人。

（2）这种双语教育系统使少数民族学生既学习语言，又学习文化；用本民族语学习继承本民族的文化，用汉语学习国家的主流文化、世界各国文化、现代科学技术文化等，更好地融入主流社会。

（3）新疆少数民族双语教育体系中，两种语言授课的时间，可以是同时的，也可以是先后的，还可以是轮换的，只要是纳入教学计划安排的两种语言授课形式，都可以算双语教育系统。新疆锡伯族的双语教育、疆内初中班和内地新疆高中班都可以算双语教育，在其教育体系中，先使用母语授课，然后转到用汉语授课的形式。

（4）民考汉（少数民族在汉语系学校学习）这种教育形式，从学生所在的学校教育来讲，不能算双语教育，它实施的教育体系是汉语单语的。但是，如果学生通过其他形式，例如在家庭内由父母和其他人帮助学会了本族语和本民族的文化，成为双语双文化人，根据 M.F.麦凯和 M.西格恩的定义，也可以算个人接受了双语教育，但不能算学校双语教育。

（5）根据 M.F.麦凯和 M.西格恩提出的第四条，传统的以民族语授课加授汉语的教学系统不能算双语教育。在这一系统中，汉语只是一门语言学习课程，而不是用汉语来学习其他课程，从理论上讲不能算双语教育。但新疆从 20世纪 50 年代开始，大中小学陆续实施的"民族语授课加授汉语"的教育模式，我们将其算作广义的双语教育。如上所述，新疆从事少数民族汉语教学的教师大多为少数民族，且汉语水平有限。在实际汉语教学中，少数民族汉语教师虽然大多都是用民汉两种语言教汉语，但民语的使用比例往往大于汉语，这是新疆汉语教学的普遍事实，学生的汉语课堂学习始终是在民汉两种语言系统的交替中进行的。因此，我们把这种模式也算作双语教育的一种特殊模式，称之为"传统双语教育模式"。我们说，双语教育是靠教师来实施的，教师在课堂上使用两种语言授课如果是学科教学的要求，应该算双语教育。就一种教学模式、教学系统来讲，双语教学不是教师的个人行为，教师在课堂上使用一种语言还是两种语言，使用哪一种语言，都受制于教学计划、教学安排，而不是一种个人的随意行为。如果教师在课堂上使用两种语言只是出于个人喜好或教学风格的体现，则算作个人的教学行为。我国汉语系学校的英语教育之所以不能算作双语教育，是因为它是一种外语教学，学生除在学校的英语课堂上学习英语外，在社会和家庭中是没有任何接受英语教育的机会的。此外，我们认为，双语教育包含有教学用语转换的内容，但又不只是语言的转换，它更是一种教育制度的转换，一种教学模式的转换。传统的"母语授课加授汉语"的教学模式已经不能适应现代社会发展的需要，造成长期以来民族教育发展的缓慢和质量低下，需要有新的教学模式——新双语教育模式来代替它，促使民族教育更快更好的发展，这也是民族教育发展的客观规律。我们可以将"母语授课加授汉语"的传统教育模式视作少数民族双语教育的初级阶段，"部分或全部课程汉语授课，加授母语"的新教育模式视作双语教育的中级和高级阶段。

综上所述，新疆少数民族教育中的"母语授课加授汉语"的传统教育模式、"部分或全部课程汉语授课，加授母语"的新教育模式、疆内初中班和内地新疆高中班模式、民考汉模式等都是新疆少数民族双语教育的有机组成部分，多种双语教育模式应该而且必须在相当长的一段时期内并存，以适应不同地区、不同民族、不同个体、不同历史时期对双语教育的不同需求，其目的是：提高各少数民族学生的汉语水平，使之成为"民汉兼通"的双语人才，具备运用汉语文进行交流和获取信息的技能；通过实行汉语授课，提高少数民族学生的学科文化知识，从而提高少数民族教育的整体质量；通过母语文教育保存和发展少数民族语言、文化，以维护新疆语言、文化的多样性；通过双语双文教育加强少数民族对汉文化的了解与认同，从而加强民族团结，促进新疆社会和谐稳定发展。因此，新疆少数民族双语教育是一种较"典型"的保持型双语教育。双语教育是一种教育制度、教育规范、教育系统，哪门课使用哪种语言，什么时候使用，使用什么教材，都必须纳入教学计划，有明确的教学目的，而不是学校或教师的一种随意行为。笔者认为，在弄清双语教育的界定、明确双语教育的研究范围之后，对我们所要探索的问题就可以做到心中有数了。至于何时所言"双语教育"为狭义，何时所言"双语教育"为广义，在不同的语境中自然会表明其中内涵，不会造成理解上的混乱。

### 三、新疆少数民族双语教育的类型

由于中国少数民族语言使用的复杂性和双语教育的多样性，对中国少数民族双语教育进行统一的类别划分，几乎是不可行的。因此国内许多学者从不同角度对中国少数民族双语教育分类问题进行了研究。1985年严学窘提出民族地区双语文教学按地理区域分类有六种模式❶；1987年周耀文把中国双语教育体制划分为七种类型❷；1987年张伟将"双语教学计划"分为：单语教学计划、双语过渡计划、长期双语计划三类❸；1991年周庆生提出从"双语教学计划"和"双语教育体制"两方面对中国双语教育现实进行分类❹。新疆少数民族双语教育是中国少数民族双语教育的一个组成部分。由于新疆各民族语言使用的复杂性和双语教育的多样性，对新疆少数民族双语教育的分类也应当从不同的角度入手。

（一）根据课程设置和语言使用情况

新疆少数民族双语教育属双语双文型，即少数民族学校开设民族语文和汉语文课程，同时使用民族语和汉语授课。

1.开设民族语文和汉语文，但单科教学语言以民语为主，汉语为辅，如在乡镇村等少数民族聚居区的学校，由于师资水平，学生汉语能力的限制，目前大多数民族学校还采取此种类型，但学校中开设双语实验班，如维吾尔族的维汉双语教育，哈萨克族的哈汉双语教育，柯尔克孜族的柯汉双语教育，蒙古族的蒙汉双语教育。另外，塔吉克族、塔塔尔族、乌孜别克族教育借用维吾尔文，因此其接受的双语教育是维汉双语教育。

2.开设民族语文和汉语文，但某些学科（数、理、化）教学语言以汉语为主，民语为辅。如在县市级少数民族学校，由于师资水平，学生汉语能力相对较好，目前大多数学校双语教育采取此种类型，或在学校中开设此种类型的双语班。

---

❶ 严学窘,《中国对比语言浅说》,华中工学院出版社1985年版。

❷ 周耀文,《双语现象与双语教育》,载《云南民族语文》,1987年第3期。

❸ 张伟,《浅谈双语教学的类型》,载《贵州民族研究》,1987年第3期。

❹ 周庆生,《中国双语教育类型》,载《民族语文》,1991年第3期。

（二）从语言环境上划分

1."外语式"双语教育。指少数民族学校完全采用民语授课，学习母语文，汉语只作为一门课程开设。

这种类型的双语教育主要在新疆少数民族高度聚居的单语区，汉语不作为常用交际的工具，甚至基本不使用汉语。在这种单一的民族语环境下，少数民族学生学习汉语如同中国学生在国内学习外语一样，基本没有第二语言环境，因此称作"外语式"双语教育。

2.第二语言双语教育。指在民族学校除学习母语外，还学习广泛用于当地交际的汉语。

这种类型指新疆民汉杂居的民汉双语区双语教育。由于民汉杂居，汉语作为族际语被广泛使用，良好的汉语环境为少数民族学生的汉语学习提供了条件。汉语对身处其中的少数民族学生来说是一种第二语言，因此被称作第二语言双语教育。

（三）从两种语言的使用范围划分

1.部分双语教育：指民族语和汉语分别在不同的学科中使用，各自发挥不同的作用。又可分为两种：①数理化使用汉语授课，使用全国统编教材，民族语文和其他课程均使用民语授课；②数理化及部分文科课程使用汉语授课，民族语文及关乎民族传统文化、艺术等课程或地方课、校本课程用民语授课。

2.完全双语教育：指在民族学校除母语文课使用母语授课外，其他课程全部使用汉语授课，采用全国统编汉语教材。

（四）从语言教育的目标划分

根据新疆各少数民族语言使用及发展状况，新疆目前实施的双语教育就语言教育目标而言应有三种对应的模式，才能满足各民族对双语教育的需求。

1、汉语加强型。即双语教育的主要语言目标是加强少数民族学生的汉语学习，迅速提高汉语水平。如针对维吾尔族、哈萨克族，母语为本民族强势语言，汉语能力的普遍薄弱，已成为制约民族各项事业发展的瓶颈，必须强化汉语教学。这是新疆双语教育的主体形式。

2.双语平衡型。即汉语和少数民族母语同时加强，以达到"民汉兼通"的目标。如新疆蒙汉杂居程度较高，蒙古语发展受到一定制约，接受汉语教育的范围逐渐增加，汉语言环境较维、哈民族具有一定的优势。因此，蒙古族的双语教育应该同时注意加强汉语教学和母语教学，以保持二者平衡发展。

3.母语保护型。即由于民族状况导致母语使用的局限性，目前已逐步接受汉语或维、哈语教育，母语的存在面临着严峻的威胁，急需加强保护。如塔吉克、锡伯、塔塔尔等民族，母语使用范围逐渐缩小，逐渐退居家庭语言，甚至已经逐渐兼用或转用汉语或维、哈语，双语教育中在采用汉语系学校教育体制，提高学科教育质量的同时，注意母语保护和民族文化传承的教育，以维护新疆语言生态的多样性，也为人类文化的多样性保护作出应有的贡献。目前锡伯族在小学起始阶段采取的就是这种模式的双语教育。

但在新疆实际的双语教育现状中，大力推行的是"汉语加强型"的主体双语教育模式，"双语平衡型"及"母语保护型"双语教育模式没有得到相应的兼顾和应有的发展。

（五）从教学层次划分

1.学前双语教育：指对少数民族学前儿童进行的民汉双语教育，主要以汉语口语的学习为主，目的是充分利用幼儿学习语言的优势，进行汉语强化学习，使其尽快过汉语口语关，为进入小学阶段的双语教育打好汉语口语基础。目前新疆维吾尔自治区已大力开展学前双语教育。

2.小学双语教育：指在小学阶段进行的双语教育。

3.中学双语教育：指在中学阶段进行的双语教育。

4.高等院校双语教育:指在高等院校对少数民族大学生进行的双语教育。即除母语文相关课程，如《维吾尔文学》、《现代维吾尔语》等用母语授课外，其余公共课及专业课的部分或全部使用汉语授课，少数民族语言文学专业除外（少数民族语言文学专业所有专业课用母语授课，公共课部分或全部使用汉语授课，另开设《现代汉语》课）。新疆高校大部分为民汉合校，少数民族大学生占到一半甚至更高的比例，非汉语专业的大学生入校后都要进行一年的"汉语预科"，汉语能力达到学校要求的相应标准方可进入专业阶段的学习。预科汉语学习基本上属汉语单语的强化教学，进入专业学习，接受的是双语教育。

（六）从办学模式上可划分

1.民族学校双语教育：指在少数民族学校实施的双语教育，学校生源为少数民族学生。

2.民汉合校双语教育:指在民汉合校内对少数民族学生实施的双语教育。学校生源由民、汉学生构成。民汉合校但不合班，实行统一管理，教学实行的是民、汉语系两种教育体系。民汉合校的办学宗旨是：在汉语系学校的管理模式下，少数民族学生在良好的汉语学习环境中，可以与汉族学生加强语言的沟通、学习的交流，从而达到提高少数民族学生汉语水平的目的，同时，对少数民族学生的文化课学习也能起到积极的促进作用。

3.民考汉双语教育：不论某一民族、某一国家的少数民族教育体系多么广大和完备，总有一部分或大部分少数民族学生到以主体民族为主的国家统一的普通教育体系中接受教育●，这就是"民考汉"现象。新疆民考汉双语教育指少数民族学生进入当地汉语学校，接受汉语教育，但在家庭教育和社会教育中，仍然接受双语教育。随着少数民族群众汉语学习要求的日益强烈，民考汉现象近年呈逐渐增长的趋势。为了保证民考汉学生在接受汉语教育的同时，不至丢弃母语，自治区政府要求对汉校的民考汉学生采取"加设母语文"的举措，使其能够真正成为双语人才。

4.异地双语教育：指在内地发达省份开办新疆少数民族高中班，简称"内高班"，内高班完全采用与内地高中相同的汉语系列教育，但另外开设母语文课。就接受教育的阶段而言，这些内高班的少数民族学生在进入高中学习以前，接受的是新疆本地的民汉双语教育。因此说这是一种特殊形式的双语教

---

● 王锡宏:《中国少数民族教育本体理论研究》，民族出版社 1998 年版，第 119、180 页。

育。目的是利用内地优越的教育资源，为新疆培养人才，支援新疆少数民族教育事业，逐步缩小新疆与内地的教育差距。

内地新疆高中班是为贯彻落实《中央政治局常委会关于维护新疆稳定的会议纪要》及江泽民同志视察新疆的重要讲话精神，1999 年 9 月 30 日，国务院办公厅转发《关于进一步加强少数民族地区人才培养工作意见的通知》，于 2000年秋季起在北京、上海、天津、大连、青岛、南京、无锡、苏州、杭州、宁波、广州、深圳 12 各东部发达城市举办的新的双语教育模式。内高班与当地学生合校分班，待条件成熟后逐渐过渡到与当地学生混合编班，统一使用汉语授课，与当地同年级教学班统一教材、统一教学计划，同时开设民族语文。高中毕业后参加全国高校招生考试。"统一考试、统一阅卷、单独划线、单独招生"。

## 第二节　新疆少数民族双语教育的特点

新疆少数民族双语教育与其他少数民族地区双语教育有共同性，但又因新疆的特殊区情而具有特殊性。双语教育作为少数民族教育的重要组成部分和主要表现形式，又具有民族教育的一般特征，少数民族教育作为国民教育体系的有机组成部分，又具有国民教育的共有特征。新疆少数民族双语教育在国民教育体系中的定位如下图：

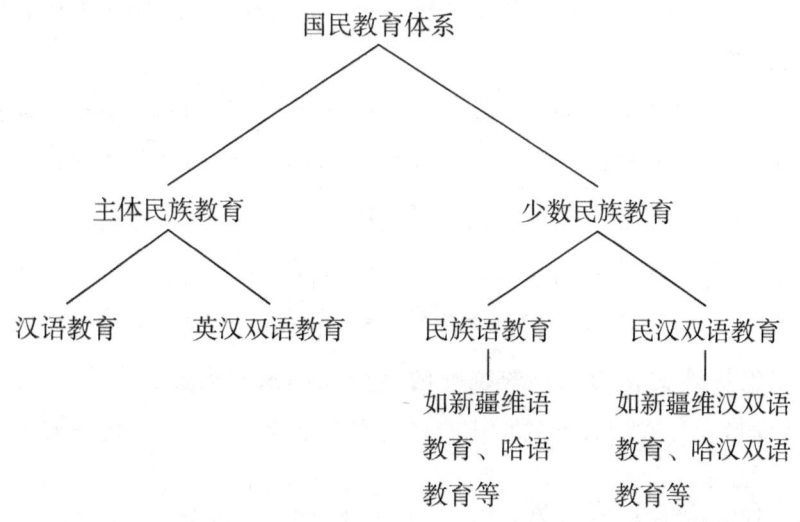

因此可以说，新疆少数民族双语教育的特点是在具有国民教育、少数民族教育、少数民族双语教育的共同性基础上体现出来的具有新疆区域特色、民族特色的地方双语教育特点。

## 一、新疆少数民族双语教育的多重性

新疆是我国统一的多民族国家中的一个多民族地区。13 个世居民族使用着不同的语言或文字，信仰着多种不同的宗教，形成了异彩纷呈的文化习俗。在文化背景方面，各少数民族的双语教育既要以本民族的文化背景为出发点，适应本民族文化的发展和需要，又要符合以主体民族为主的统一的多民族国家共同的大文化背景，同时还要兼顾与其他各少数民族文化环境的和谐共处；在教育目标方面，既要培养学生热爱家乡，热爱本民族及新疆各族人民的情感，继承优秀民族传统文化，成为本民族的优秀人才，又要教育学生树立公民意识、国家意识，使之具有爱国主义情操，掌握现代科学文化知识，成为建设祖国、捍卫祖国统一的优秀接班人；在教育内容方面，既要学习本民族优秀传统文化，了解其他各少数民族的优秀文化，更要学习汉民族的先进文化及人类共同的先进文化。总之，新疆少数民族双语教育因其复杂的语言文化生态环境，而使其在文化环境、教育目的、教育内容、语言学习诸方面都具有"两面或多面适应"，"两方或多方兼顾"的特点，这种特点我们称之为新疆少数民族双语教育的"多重性"。

文化背景是"指对人的身心发展和个性形成产生影响的物质和精神文化环境"❶。世界上任何国家、任何民族的任何类型和层次的教育都是在一定的文化背景中存在和进行的，新疆少数民族双语教育也不例外，它是在多重文化背景下进行的。第一重文化背景是各少数民族自身的文化背景；第二重文化背景是除本民族外的其他各少数民族文化背景构成的多民族文化背景；第三重文化背景是以汉民族文化为主体的统一的多民族国家的大文化背景系统。因此说，新疆少数民族双语教育的文化背景具有多重性，新疆少数民族双语教育是

---

❶ 顾明远：《教育大辞典》第 1 卷，上海教育出版社 1990 年版，第 37 页。

在这种多重的文化背景系统中存在和进行的。多重文化背景广泛联系，影响和制约着新疆少数民族双语教育的发展。

同时，文化背景的多重性又成为新疆少数民族双语教育教育目标、教育内容多重性最直接的客观根源。

新疆各少数民族的双语教育目标，在宏观上具有多重性，即培养热爱家乡、热爱本族、热爱新疆各族人民，同时具有公民意识、国家意识，热爱人民、热爱祖国的民汉兼通的社会主义建设人才。在微观上同样具有多重性，由于各民族语言、文化发展水平的不同，对双语教育的要求及目标也不同，如维吾尔族、哈萨克族、柯尔克孜族等具有完备的语言、文字体系、民族文化特征鲜明，人口规模相对较大，人口分布相对聚集，因此，双语教育的目标以加强汉语学习，迅速提高学科教育质量为主导思想。塔吉克族有语言无文字，学校教育一直使用维语及维文教材，塔塔尔、乌孜别克族人口较少且居住分散，大多转用或兼用维语，像这些使用维语教育的民族随着新疆维吾尔自治区双语教育的迅速发展，应尽快调整为民汉双语教育，且在双语教育中注意民族语的保护问题。锡伯族有自己的语言和文字，但已基本采用汉语系学校教育体制，其双语教育的目标应在保证教育质量的前提下，采取措施保护和发展母语文化。总之，由于新疆各少数民族语言、文化的发展态势不同，双语教育也呈现出多重性和多样化特点。

## 二、新疆少数民族双语教育的多语多文性

新疆 13 个世居民族所使用的语言分属阿尔泰语系、汉藏语系和印欧语系下的六大语族，即突厥语族、汉语族、蒙古语族、满—通古斯语族、伊朗语族、斯拉夫语族。其中维吾尔语、哈萨克语、柯尔克孜语、蒙古语有着完备的语言、文字体系。现代维吾尔语于 19 世纪末至 20 世纪初逐渐形成，以阿拉伯文字母为基础的现代维吾尔文也形成。新中国建立后，现代维吾尔文不断完善并得到广泛应用。目前，维吾尔语是维吾尔族使用的主要语言，并在少数民族杂居区作为各少数民族间的族际语承担着交际任务。维吾尔文则在新疆维吾尔自治区党政部门和企事业单位的行文、广播影视、新闻出版、民族教育、科技、社会

用字、信息处理等各个领域得到广泛应用，发挥着重要作用。

哈萨克语是于 15 世纪在克普恰克语基础上融合其他部落语言而成的。到了近代进入迅速发展阶段，制定了以阿拉伯字母文为基础的哈萨克文字及正字法，并在伊利、塔城、阿勒泰、乌鲁木齐等地全面推行和使用，促进了哈萨克语朝着规范化方向发展。目前，哈萨克族普遍使用哈萨克语，哈萨克族聚居区内的部分塔塔尔族、乌孜别克族等也使用哈萨克语。哈萨克语言文字是哈萨克自治州、自治县政府行文、会议、牌匾、公章、司法、民族教育的通用语言之一，发挥着重要的社会交际功能。

柯尔克孜语历史悠久，有文字记载历史至今已有 2000 多年，属阿尔泰语系突厥语族克普恰克语支，受维吾尔语和哈萨克语影响较大。新中国成立后，党和国家非常重视柯语文的使用和发展，组织专家对柯语文进行了全面调查，取得了不少科研成果，促进了柯语的发展。如今，阿图什及其所辖的乌恰、阿克陶、阿合奇等柯尔克孜族聚居的地区，柯语文在政府机关行文、广播、电视、学校教育等领域普遍使用，发挥着重要的交际功能。

蒙古语属阿尔泰语系蒙古语族。新疆境内的蒙古语属卫拉特方言，蒙古语是蒙古聚居区普遍使用的语言。目前，巴州、博州和布克赛尔蒙古自治县，伊犁的 10 个蒙古乡的机关团体、企事业单位、学校教育、报刊、杂志、电视、广播等领域，蒙古语文和汉语文共同作为通用的语言文字，行使交际功能。

锡伯语、塔吉克语、乌孜别克语、塔塔尔语因人口规模限制，主要在聚居区内、本民族内部及家庭中使用。锡伯族的学校教育已从双语教育基本过渡到了汉语教育。塔吉克族的教育则正在从使用维吾尔语言文字向使用汉语言文字转变。乌孜别克族、塔塔尔族因与维吾尔族、哈萨克族杂居，大多使用维、哈语言，青少年一般在维、哈语学校学习。俄罗斯族转用汉语的趋势非常明显。

由于新疆各民族语言的多样性，各民族使用语言的差异性，导致新疆双语教育的多语多文特点。目前，新疆有维汉双语教育、哈汉双语教育、柯汉双语教育、蒙汉双语教育、锡汉双语教育等多种语种的双语教育。由于各民族语言文字发展状况不同，由民族分布结构所形成的各民族语言环境不同，双语教育的发展态势也不尽相同。这种多语多文的特点无疑增加了新疆双语教育的复杂性。

### 三、新疆少数民族双语教育的不平衡性

新疆双语教育发展水平存在着明显的地区不平衡、民族不平衡及城乡不平衡。

地区不平衡主要表现为南、北疆双语教育的明显差距。从调研的情况来看，北疆双语教育的发展水平明显高于南疆地区。这是由几方面的综合因素造成的。一是北疆资源丰富、土地丰饶、经济发展优于南疆；二是北疆民汉杂居程度高于南疆，汉语言环境较好，受汉文化影响较深。从高校录取的少数民族大学生生源质量来看，北疆地区少数民族大学生汉语水平高于南疆地区已成为普遍现象。从近年来乌鲁木齐市参加双语教师培训的学员来看，北疆地区双语教师的汉语水平也明显高于南疆地区双语教师的汉语水平，这些都证明了南北疆双语教育存在的差距。

民族的不平衡表现为各少数民族近年来双语教育发展的差距。总体来说，维吾尔族人口聚居程度高，特别是喀什、和田的县乡村，维吾尔族人口达到 90%以上，几乎没有任何汉语环境，因此双语教育的难度最大，收效也最慢。柯尔克孜族人口规模小，但相对聚集，或与维、哈族杂居，因此其双语教育的困难也是很大的。相比之下，蒙古族、哈萨克族族与汉族的杂居程度较高，双语教育大力推进以来，成效还是比较明显的。这从近年各族高校大学生的入学汉语水平上也有所体现。而塔吉克、乌孜别克、塔塔尔等人口较少民族因一直接受维语学校或哈语学校教育，近年来也随之接受维汉或哈汉双语教育，其母语在学校教育中基本不被使用。这是今后此类少小民族双语教育应该考虑的一个问题，是向汉语教育过度，增设母语文化的相关内容？还是继续延用目前的维、哈语教育或维汉、维哈双语教育？这一方面要根据群众的意愿，尊重他们的选择，另一方面应从教育的先进性和社会功能出发，做出符合时代发展要求的选择。

城乡教育发展的不平衡是各级各类教育都存在的客观现象。这是由城乡经

济发展、教育资源、人们的思想观念等多种原因造成的。新疆城乡双语教育发展的不平衡已成为新疆双语教育的突出矛盾之一。

### 四、新疆少数民族双语教育的多元一体性

我国著名学者费孝通先生提出的"中华民族多元一体"理论，既是对我国民族关系史的深刻总结，也是对我国民族教育发展史和发展趋势的高度概括。中华民族多元一体的思想及理论，也完全适用于新疆少数民族双语教育的发展。新疆少数民族双语教育的多元一体性指的是在新疆这样一个多民族地区，各少数民族的双语教育作为一个相对独立的单元，既相互区别，独立存在和发展，保持着本民族的特色，又彼此联系，相互影响，相互融合、趋同，在共同的基础上，构成了具有共同性的有机统一体，即新疆多民族地区多元一体的双语教育体系。如新疆维吾尔族的维汉双语教育、哈萨克族的哈汉双语教育、柯尔克孜族的柯汉双语教育、蒙古族的蒙汉双语教育等，各自保持着相对的独立性，各具本民族特色，但彼此之间又相互影响、相互借鉴，尤其在多民族杂居区，形成了你中有我、我中有你的有机统一体。同时，各少数民族的双语教育又是在国家国民教育体系的共同基础上，朝着"民汉兼通"、提高民族教育质量的共同目标发展的。

根据王锡宏在《中国少数民族教育本体理论研究》一书中所阐述的"民族教育多元一体"理论；"多元的基本含义，从民族性上讲，是指各民族教育与其他民族教育相区别的，相对独立存在的单元"❶。而相对独立的单元则表现在以下几个方面：

（1）各民族教育具有各自的渊源和历史；

（2）各民族教育各自具有不同的教育生态环境和存在依据；

（3）各民族教育在与其他民族教育的相互联系和影响中，相对独立地发展；

（4）各民族均有与其他民族不同的教育传统；

（5）各民族教育在某种程度上具有与其他民族不同的教育内容，教育方法。

以此衡量新疆的少数民族双语教育，我们发现，新疆诸民族双语教育正是

---

❶ 王锡宏：《中国少数民族教育本体理论研究》，民族出版社 1998 年版，第 119、180 页。

一个个相对独立发展的单元，可谓多元。

（1）新疆各少数民族的双语教育大都具有各自的渊源和历史。如锡伯族是新疆最早实行双语教育的少数民族。维吾尔族的双语教育从汉语课程教学到双语实验班，到目前的大力推广双语教育经历了较缓慢的发展过程。其他各少数民族也都有自己的双语教育发展经历。

（2）各少数民族双语教育各自具有不同的教育生态环境和存在依据。这种教育生态环境和存在依据的差异不仅表现为诸少数民族间的不同，也表现为某些少数民族内部的区域性差异。教育生态环境包括自然生态环境、经济生态环境、语言文化生态环境、民族结构生态环境等。在新疆这块幅员辽阔的大地上，各民族所处的自然环境、语言文化发展状态、经济发展状况、民族分布结构各不相同，呈现出相对鲜明的民族教育生态环境。如维吾尔族的绿洲文化、农业经济；哈萨克族的马背文化、草原经济等具有鲜明的民族特征，与之相适应的教育也就具有了民族特色。

（3）各少数民族的双语教育在与其他少数民族双语教育的相互联系和影响中，相对独立发展。同处于新疆这个多民族大家庭之中，新疆各族人民在漫长的历史发展过程中，在学习、生活、工作、贸易等各个领域中，形成了彼此无法分割的密切联系，少数民族双语教育事业也不例外。各民族双语教育的相互联系、相互影响、相互借鉴虽然在不知不觉中、在潜移默化中、在沟通交流中无时无刻不在发生着、无时无刻不在产生着互相促进的作用，但一直相对独立地发展着。

（4）各少数民族双语教育在某种程度上具有与其他少数民族不同的教育内容、教育方法。如不同民族双语教育中的母语教育内容不同，与此相联的母文化的教育内容各异。由于各族语言、文化及传统社会背景的不同，导致了各民族不同的思维模式及民族心理特质，体现在学习方法和教育方法上也各有千秋。除学校教育外，这种教育内容、教育方法的不同，在各少数民族的家庭教育和社会教育方面表现得更加突出。

总之，所谓多元，在历史起源上是多源头，在存在和发展上是多样化。新疆少数民族双语教育是符合这种多元特征的。

根据王锡宏的阐释，"一体"的基本内容包括以下几个方面：

（1）教育的生态环境，教育的地理空间，共处于统一多民族国家的版土；

（2）作为不同单元的各民族教育，相互联系、影响，"谁也离不开谁"，共同构成国家统一的教育体系；

（3）各民族教育具有共同的目标、方针、原则；

（4）各民族教育具有共同的教育内容，其又划分为：世界各民族共同的内容；本国各民族共同的内容；主体民族的文化；各少数民族的文化。

（5）各单元包含着其他单元的某些因素和成分，"你中有我，我中有你"。

以此衡量新疆的少数民族双语教育，我们发现新疆的少数民族双语教育又是一体的。

（1）新疆各少数民族双语教育的生态环境、地理空间，无不共同处于新疆这个多民族大家庭的土地上。新疆自古以来就是祖国不可分割的一部分，各族人民自古以来就在这块土地生息、繁衍和发展。

（2）作为不同单元的各少数民族双语教育，相互联系、影响，"谁也离不开谁"，共同构成了新疆少数民族教育体系，同时成为国家国民教育体系的一个组成部分。

（3）各少数民族双语教育虽然相对独立发展，但具有新疆维吾尔自治区制定的共同方针、目标和原则。

（4）各少数民族的双语教育都包括以下共同的内容：①人类共同创造的科学文化知识，为世界各民族共同学习的内容；②我国各民族共同学习的国民基础教育的基本内容；③作为国家通用语的汉语及汉文化；④各少数民族的优秀文化。

（5）各少数民族双语教育包含着其他少数民族双语教育的因素和成分，"你中有我，我中有你"。如由于居住环境的原因，哈萨克族、柯尔克孜族孩子有在维语学校接受维汉双语教育的，塔吉克族则因本族没有文字的原因而接受维语教育、维汉双语教育。另外，在哈萨克自治州，也有进入哈语学校的维吾尔族孩子接受哈汉双语教育的。这种"你中有我，我中有你"的现象是多民族杂居区不可避免的客观现象。正如新疆多民族大家庭中各民族之关系，你中有我，我中有你，谁也离不开谁。

多元是一体中的多元，一体是多元的归属。离开了一体，多元将无从依附，离开了多元，一体将成为无源之水。多元在一体中相对独立发展，各展风采，又彼此互相联系，互相借鉴，共同发展。多元是一体指导下的多元，一体是包容多元的一体。多元与一体之间的对立统一是推动新疆少数民族双语教育发展的重要动力。此外，统一体内的各元之间关系是平等的，地位是同等重要的，其双语教育的规模虽然有大小之分，但在新疆双语教育的体系之中却没有轻重之别。每个民族双语教育的发展都是自治区政府双语教育系统工程的一个有机组成部分，缺一不可，偏废不得。

## 五、新疆少数民族多元文化与双语教育关系

（一）多元文化整合教育理论为新疆双语教育提供了理论框架

多元文化一词出现于 20 世纪 20 年代，当时指代两种文化现象：一是殖民地和后殖民地的文化，即殖民国家的统治文化和原居民的种族或民族文化并存；二是指不同民族的文化，即多元民族或族群的文化，指具有不同社会和文化来源的民族虽共同生存着，但各民族之间以及各民族群体之内其文化特性有着较大的差异。随着人们对文化研究的深入，对多元文化的解释有了较大的变化，将多元文化的涵义延伸到了各社会阶层、地域、年龄、性别、小群体之间和宗教之间等。本文所谈的新疆少数民族多元文化指中华民族之下的新疆多元族群的文化，如维吾尔文化、蒙古文化等。

全球一体化与民族文化多元化的冲突与和谐、国家一体化与民族文化多元化的冲突与和谐，是 21 世纪全人类和多民族国家面临的不可回避的两大挑战。首先，我们应该认识到人类各民族几千年来所创造的文化的多元性和差异性，以及各民族文化存在相对性和合理性。其次，应该认识到在千姿百态的各民族文化中存在着人类文化的共同性，这种共同性表现在人类社会的方方面面。如何在一个统一的多民族国家内处理好国家一体文化与少数民族多元文化

的关系，滕星先生提出了多元文化整合教育理论。该理论形成的依据是：在一个多民族国家中，无论是主体民族还是少数民族，都有其独特的传统文化，在人类漫长的历史发展过程中，由于各民族自我文化传承和各民族间文化的接触、交流，各民族在文化上形成了你中有我、我中有你的特点，不仅主体民族文化吸收了各少数民族文化，各少数民族文化中也打上了主体民族文化的烙印。多元文化整合教育理论的内涵是：一个多民族国家的教育同时担负着三项功能，一是传递人类共同文化成果，二是传递本国主体民族优秀传统文化，三是传递本国各少数民族优秀传统文化。其教育对象包括少数民族成员和主体民族成员；其内容包括主体民族文化和少数民族文化。少数民族要学习本民族传统文化，更要学习主体民族文化，以提高适应主体文化社会的能力，求得个人最大限度的发展；主体民族成员也应适当学习和了解少数民族优秀传统文化，增强多元文化和民族平等意识，培养跨文化交际的态度和技能，其目的是在传递人类共同文化和主体民族优秀传统文化的基础上，继承各民族优秀文化遗产，加强各民族间的文化交流，促进多民族大家庭在经济上共同发展、在文化上共同繁荣、在政治上互相平等、在习俗上互相尊重，最终实现多民族国家在多元一体格局下的和谐发展。少数民族双语教育就是多元文化整合教育理论的核心部分，是解决 21 世纪人类文化多元与一体相互冲突部分的必由之路与方法。

新疆少数民族双语教育是中国多元文化整合教育的重要组成部分。在新疆这个典型的多元文化背景下实施少数民族双语教育，是坚持人类文化共同性与多样性相结合，维护中华文化多元一体格局的具体体现，同时，也是对马克思主义关于各民族语言平等和国家关于民族语言文字政策、法律、法规的具体落实。在新疆要确保少数民族双语教育的有效实施，必须正确认识新疆少数民族多元文化与双语教育的关系。

（二）新疆多元文化的客观事实是实施少数民族双语教育的背景和基础

新疆少数民族双语教育必须建立在新疆各民族多元文化的基础之上，文化的多样性决定了双语教育模式的多样化，只有双语教育模式与该民族的文化背景相契合时，才能最大化地实现双语教育所要达到的目标。新疆各少数民族由于民族文化各异，由此而形成的民族意识、民族心理素质、认知方式等也各具特点，这就要求双语教育面对不同的民族要有一定的针对性和区别性。新疆13个世居民族中，除汉、回、满等民族外，其他各少数民族的语言文字使用及发展状况各不相同。如维吾尔语由占新疆人口46%的维吾尔族使用和疆内部分少数民族兼用，是新疆的通用语言之一，在新疆是强势语言，在南疆少数民族聚居区几乎是当地群众唯一使用的语言。新疆锡伯族人口仅有 37813 人（根据《2009 年新疆统计年鉴》数据），锡伯文主要在察布查尔锡伯族自治县内用于社会用字、广播、电视、新闻、公检法诉讼、群众来信来访和人大、政协会议主要文件、报告等方面，年轻一代使用本民族语言文字的人越来越少，兼通汉语甚至把汉语作为第一语言使用的人越来越多。新疆蒙古族分布广泛，杂居于新疆天山南北的 28 个县市，使蒙古语处在多种语言交织的环境中，对其自身稳定和健康发展产生了一定的影响。从蒙古语的社会交际功能来看，在本民族语言圈内功能还很大，但社会实用功能远不及汉语和维吾尔语，而且其功能和使用范围还在进一步衰退和缩小。不同民族的语言文字使用状况不同，对双语教育的需求也不同，双语教育中汉语与母语教学的侧重也应有所不同。如维吾尔语在新疆有着重要地位和广泛的使用环境，从民族成员的整体情况来看，南疆聚居区的维吾尔族汉语水平低下已严重制约着维吾尔族教育事业与其他各项事业的发展，其汉语水平有待迅速提高，因此，加强汉语教学成为维吾尔族双语教育的重中之重，我们可称之为汉语加强型双语教育。锡伯语由于使用的局限性和社会交际功能的日益减退，正在被年轻一代逐渐放弃，但作为一种民族语言和文化应该受到保护，因此，针对锡伯族的双语教育加强母语的教学和传承应该成为一个侧重点，我们可称之为母语保护型双语教育。新疆蒙古族分布广泛，人口密度不大，多与其他民族杂居，他们都能通晓同一地域内的其他民族语言，如汉语、维吾尔语等，蒙古语虽然在本民族圈内交际功能还很强大，但其稳定性和健康发展面临着很大的威胁。因此，蒙古族的双语教育应该注意汉语与母语的同步发展，不要等到母语面临濒危境地才采取措施加以保护，我们称之为民汉平衡型双语教育。总之，双语教育在少数民族的教育体系中应像一个杠杆，根据各民族的不同需要，协调汉语和少数民族语言、文化的关系，使之健康发展。

（三）双语教育能保护和发展新疆少数民族多元文化，并促进其与现代化接轨

双语教育不仅担负着传递人类共同文化、主体民族优秀文化的功能，也担负着传承少数民族优秀传统文化的功能。新疆少数民族双语教育中，通过汉语教学及汉语授课，在提高少数民族学生汉语言水平及其他学科知识水平的同时，使汉语中所包含的汉民族的价值体系、思维方式、知识经验等传统文化得以传播。而通过母语文和相关文化的学习则可以使本民族传统文化的价值体系、思维方式、知识经验、语言符号等得以保存和延续。

新疆是一个多民族聚居、多元文化并存的社会，在漫长的历史发展过程中各民族文化交流、融合，形成了你中有我、我中有你的特点，但各民族都在努力保持着本民族的文化特色。双语教育培养大量的双语双文人才能够加强各民族文化间的交流和互补，促进各民族多元文化的共同繁荣进步。双语教育是世界多民族国家在实践中探索出的保护和发展少数民族优秀传统文化，协调主体文化和少数民族文化和谐发展的有效途径。因此，新疆少数民族双语教育不仅是加强汉语教学、提高少数民族汉语能力，进而提高整个少数民族教育教学质量的必由之路，也是各少数民族发展和传承本民族优秀传统文化的主要途径，更是努力推进民族传统文化与现代化接轨，使之在社会主义建设中发挥积极作用的有效手段。建立一个和谐的语言社会，应该是社会所有成员既精通母语、使母语能够代代相传，又能够通过通用语言甚至外语掌握各种最先进的科学知识和技能。

（四）少数民族双语教育本身就是多元文化的一个重要组成部分

从文化与教育的基本关系来看，教育首先是文化的一个组成部分。少数民族双语教育是国民教育体系的一部分，也是多元文化主义所倡导的多元文化教育的有效手段，少数民族双语教育涉及主体民族语言和少数民族语言。双语教

育涉及人类共享文化、主体民族文化和少数民族文化，其教育内容就是多元文化的最好体现。多元文化体现着各民族不分大小一律平等的思想，少数民族双语教育就是要在语言上、文化上、经济上、政治上体现各民族的机会均等原则。因此，无论是从双语教育使用的媒介语角度考量，还是从双语教育所包含的内容考量，少数民族双语教育本身都是多元文化的一个重要组成部分。

（五）双语教育是少数民族多元文化的必然产物，二者相互促进，相得益彰

在一个多民族国家或地区，少数民族学习本民族语言、文化的同时，学习主体民族的语言、文化是少数民族生存和发展的需要，也是少数民族文化进步和发展的源泉。汉语是我国的国语，由于汉语的重要地位和作用，它成为我国各少数民族相互交流的族际语，其作用和影响正在逐步扩大。随着信息化时代的到来，汉语所传递的信息及现代文明是任何一种少数民族语言都无法企及的。提高少数民族汉语水平是提高少数民族教育质量，实现少数民族教育机会均等必须采取的手段。因此，双语教育作为少数民族个体和群体各项事业发展的迫切需要不可避免地应运而生了。在新疆少数民族双语教育中正确处理好汉文化与少数民族文化的关系、汉语与少数民族语言的关系，则新疆各民族多元文化与双语教育就能够彼此促进，相得益彰；反之，则可能产生民族文化的矛盾与冲突，甚至影响新疆社会的稳定。如果主体文化能够正视各少数民族文化存在的相对性与合理性，并从中汲取民族文化的优秀部分以丰富壮大自己，同时各少数民族文化也能以开放、兼容的心态对待主体文化，不断以主体文化中的现代文明充实本民族文化，使之成为本民族文化前进和发展的源动力，各民族文化就会出现共同繁荣之景象，其中，双语教育发挥着决定性的作用。随着各少数民族文化的繁荣和发展，必将带来经济的发展和人们思想观念、教育理念的深刻变化。经济的发展能够为双语教育提供更加充裕的物质基础，而思想和教育观念的现代化则会对双语教育提出新的更高的要求，促使其不断创新，以适应形势发展的需要。最终，二者之间形成彼此依存、相互促进的良性循环态势，这是新疆少数民族多元文化与双语教育关系发展的理想目标。无论这一目标在实现过程中遇到多少困难，只要是对民族和社会发展有益的事

业，我们就应该积极努力推进，双语教育正是这样一份事业。

（六）双语教育与民族传统文化的历史选择

民族传统文化中的先进成分是符合社会和时代发展需要，代表本民族前进方向，推动本民族不断发展进步的文化成分，是本民族文化的精华，是该大力弘扬和发展的部分。一个民族先进文化的成分与民族社会经济的发展成正比，民族社会经济越发展，其先进文化的成分就越多。任何一个民族文化的先进成分都是全人类文明成果的有机组成部分，不应具有国界或民族界限，对此，我们称之为人类先进文化。在当今世界，任何一个国家和民族都必须以开放的心态学习和吸纳这些人类先进文化，否则就不可能在国际政治和经济舞台上占有一席之地，就会阻碍他们的发展和现代化进程。

民族传统文化中的中性成分，指既不先进，也不落后的中性文化，即民族亚文化，包括历史、传统、宗教、习俗、服饰、艺术及母语等，是区别民族文化特征的重要依据。我们通常强调的各民族互相尊重文化习俗，指的主要是这类文化。民族亚文化具有较强的稳定性和传承性，对民族的发展不产生明显的阻碍作用，但由于其代表着一个民族的主要特征，民族成员对其不但给予了高度关注，而且民族自豪感大多来源于此，因此具有较强的排异性，如果引导不好，可能成为一个民族盲目自大的资本，导致狭隘的民族意识，对该民族积极进取、追求发展产生一定的反作用。

民族文化中的落后、腐朽成分是对民族经济文化发展起阻碍作用的成分。一个民族的社会经济发展越落后，其民族传统文化中落后、腐朽的成分就越多。民族传统文化中落后、腐朽的成分会滋长一个民族的排异性和民族主义，会阻碍民族的发展和进步。

一个民族的发展历史，实际上就是民族文化发展、演变的历史，也是一个民族不断进行文化选择的过程。文化选择既包括本民族在文化发展过程中的择优弃劣，也包括对异族异质文化的选择。诸多民族的发展历史证明，能够遵循民族文化发展的客观规律，在民族文化发展过程中不断推陈出新，对异族异质文化以宽容和兼收并蓄的民族精神加以吸收甚至选择，是一个民族发展、进步的表现。更新或失去自己的传统文化也并非悲哀之事。任何事物有产生之日，就有消亡之时，失去是客观事物发展的规律，更新则是人们在新的历史条件下作出的选择，是为了民族的再进步，是为了提高民族的竞争实力和生存质量。一个民族文化更新得越快，则发展越快，反之则成一潭死水，失去生机活力。新疆部分人口较少少数民族，如锡伯族文化选择的道路就是最好的例证。

总之，在新疆这样一个多民族聚居、多元文化共存的社会环境中，正确认识和处理好少数民族多元文化与双语教育的关系，不仅有利于少数民族文化、教育事业的健康发展，同时也有利于各民族和谐相处及新疆社会的稳定、繁荣。但是，一味要求保持本民族传统文化，也会使传统文化成为沉重的精神负担，严重制约民族的创新意识和创造力，从而延缓该民族融入现代文明和世界经济体系的进程，这种狭隘的传统文化观是极其有害的。

## 第三节　新疆少数民族双语教育体系

王锡宏在《中国少数民族教育本体理论研究》[1]一书中对教育体系是这样定义的：教育体系是一个内涵广泛的概念，它既应包括社会对教育的保障体系，亦应涵盖教育的自身体系及其运行机制，还应包括社会对教育以及教育自身的监控体系；它既要能够体现教育自身的特有规律，亦应体现不同社会制度的特点及其对教育的要求。就新疆而言，教育体系必须具有新疆特色。我们可以根据王锡宏先生关于少数民族教育体系的定义"在一个多民族的国家中，在国家统一的教育体系中，各级各类、各种形式少数民族教育之间以及这种少数民族教育与社会之间相互联系，相互作用，相互依存而构成的完整的系统"，来阐述新疆少数民族双语教育体系：在新疆这个多民族地区中，在国家和自治区统一的教育体系中，各级各类、各种形式少数民族双语教育之间以及少数民族双语教育与社会之间相互联系，相互作用，相互依存而构成的完整的系统。

教育体系的构成一般分为三大部分：一是教育的社会保障体系；二是教育

---

[1]　王锡宏：《中国少数民族教育本体理论研究》，民族出版社1998年版，第48—55页。

的机构体系；三是教育的规范体系。少数民族双语教育是少数民族教育的有机组成部分，该体系同样由上述三大体系构成，所不同的是这三大体系除具有普通国民教育体系的性质外，还具有少数民族特色和双语特色。

## 一、新疆少数民族双语教育的社会保障体系

新疆少数民族双语教育的社会保障体系是指国家和社会所提供的保障少数民族双语教育正常运转和进一步发展的保证机制，可分为政治保障机制、经费保障机制、物质保障机制和人力保障机制。

### （一）双语教育的政治保障机制

双语教育的政治保障机制指国家、自治区和地方各级政府为保证双语教育的正常开展所提供的法律、法规及政策保障。如全国人民代表大会第一次会议通过的《中华人民共和国宪法》第三条明确规定"各民族都有使用和发展自己的语言文字的自由"。第七十一条规定"自治区、自治州、自治县的自治机关在试行职务的时候使用当地民族通用的一种或几种语言文字"。第七十七条规定："各民族公民都有用本民族语言文字进行诉讼的权利。人民法院对于不通晓当地通用的语言文字的当事人，应为他们翻译。"以上三条法规从民族、自治机关、公民三个层面确立了民族语言文字的法律地位，充分保障了使用发展各民族语言文字的政治权利；《民族区域自治法》在重申上述内容外还规定：民族自治地方的自治机关教育和鼓励各民族的干部互相学习语言文字。少数民族干部在学习、使用本民族语言文字的同时，也要学习全国通用的普通话和汉文。在《宪法》和《民族区域自治法》的基础上，新疆维吾尔自治区成立以来发布多项条例通知，要求自治区各级机关在自治区内行文必须同时使用维、汉两种文字。进入 20 世纪 80 年代以来，自治区政府连续 7 次发文，要求各级单位严格执行两种文字行文的制度❶。1988 年初制定了《新疆维吾尔自治区民族语言文字管理条例》（草案），并在此基础上形成了《新疆维吾尔自治区民族语

---

❶ 李红杰、马丽雅：《少数民族语言使用与文化发展政策和法律的国际比较》，中央民族大学出版社 2008 年版。

言文字使用管理暂行规定》。1993年9月新疆维吾尔自治区人大常委会颁布了《新疆维吾尔自治区语言文字工作条例》（简称《老条例》），新疆维吾尔自治区各民族语言文字工作从此走上了法制化管理的轨道。2000年颁布的《中华人民共和国国家通用语言文字法》规定：国家通用语言文字是普通话和规范汉字；国家推广普通话，推行规范汉字；公民有学习和使用国家通用语言文字的权利，国家为公民学习和使用国家通用语言文字提供条件，地方各级人民政府及其有关部门应当采取措施，推广普通话和推行规范汉字。新疆维吾尔自治区根据中宣部等五部委联合发出的通知，在《中华人民共和国国家通用语言文字法》的基础上，于九届人大常委会第11次会议(2002年9月20日)通过了对《老条例》的修改，正式颁布了《新条例》，明确规定了双语双文在自治区机关、教育及社会上的使用要求，实现了与《中华人民共和国国家通用语言文字法》的接轨。上述一系列法律、法规的颁布，为双语教育的实施提供了有力的政治和法律保障。

（二）双语教育的经费保障机制

经费保障是少数民族双语教育赖以运行的物质基础，在整个双语教育体系中占有举足轻重的地位。新疆少数民族双语教育经费来源主要通过以下渠道：

（1）国家预算内教育经费；

（2）自治区人民政府年度预算内教育事业费、教育基建投资；

（3）中央财政拨款；

（4）地方政府财政拨款；

（5）全国各兄弟省、市对口支援资金；

（6）社会力量集资

（7）单位或个人助学捐资。

国家预算拨款是双语教育经费的主要来源之一，它包括在国家预算中，由国家直接拨给民族地区的教育事业费和基建投资；自治区根据国家经教育经费数额划拨的教育经费是双语教育经费的重要来源；自治区根据双语教育发展规划，向中央财政申请额外拨款是新疆双语教育发展的重要经费保障；新疆各地方财政根据当地双语教育发展的需要，投入所需资金，为本地双语教育的发展提供一定的资金保障；近年来，在国家的大力扶持下，新疆各地、州、市、县得到全国各兄弟省、市对口支援，在双语教育经费上又增加了一个重要来源；社会力量集资办学及单位或个人助学捐资成为双语教育经费的主要补充。

2003 年 9 月以来，新疆维吾尔自治区全面推进实施《国家支援新疆汉语教师工作方案》、《新疆中小学少数民族"双语"教师培训工程》，组织开展大规模双语教师培训，国家和自治区已累计投入汉语、双语教师培训经费 1.87 亿元（其中国家投入 13560 万元，自治区投入 5118 万元），共安排 1.2 万余名中小学少数民族教师参训。2005 年以来，自治区拨付学前双语教育经费 3.4 亿元，用于幼儿伙食补助、幼儿教育读本补助、学前"双语"教师工作补助及"双语"幼儿园基本建设补助。国家财政部日前正式批复《自治区少数民族学前"双语"教育发展保障规划》，计划到 2012 年，国家和自治区将共计投入 50.69 亿元，用于新疆七地州及九县市学前"双语"教育发展。七地州指喀什地区、和田地区、克孜勒苏柯尔克孜自治州、阿克苏地区、伊犁哈萨克自治州、塔城地区、阿勒泰地区等七个地州所属县市以及托克逊县、吐鲁番市、伊吾县、巴里坤哈萨克自治县、木垒哈萨克自治县、温泉县、若羌县、尉犁县、和静县等九县市。到 2012 年，七地州九县市将基本实现普及少数民族学前两年双语教育的目标。此外，国家还明确了从 2013 年起，中央财政将比照农村义务教育经费保障机制，支持新疆建立学前"双语"教育经费保障长效机制，由中央和新疆分项目、按比例共同承担所需经费，其中包括公用经费、幼儿伙食补助、幼儿课本费以及未来已建成园舍的维修改造。另外，在新疆远程教育工程建设方面，双语教师队伍建设方面，国家和自治区也将投入巨额资金，不惜一切代价，为新疆少数民族双语教育发展提供经费保障。

（三）双语教育的师资保障机制

教师是教育活动的组织者，是教育赖以运行和发展的基本条件之一，也是影响教学质量最重要的变量。新疆双语教育成败的关键在教师，发展的瓶颈也在教师。由于历史及诸多客观原因所致，双语教育师资队伍的建设一直是新疆双语教育发展中的一个难题。新疆少数民族中小学学生约占全区中小学生总数的三分之二,少数民族教师总数约在 15 万人。这支教师队伍是在 50 多年的"以母语授课为主,加授汉语"的传统模式中逐步形成和发展起来的,汉语水平普遍不高,农牧区教师汉语水平普遍低下,而目前的双语教师主体构成则主要从这批教师队伍中通过选拔培训产生。

随着新疆双语教育的大力推广,自治区正在采取一系列措施,加大双语教师队伍建设力度,拓宽双语教师队伍建设渠道,争取国家及兄弟省份的支持,积极解决双语师资问题,为双语教育的顺利实施和保质保量提供人力保障。

（1）加快建设一批自治区双语教师培养、培训基地,扩大双语师资培训规模,构建国家、区、地、县、学校五级双语教师培训体系,对现有教师队伍进行培训和改造,使部分教师转岗为双语教师。

（2）加强中小学编制动态管理,充分利用国家"农村特岗教师计划"、自治区人才储备编制计划,加大吸引更多具备条件的大学生充实双语教师队伍,改变教师队伍结构,加快置换进程,提高教师素质。

（3）充分利用国家和兄弟省份的优势资源,加强新疆维吾尔自治区双语师资培养。如实施"国家支援新疆汉语教师方案"、"内地高校援疆师资培训项目"、"少数民族骨干教师赴内地学习进修项目"、"新疆新增国家级骨干教师培训项目"等,保障师资队伍建设的质量。

（4）招收普通高等教育汉语言大学毕业生充实到南疆基层教育中,改变原有师资队伍的民族结构,逐步改善语言环境和师资队伍现状。

（5）教育部委托西北师范大学、首都师范大学等高校采取"送培进疆"的方式,实施教育部援助新疆中小学教师培训计划,提高现有教师的整体素质。

（6）加大自治区高校大学生"顶岗支教"、"实习支教"的力度,缓解农牧区双语教师的短缺矛盾,也为现有师资队伍不断注入新鲜血液。

（7）加强高校双语教师的培养,从源头上解决双语师资的质量问题,为基层双语教育输送合格的双语师资。

**二、新疆少数民族双语教育机构体系**

新疆少数民族双语教育机构体系是新疆少数民族双语教育赖以存在和运

行的基础，主要包括管理机构体系、督导机构体系和实施机构体系。

（一）新疆少数民族双语教育的管理机构体系

随着新疆少数民族双语教育的发展，双语教育的管理机构也在逐步完善。在一个多民族国家和地区，双语教育是少数民族教育的重要内容和主要形式。新疆少数民族双语教育作为我国民族教育的重要组成部分，既是我国整体教育工作的重要组成部分，也是我国民族工作的组成部分。新疆少数民族双语教育虽在新疆范围内开展，但其管理却涉及国家教育部门和民族部门。从宏观上讲，国家民族教育管理机构分为两大系统：国家教委系统和国家民委系统；从微观上讲，具体的管理落实到各自治区、省—地区、市—县—乡、镇等各级教育管理机构。具体结构如下：

1. 国家教育部门民族教育管理机构
（1）国家教委民族教育司。
（2）新疆维吾尔自治区教育委员会（教育厅）民族教育处：如教育厅双语教学工作领导小组办公室、教育厅教科所汉语教研室（负责管理民族教育和双语教育）。
（3）各地区、市、县教委、教育局民族教育科：如教育局汉语教研室、双语教研室。
（4）各乡、镇指定专人负责双语教育工作：如各学校有专门负责双语教学的副校长。学校是双语教育的实施机构，同时也是最基层的管理机构。

2. 国家民族部门的民族教育管理机构
（1）国家民族事务委员会民族教育司。
（2）新疆维吾尔自治区民族事务委员会的文教处。
（3）各地区、市民族事务委员会的少数民族教育管理机构。
（4）各县民族事务委员会少数民族教育管理负责人。

3. 国家民族教育委员会：协调各部委支持少数民族教育

4. 人大、政协的民族事务专门委员会，也关注和研究民族教育及双语教育

这种国家—省、自治区—地、市—县—乡、镇多级管理模式，符合新疆双语教育的实际情况和发展需求，是新疆双语教育管理体系的特色之一。今后应进一步加强和完善地方各级管理机构，强化部门职能，提高管理水平，为双语教育的健康运行和科学发展提供有力的管理保障。

（二）新疆少数民族双语教育的监督机构体系

我国教育督导工作起步较晚，督导机构的建设比较薄弱，少数民族教育督导机构更是如此。一般来说，上述各级管理机构既负责教育管理工作，也实施教育督导职能，下级管理机构对上级管理机构负有执行命令和任务的职责，上级管理机构对下级管理机构均负有监督、检查、评估的职责。如新疆维吾尔自治区教育厅双语教学工作领导小组办公室是新疆最高级别的双语教育管理职能部门，在双语教育的管理和监督方面直接对教育厅负责，主要承担以下职责：

（1）负责拟订自治区少数民族"双语"教育工作发展规划，并组织实施；

（2）负责统筹指导、协调、管理、督查自治区各级各类学校（含学前教育机构、大中专院校预科）的双语和汉语教学工作，研究、制订双语教学评估方案和标准，并组织实施；

（3）负责组织编写各级各类学校与"双语"教学相关的学科教材、电子音像资料；

（4）负责管理中国汉语水平考试和少数民族汉语水平考试；

（5）协调组织双语教师培训工作；

另专门设有教育厅督导室，负责各类教育督导工作，其中也涵盖少数民族教育及双语教育工作：

（1）代表自治区人民政府对本级人民政府有关部门和下级人民政府的教育工作、教育行政部门和学校的工作进行监督、检查、评估、指导，保证国家有关教育方针、政策、法律、法规的贯彻执行和教育目标的实现；

（2）根据国家、自治区有关政策法规和教育工作目标任务，拟订教育督导

工作规划和评估方案，并组织实施；

（3）对中等及中等以下各级各类学校和其他教育机构的办学方向、办学效益和教育教学质量进行督导评估；

（4）负责组织构建教育督导评估机制，指导下级教育督导机构的工作，推动全区实施素质教育工作；

（5）对自治区教育工作中的重大问题进行调查研究，并向国家教育部、自治区人民政府和自治区教育厅报告情况、提出意见和建议，协助下级人民政府处理教育工作中的有关问题；

（6）协调有关部门开展对县（市、区）教育工作的督导评估工作，负责县（市、区）"两基"的过程性督导、预检、验收和实现"两基"巩固提高工作的督导复查工作，负责农村义务教育经费保障机制政策落实情况的督导检查，负责义务教育监测工作，适时向社会公布教育督导报告；

另外，各地市、县教育局教研室直接负责当地各级各类基础教育的监督、检查工作，并针对当地学校教育情况进行教学研究，帮助学校改进教学方法，提高教育质量。但在实际工作中，大多数教育局教研室的教学督导和研究工作都开展得很不够，有些地方的教研室形同虚设。如监督、检查流于形式，即使发现问题也不能认真研究，解决矛盾。事实上，根据新疆双语教育的发展需要，各地教育局教研室应该是一个非常重要的管理和监督机构，但在实际工作中该部门的职能远远没有发挥出来。今后应进一步加强教育局教研室职能，尤其是有效的教育督导职能。

（三）新疆少数民族双语教育的实施机构体系

新疆少数民族双语教育实施机构体系是指自治区各级各类少数民族学校、民汉合校所包含的双语教育网络体系，是新疆少数民族双语教育体系的核心所在。我们常说的少数民族双语教育体系实际上指的就是这些学校双语教育构成的网络体系。之所以说各级各类学校双语教育网络是少数民族双语教育体系的核心之所在，是因为它是新疆少数民族双语教育实施的最主要阵地，最正规、最严密的双语教育组织，具有广泛、庞大的网络系统。双语教育离开了学校教育网络，就失去了赖以存在的基础，就不可能大规模、有计划、有目的地开展起来。目前新疆已经形成了从学前、小学、初中、高中到高等院校，从职业技术教育到成人教育，层次上上下衔接、类型上左右沟通，规模宏大、覆盖面广的少数民族双语教育实施机构体系。这是新疆解放以来至今，少数民族教育半个多世纪发展的成果。截至 2008 年 10 月，全区少数民族学生中接受双语教学的达 60.08 万人，占少数民族学生总数的 25.4%，其中少数民族双语幼儿 21.01 万人，少数民族中小学双语学生 38.9 万人；"民考汉"学生 19.7 万人，占少数民族学生总数的 8.3%。接受双语教学的少数民族学生和"民考汉"学生总计 797781 人，占少数民族学生总数的 33.7%。全区学前双语教育机构 2804 所，幼儿双语教学班 6714 个。开设双语教学班的中小学校有 2805 所，其中小学 2142 所，中学 663 所，双语班 11988 个，其中小学 9010 个，中学 2978 个。此外，新疆所有的大中专院校基本都为民汉合校，少数民族学生入校后，先要接受一年的汉语预科教育，汉语水平达到学校的相应要求后，方可进入专业阶段的学习。目前新疆各大中专院校的少数民族学生公共课和专业课大部分实现了汉语授课。职业技术教育和成人教育除开设汉语课、专业汉语课外，部分课程也实现了汉语授课。总之，新疆基础教育、高等教育、职业教育、成人教育都将汉语水平的提高作为少数民族高层次人才培养的重要目标之一。

# 第五章　新疆少数民族学生
## 各阶段双语教育的指导思想及原则

从研究新疆双语教育的性质、规律、特点和指导思想入手，学前双语教育重在培养兴趣、发展能力、养成教育和创设语境；中小学阶段充分认识到双语教育的重要性，做好中小学双语教育的发展规划和师资队伍建设；新疆高校双语教育重在促进少数民族大学生加强交际中对双语的实践运用、分级分层预科教学、提高语言应用能力以及注重学习策略的培养。

## 第一节　新疆少数民族学前双语教育性质、特点及指导思想

### 一、新疆少数民族学前双语教育的性质

新疆少数民族学前双语教育是指在少数民族儿童学前阶段所实施的以民族语、汉语为教学媒介的教育系统，主要指少数民族学前儿童在教育机构中（幼儿园）同时学习本民族语和汉语的教育行为，从本质上来说，仍属于普遍意义上的幼儿教育，在实施教育过程中，必须遵循国家制定的幼儿教育指导纲要，遵循幼儿教育的基本规律和特点。但与普通幼儿教育相比，又具有教学对象、教学语言、教学目标的特殊性。

### 二、新疆少数民族学前双语教育的规律和特点

新疆少数民族学前双语教育的对象及难点主要是维吾尔、哈萨克、克尔柯孜等少数民族聚居程度较高，汉语言交际环境较差的地、州、市以下的乡（镇）农牧学前儿童。这些孩子在家庭及社会中始终处于母语的包围和熏陶下，汉语的

学习是在母语基础上的第二语言启蒙教育，既不同于中小学，更不同于成人的汉语学习。

在少数民族学前双语教育中，少数民族幼儿汉语习得需要在一定的语言环境中，逐步经历由易到难、由简到繁、积少成多的发展过程。归纳起来，语音、词法、语法和语用习得方面，表现出以下规律和特点：

（1）在语音上表现为由易到难。一般来说，双唇塞音习得在前，较容易；而舌尖塞擦音则在后，较难。但由于维、哈语中的一些音素发音难度远远大于汉语的个体音素，所以，民族幼儿在学习汉语音素发音时基本都没有太大的困难。

（2）在词汇上表现为由少到多。一开始掌握的是反映周围具体事物的词，如有关食物、身体各部分、衣着、动物、车辆、室内物品等。在此以后，词汇的范围逐渐扩大，并且出现了描写事物特征的词和抽象意义的词。

（3）在语法上表现为由简到繁。句子由短到长，一开始是独词句，以后则逐步扩展；语法结构由不完整到完整；词类由名词逐渐扩展及其他词类。研究表明，儿童总是先习得名词，然后才逐步扩展到其他的词类，如动词、形容词、代词等。

（4）在语用上表现为由不得体到得体。儿童的语用最初只表现在交往倾向上，没有是否得体的意识，随着年龄的增长和言语技能的提高，逐步地发展为用语言来解决问题，进而才能在不同的情景中根据需求选择得体的表达。

（5）少数民族幼儿的汉语习得对语言环境有较强的依赖性和敏感性。

我区少数民族幼儿大多数从小处于完全母语的环境中，尤其是在少数民族人口高度聚居的农牧区，这是不争的事实。调研中我们观察到，学前幼儿即使在教室里积极参与教师组织的教学活动，也能听懂和会说、唱一些简单的汉语或儿歌，但一出教室在与同伴交谈中往往还是使用自己的母语，回到家庭中就更不说汉语了。正是这种学习汉语的环境和方式导致汉语教学难以取得成功。实际上在中小学的汉语教学中也长期存在着这一现象。学前双语教育中帮助少数民族幼儿感知汉语，逐步培养和发展对汉语的兴趣，是我们的首要目的。因此，在学前双语教育中首先要弄清楚"为什么教"、"怎么教"和"教什么"。在没有完善的幼儿教育设施、高素质师资的情况下,有人以为学前双语教育就是抓汉语教学,不仅让孩子学唱大量的儿歌,学说许多句子,而且还要求学生要会认会写一些拼音、汉字等,认为这样才能使学生在进入小学一年级时能适应双语教学的需要。这种认识是错误的,至少是违背了幼儿教育的基本规律和特点的。少数民族学前双语教育首先要以幼儿身心的全面健康发展为前提,尽可能要体现幼儿教育的基本规律和特点,在此基础上来渗透汉语口语教学。根据少数民族学前儿童的年龄特点、身心特征、兴趣爱好、认知水平、学习特点和他们的实际需要,汉语教学作为一种启蒙教育,应立足于他们母语的基本交际能力,从学习汉语口语起步,以听说为主,组织设计生动活泼的汉语学习活动,让孩子们在活动中学,在游戏中学,在环境中学,在娱乐中,在不知不觉中自然习得汉语。教学的着眼点应放在学习汉语的兴趣、学习习惯、汉语语感、初步的汉语口语交际能力及各种基础技能的培养上,学的内容多少并不重要,重要的是培养和发展他们学习汉语的兴趣和能力。

### 三、新疆少数民族学前双语教育的指导思想

少数民族学前双语教育工作要高举中国特色社会主义伟大旗帜,以邓小平理论和"三个代表"重要思想为指导,深入贯彻落实科学发展观,根据新疆的客观实际,按照"因地制宜、分类指导、分区规划、分步实施"的原则,积极稳妥地推进双语教育工作,做好学前双语教育与中小学双语教育的相互衔接,为中小学的双语教育输送合格的双语生源,努力构建新疆维吾尔自治区学前—小学—中学—高等院校相互衔接的有机的双语教育机构体系,培养高素质"民汉兼通"的少数民族人才和劳动者,为新疆经济和社会发展提供强有力的人才支持。

### 四、新疆少数民族学前双语教育的目标和要求

1. 培养兴趣

少数民族学前儿童汉语启蒙教育的成败,直接影响到其日后汉语学习的积极性和学习效果。在实施教学过程中,要根据少数民族学前儿童身心发展的规律和学习特点,合理制定教育目标,充分利用歌曲、歌谣、儿歌、故事、图画、

动画光碟、游戏等各种教学资源，甚至包括家庭和社会教育环境资源，帮助他们创设良好的汉语环境和学习氛围，激发其对汉语学习的浓厚兴趣和参与热情，使其在活动中自主摸索，自然习得汉语。

### 2. 发展能力

语言环境是儿童语言能力发展的决定性因素，交际实践是形成和发展儿童语言能力的有效途径。在少数民族学前儿童汉语口语教学中要为他们提供与之相互作用的多种机会，在口语实践中发展语音能力，在语义中感悟词义及其差别，在语句中掌握语法规则，在不同交际场景中学会自然得体地表达。

### 3. 养成教育

良好的学习习惯可以促使少数民族儿童语言能力和学习能力、智力因素和非智力因素的同步发展，为日后的学习奠定坚实的基础。因此在教学活动中应注重孩子的养成教育，采取灵活多样的方法，如形象感知、观察对比、情景想象、五官并用等，提高他们对汉语的敏感性，养成良好的汉语学习习惯。

### 4. 创设语境

我区少数民族聚居区汉语交际环境差是无法改变的客观事实，如何化不利因素为有利因素，化消极因素为积极因素，这不仅对教材编写和使用，更对教师的教学提出了挑战。语言是表情达意、进行交际和沟通的工具，社会交际功能是语言的主要功能。少数民族学前儿童双语教育中设计和组织汉语学习活动的主要目的是培养其学习汉语的兴趣和初步使用汉语进行交际的能力。学会一种语言不仅要掌握其语言形式和使用规则，还要学会如何得体使用。因此，少数民族学前儿童双语教育中的汉语教学不能孤立地教授词汇、句型和语法，要教给他们活的语言，让他们在大量不同的语言情境中习得汉语，获得汉语日常交际能力和一定的语境应变能力。

## 第二节　加强新疆民族中小学双语教育的政策建议

### 一、充分认识双语教育对新疆民族教育发展的重要性

要认真贯彻国家法律和政策规定，高度重视和充分认识新疆中小学双语教

育工作的重要地位和作用。2002 年，国务院关于深化改革加快发展民族教育的决定指出：要大力推进民族中小学双语教学；正确处理使用少数民族语授课和汉语教学的关系，部署民族中小学双语教学工作；在民族中小学逐步形成少数民族和汉语教学的课程体系，有条件的地方应开设一门外语课；要把双语教学教材建设列入当地教育发展规划，予以重点保障，编写少数民族学生适用的汉语教材；要积极创造条件，在使用民族语授课的民族中小学逐步从小学一年级开设汉语课程；国家对双语教学的研究、教材开发和出版给予重点扶持。国家关于民族地区双语教学工作的一系列政策规定，是确保新疆中小学双语教育工作正确发展方向的指导原则。实践证明，坚持民汉双语教学，既有利于继承和发扬各少数民族的优秀文化传统，又有利于消除民族间的语言障碍，促进各民族和各地区间的广泛交流；坚持民汉双语教学，既有利于贯彻落实我国各民族语言、文化平等政策，保障各少数民族语言、文化基本权益，又有利于培育并形成我国各民族统一的国家意识和观念，不断增强我国各民族的凝聚力和向心力。

改革开放 30 多年来，新疆少数民族群众普遍认识到加强双语教育对提高整个民族素质和民族教育教学质量的重要作用，认识到掌握双语就会有更多的机会走向全国，走向世界，走向更广阔的天地，认识到运用双语渠道获取信息，借鉴其他民族的优秀成果充实自己，不断丰富和发展自己。

新疆民族中小学双语教育的发展，对培养新疆少数民族人才既具有历史意义，也具有现实意义。只有双语人才，才能把现代科学的理念和科技知识传给本民族人民，更好地为本民族服务使新疆各少数民族的优秀传统文化得以更好地传承和发展。少数民族群众对学习双语重要性的认识越来越明确，学习、掌握双语的愿望和要求越来越迫切。学生家长也大多希望孩子通过接受双语教育真正成为民汉兼通型的人才。新疆各级政府要从法律法规建设、办学体制、学校布局、管理体制到专业设置、招生收费以及教材建设、人员编制、工资待遇、职称评定等方面给予必要的政策性倾斜和扶持，确保新疆中小学双语教育快速、健康发展。

双语教育工作是一项系统工程，牵涉到全社会的方方面面，需要各方面密切配合，通力协作，以高度的政治责任感共同抓好这项工作。新疆各级党委和政府应把双语教学工作作为一项重要的政治任务列入议事日程，结合实际做好双语教育工作。

## 二、因地制宜，做好双语教育发展规划

1.新疆民族中小学双语教育要按照"因地制宜、分类指导、分区规划、分步实施"的原则，及时研究和解决推进和加强双语教育工作中出现的新问题和新情况，尤其要充分考虑双语学前班学生升入小学，小学双语班学生升入初中，初中双语班学生升入高中继续接受/双语教学将会遇到的各类问题，及早动手安排部署，统筹中小学师资力量，确保双语教学的延续性，确保双语教学走向规范化、科学化发展轨道。

2.制约新疆民族中小学教育质量的瓶颈是汉语，突破口也是汉语，只有大力加强双语教学，切实提高少数民族学生的汉语水平，新疆中小学的教育教学质量才能够迅速提高。

3.要根据新疆对人才培养的总体要求，规划好双语教育的目标、重点和进度，要根据本校教师和学生的汉语应用能力和水平，因材施教，循序渐进，重点突破，稳步推进。同时，要在取得一定经验的基础上，进一步扩大双语教学的课程门数，扩大双语教学的受益面。至于采用何种模式为推进双语教育的最佳模式，要根据疆内不同地区和不同学校的实际情况来定，切莫采取"一刀切"式的过激方式。

4.要合理调整双语教育的教学计划和课程设置，要在课程目标和内容、教学观念和学习方式、评价目的和方法等方面进行系统的改革。汉语是少数民族学生的第二语言课程，是一门基础课程。作为第二语言教学，母语课程的首要性质是工具性，同时兼顾人文性。这是汉语课程的基本特点。因此，必须遵循第二语言教育教学特点和规律。

## 三、加强双语师资队伍建设

针对目前新疆双语师资队伍数量短缺，整体教学能力不高的实际情况，新

疆各级教育行政部门要进一步加强双语师资队伍的建设。

1.要加大新疆双语师资培训的经费投入，加快双语培训基地的建设。

2.新疆各高校要加大对双语师资的培养力度，尤其是师范类院校，要在学科专业设置上有专门培养双语教师的计划。

3.要以科学发展观为指导，以人为本，合理规划双语师资培训的短、中、长期计划，避免培训缺乏针对性和流于形式。

4.采取边工作、边培训的办法，对现有双语师资开展多种层次、多种方式培训，对经培训仍然不能胜任双语教学的可采取调离一线教学岗位或提前退休等办法，以便使合格的双语教师能够进得来。

5.要解放思想，放宽双语师资的准入渠道，可通过面向社会公开招聘等途径，把政治素质和专业能高的优秀青年充实到双语师资队伍中。

6.是要充分利用现有的现代远程教育优势进行培训。

四、加强领导，加大投入

要进一步加强新疆各级党委和政府对民族中小学双语教育的领导，不断推进双语教育的发展。自 2008 年 10 月 1 日起，新疆维吾尔自治区《实施<中华人民共和国义务教育法>办法正式实施办法》明确规定，新疆的义务教育阶段，应当加强双语教学，并推进学前双语教学。还规定，县级以上人民政府应当加强双语教学工作，制定双语教学规划，按照因地制宜分类指导，分区规划，规范学前双语教育的内容和方法，统筹协调学前教育与义务教育阶段的双语教学工作，建立各学段、各学科相互衔接的双语教学的体系，提高双语教学质量。1998 年 7 月，江泽民同志在视察新疆工作时针对双语教学与各民族互学语言曾经作出明确指示：学习现代化文化知识，语言的作用十分重要。为了加强学习和交流，各民族要克服相互之间的语言障碍。汉族要学习少数民族语言，少数民族要学习汉语，有条件的还要学习外语，这样才能适应我们共同的事业和时代发展的要求。

进一步加大经费投入是加强新疆民族中小学双语教育工作的重要保障，新疆各级党委和政府在争取国家经费投入的同时，要建立中小学双语教育投入保障机制，加强对经费的监管，提高经费使用效益。可以说，新疆双语教育的发展是新疆各少数民族时代发展的需要，也是改革开放的需要。加强对双语教育工作的领导，推动新疆民族中小学双语教育工作健康发展，使新疆各少数民族学生在学习使用好本民族语言文字的同时，掌握好汉语言文字对于加强各民族间的交流与沟通，对于增进民族团结、维护祖国统一、实现新疆的社会稳定和长治久安具有重要而深远的意义。

## 第三节　高校少数民族大学生
## 汉语语言能力研究对双语教育的启示

考察少数民族大学生的汉语语言能力，能够帮助他们比较准确地发现自己的优点和缺点，对自己汉语学习的现状和努力方向做一个比较准确的定位，从而有针对性地进行学习；也有助于教师准确地了解学生的真实情况，从而有针对性地加以指导，在教学中采取更加有效的方法和策略。通过对少数民族大学生汉语语言能力的调查研究，我们认识到，要提高少数民族大学生的汉语语言能力，应力求做到以下几点：

1、树立从交际活动中学会交际汉语的意识

语言是一门技能性的科目，它与知识性科目的区别在于，单凭死记硬背是掌握不好的，同其他技能一样，只有通过反复的实践才能获得。如果教师在汉语教学中只是一味的讲用法、讲规则，而不让学生在语言交际中进行实践，那么培养学生的交际能力便会成为一句空话。所以，教师在教学中应该尽可能地给学生创造语言交际的环境与机会，让学生在不断的语言交际活动中学会真正掌握这门语言"技术"。只要教师充分认识到汉语交际活动在汉语能力培养中的重要性，并明确认识学生的需求和教师的教学目标，那么将会产生最大的功效。但这种个性化教育是建立在了解每一个学生智力特点的基础上的，这就要求汉语教师去了解每一个学生的智力结构、学习方式、兴趣爱好、学习强项等，从而制定出最有力于学生的教学方法与策略。

2、在预科汉语学习阶段，可以考虑将学生按个人语言能力特征分班，进

行分级、分层教学

学生作为汉语教学的实施对象，他们的基础知识、专业知识及汉语水平能力参差不齐，学习的能力和速度也有差异，这样会严重影响汉语教学的组织实施。因此，在组织汉语教学班级时，可通过对学生进行汉语等级测试（包括听、说、读、写能力），以测定成绩来确定学生的汉语基础，然后按基础的不同进行分级授课。根据学生在语言能力上的不同特点，在课程设置、课堂教学设计、教学方法上反映出这种差异。例如为了适应这种特点，让口语有困难的学生多接受口语表达能力的训练，在课程设置上增大写作课的学时等。这样，同一班级的学生汉语水平基本一致，教师可以较好地把握授课内容的深度和教学进度，也有利于汉语教学课堂上真正实现师生用汉语进行交流和互动。这样将语言能力倾向信息应用于分班或分组教学，可以提高不同语言能力的学生进步的速度。

3、应多途径、多渠道进行语言输入及语言输出，提高学生的听说读写能力

汉语教学的特点之一是要使学生尽可能多地从不同渠道、以不同形式接触和学习汉语。亲身感受和直接体验语言及语言运用。美国著名的应用语言学家克拉申认为，学习者只要能获得足够的可理解性语言输入，语言输出就会水到渠成，语言水平也就可以从 i 变成 i+1。由于课堂教学时间有限，教师应引导学生在更广阔的空间学习，鼓励他们合理有效地使用有限的教科书以外的各种机会，积极利用其他课程资源，特别是广播影视节目、录音、录像资料、直观教具和实物、多媒体光盘资料、各种形式的网络资源、报刊杂志等，以获得更多的语言输入，同时充分利用学校的现有教学资源加大语言的输出。

4、注重学习策略的培养

学习策略是学习者为了使语言学习取得更好的效果而采取的各种策略，它既包括学习者为了更好地完成某个学习活动或学习任务而采取的微观策略，也包括学习者对自己的学习目标、学习过程、学习结果进行计划、调控、评估而采取的宏观策略。传统教学模式的中心仅仅围绕知识的传授和知识的输入，而忽略了对学生学习策略的指导。学习策略研究者发现：成功的第二语言学习者

无论是在心理特征，还是在学习方法和技巧上都有许多惊人的共同特点——
使用相似的学习策略。因此，培养学生有效的学习策略能够提高学生的学习效
果，减轻学习负担，切实提高学生的各项语言能力。在学习策略的培训中，教
师可以采用多种方法，如讲座、培训、书面问卷、口头报告等形式，也可以把
学习策略的训练渗透到语言课程的整个教学过程之中。这种教学模式将学习策
略的训练与语言知识和语言技能的学习并驾齐驱。教师既可以根据现有教材确
定要培训的策略和切入点，又可根据需要培训的策略而设计课堂教学活动，也
可以根据学生学习情况在合适的时候插入策略培训。不管教材中是否安排有针
对策略培训的学习活动，教师都可以根据教学内容的实际情况设计合理的策略
培训，以提高学生的各项语言能力。

# 第六章 现代维吾尔族大学生
# 汉语言态度与文化适应调查

研究新疆作为多民族地区的语言使用的发展变化，就是研究最真实的社会变化和发展状况，把握社会脉象，它也必然与该语言相联系的文化价值系统密切相关。新疆是比较典型的多元文化和多种语言的社会，少数民族大学生作为少数民族群体的精英，在文化适应上表现得更为敏感。研究新疆少数民族大学生的汉语言使用及其与文化适应情况，对于各民族之间的跨文化交际、语言教学以及建设和谐稳定的新疆都具有现实意义。

## 第一节 文化适应概念的界定以及国内外研究现状

对文化适应（acculturation）的研究最初源于文化人类学研究，20世纪30年代，人类学家林顿和赫斯克维兹就指出，文化适应是具有不同文化背景的群体或个体相互之间持续的直接接触，结果接触双方原来的文化都发生了变化。20世纪60年代，心理学家 Graves 又提出了心理文化适应的概念，强调不同文化接触所导致的心理和行为变化。今天，文化适应已成为少数民族心理研究中的一个重要组成部分。美国著名心理学家阿德勒在对文化适应进行了系统研究之后提出文化适应的五阶段模式，即接触阶段、不统一阶段、否定阶段、自律阶段和独立阶段。Berry 从文化维度情况和接触参与情况两个维度出发提出了四种文化适应的模式（同化、分离、整合与边缘化）。20世纪70年代 Schumann 从社会环境因素和学习者个人的心理因素的视角提出文化适应模式理论，为学习者深入了解第二语言习得规律，创造有利的习得内外部环境提供了理论依据。自此，文化适应成为第二语言习得理论中的重要概念，这是因为第二语言习得是文化适应的一个方面，学习者对目的语社团文化的适应程度将会制约他的第二语言水平。Brown 把第二语言习得过程中的文化适应分为四个阶段，与心理学家阿德勒提出的文化适应五个阶段基本一致。文化适应模式理论把学习者与目的语文化之间的社会距离和心理距离作为第二语言习得（SLA）能否成功的决定力量，即动力机制。对这一观点，Schumann 作出的解释如下：社会、心理距离是通过制约学习者与目的语的接触量以及学习者对接触到的目的语输入的吸收程度决定第二语言习得的速度和成效。上述研究为我们研究多元文化背景下的新疆少数民族地区语言与文化教学以及少数民族学生的语言使用情况对其文化适应造成的影响提供了思路和理论指导，为构建和谐稳定新疆拓宽了思路。

近年来，国内的学者从不同的角度，对少数民族的文化适应因素作了相关的论述。

（一）少数民族文化适应研究

近几年来，在"西部大开发"和"全面建设小康社会"的时代背景下，对少数民族文化变迁与文化适应的研究成果逐渐增多。有的成果侧重于对少数民族文化适应机制的研究，例如，瞿明安的《社会转型中的民族文化适应机制》❶分析了我国少数民族在社会转型中的民族文化适应机制的功能和结构。而更多的成果是对少数民族文化适应的问题和实证研究，例如，苍铭、贾仲益的《生存环境与文化适应——怒族社会—文化的文化生态学解读》❷等。

（二）教育领域中的少数民族文化适应研究

客观地说，国内在民族教育学领域的文化适应研究成果还非常匮乏，目前国内还没有专著专门研究少数民族教育中的文化适应，仅有为数不多的文章对

---

❶ 瞿明安：《社会转型中的民族文化适应机制》，载《贵州民族研究》，2000 年第 4 期。

❷ 贾仲益：《生存环境与文化适应———怒族社会—文化的文化生态学解读》，载《吉首大学学报（社会科学版）》，2005 年第 3 期。

此课题进行理论与实践的本土化研究，这些研究主要集中在几个方面：

1.通过关注文化的不连续性或以"文化中断"理论分析少数民族在学校教育中的文化适应，例如，李怀宇的《"文化中断"理论对我国民族教育的启示》❶等。

2. 在全球化视野中和从多元文化教育的视角下分析少数民族学校教育与传统教育的互动，例如张济洲的《全球化视野中民族文化与学校教育改革》❷。

3. 由于文化适应是个相当宽泛的概念，具有多重的研究维度，这为开展跨学科研究提供了可能。目前国内的相关研究成果的研究视角主要有：文化认同与民族认同，跨文化心理，多元文化课程理论与建设等。

纵览国内外学者的研究成果，我们感觉到，这些研究成果大多或是从宏观理论的角度研究。尽管国内民族教育学领域中的少数民族文化适应研究有了初步的成果，但多为定性描述，研究力量分散、薄弱，研究不够系统、深入，个案研究缺乏的情况仍没有较大改变。而从二语习得和跨文化视角对我国新疆少数民族语言学习使用以及与他们的文化适应的相互关系尚缺乏系统的实证研究。

## 第二节　本研究的意义和价值

### 一、意义

语言是文化的一部分，它也是文化的载体，同时也塑造了文化，丰富了文化的内涵。语言也是交际的工具，是思维的表现形式，也是社会发展的活化石，是对社会的同步反映。因而，研究语言使用的发展变化就是研究最真实的社会发展状况，是观察社会变化、把握社会脉象的一个重要的途径和方面，它也必然与该语言相联系的文化价值系统密切相关。新疆是比较典型的多元文化

---

❶ 李怀宇：《"文化中断"理论对我国民族教育的启示》，载《贵州民族研究》，2003 年第 2 期。

❷ 张济洲：《全球化视野中民族文化与学校教育改革》，载《西南教育论丛》，2005 年第 3 期。

和多种语言的社会，少数民族大学生作为少数民族群体的精英，在文化适应上表现得更为敏感。他们从自己熟悉的母体文化进入汉文化为主的主流文化之后就不得不面对语言沟通不顺畅和跨文化适应的考验。他们往往不得不采用适合自己的文化适应策略，这样他们就必然会在心理和行为上与母体文化有一定的分离。同时，他们又没有办法立即与主流文化相融。文化适应上的藩篱可能会导致他们与汉文化为主的主流文化相冲突，出现文化适应不良现象，甚至会导致心理疾患产生。如果我们不能正视这些冲突的话，那将是非常可怕的。本课题旨在研究多元文化背景下新疆的语言、文化与社会的深层次关系，是以语言为观察点来分析文化和思考社会。研究新疆少数民族大学生的汉语言使用及其与文化适应情况，对于各民族之间的跨文化交际、语言教学以及建设和谐稳定的新疆都具有现实意义。在新的历史时期新疆各民族在不断的交往和融合，从表层的语言接触，到深层次文化内涵的理解、适应与认同。语言能顺畅交流，文化上屏障就少。同样，各族人民对以汉文化为代表的璀璨的中华文化越为自豪、适应和认同感不断加强后，当他们的母语不能满足自己的需要时就会产生强烈的愿望和动机去学习和提高汉语水平，并以汉语语言为媒介去了解整个中华民族在长期历史发展进程中所创造的悠久文化，也有助于丰富本民族的文化内涵，增强民族自豪感和民族认同感，促进本民族各项事业的发展，从而构建一个多元一体、和睦相处和相溶相生的社会环境。

此外，在发展新疆少数民族地区经济、改变贫穷落后面貌的进程中，精通英语的少数民族人才将起到重要的作用。身处在如此多元文化和多种语言的社会中，新疆少数民族大学生在文化适应上表现得比较敏感，其所经受的文化碰撞性远远比汉民族深刻，这种文化冲突势必会加大英语学习的负担，在一定程度上影响学生在英语学习上的输入效果。

二、研究价值

（1）语言文化教学层面：该研究可为新疆的民族文化教育、双语教育以及英语教育的发展提供语言运用实际的范例。

该研究以期通过研究多元文化背景下的新疆少数民族大学生汉语言使用

情况与文化适应的关系，可以促进教师在民族文化教育及三语教育中结合本土灿烂的多元文化背景、文化蕴涵，通过对比，更好地培养少数民族学生的多元文化差异的敏感性，及自我学习能力，提高自己的多元文化素养，提高他们的文化适应能力，成为传承中华民族优秀文化、发扬本民族文化、学习和吸收英语及其文化中的精髓，成为沟通中国和世界的桥梁和纽带。

（2）社会层面：有利于消除交际障碍，防止交际摩擦。

新疆各少数民族有着各自的语言和文化风俗习惯，在跨文化交际中，如果不了解对方的文化背景，交际就会出现障碍。交际障碍的结果轻则双方无法沟通信息，交流思想，重则引起交际摩擦，严重误会，导致冲突，酿成不良的后果。研究多元文化背景下的新疆少数民族大学生语言使用情况与文化适应的关系，有助于我们比较客观地认识和了解新时期新疆的民族多元一体的交流与融合，消除不同民族语言与文化的冲突，提高跨文化素养，避免不必要的误解、矛盾和冲突，实现各民族之间融洽的交流，促进各民族经济文化发展，维护边疆地区社会稳定，实现各民族共同繁荣。

## 第三节　维吾尔族大学生汉语言态度调查与研究

### 一、理论依据

社会语言学从宏观的角度出发是研究语言和社会的关系，即从语言的角度研究社会现象的一门学科。从微观的角度出发，社会语言学旨在透过人们如何使用语言和语言变异的众多现象来揭示语言的社会功能，对这些变异的现象做出解释。

从 20 世纪 60 年代社会语言学诞生时，其研究对象还不太明确。近 50 年来，随着社会语言学研究的深入发展，各种新的理论不断出现，研究方法日趋完善成熟，其研究对象也越来越明确，可以概括为以下三个方面。

第一是研究语言的变异，联系社会因素来发现语言变异发生的原因和内部规律，并用统计的方法加以描述。第二是研究语言中的语言问题，例如语言接触、语言态度、语言政策、语言规划以及语言与文化的关系等问题。第三是研究人们如何在实际的语境中使用语言进行交际，不同的社会阶层以及不同的社区使用语言的差别。

我们可以清楚地看出，在社会语言学家看来，无论是从宏观还是从微观的层面出发，社会语言学关心的不是语言结构本身，对语言的研究如果不联系社会因素来进行，就会缺乏基本的理论基础和依据，无从了解语言的本质，也无法解释各种语言现象。

作为语言现象一部分的语言观念即语言态度是文化观念的一个组成部分，是文化观念在语言上的具体表现。语言观念不外乎来自两方面，一是外来因素，二是语言本身的因素。当然，这两个因素也是不能截然分割的，因为语言的社会功能直接受其使用民族社会发展水平的影响。同时，语言观念也会对语言产生影响。在语言的接触过程中，对某种语言持什么态度、什么情感，往往会影响到对这个语言的学习及使用。❶

语言认同属于语言态度范畴，是一种社会心理现象，它与文化心理的认同程度成正向关系———语言身份的相似度越高，文化心理的认同度也就愈高。这种共同的语言身份特征，将相同文化背景的族群链接在一起，使他们即使处在异地他乡也能得到社会的归属感和心理的慰藉❷。语言认同从以下几个方面深刻影响着语言使用：第一，语言认同程度同语言使用心理相关，对某种语言的认同度越高则对这种语言的正面情感越深厚、语言使用的心态就会越开放，反之，对一种语言认同度低或者持否定性评价，语言的态度就会趋于保守，对语言的使用会出现排斥甚至抵触心理；第二，语言认同本质上是一种语言态度，语言的态度影响或者决定着语言的选用，如王远新先生认为，整体上讲，我国少数民族所反映的是人们对自己或者他人语言的社会价值的认识和所持有的肯定性评价❸。

---

❶ 戴庆厦：《社会语言学教程》，中央民族大学出版社 1994 年版，第 144 页。

❷ 黄亚平、刘晓宁：《语言的认同性与文化心理》，载《中国海洋大学学院学报》，2008年第 6 期，第 79 页。

❸ 王莉、崔凤霞：《我国少数民族聚居区内的汉语言认同问题研究——以新疆维吾尔族聚居区为例》，载《甘肃社会科学》，2009 年第 5 期，第 266 页。

## 二、问题的提出

过去对双语问题的研究侧重于双语政策的研究和对双语教学经验的一般性探讨，较少地使用科学的社会语言学统计方法，联系社会因素，深入双语学习者的心理表征去探讨在纷繁复杂的社会环境中，个体对两种语言在社会交往情景中的功能与地位的认同，两种语言所代表的社会与文化之间关系的理解。本文通过问卷了解乌鲁木齐市各高校南疆民考民维吾尔族大学生对母语、汉语的态度以及在交际情景中的语言选择和语码转换态度，并从社会语言学和民族心理学的视角对他们的语言态度进行分析和理解，希望能为新疆双语教育政策的研究以及正确处理民族关系的研究提供一些新的启发。

## 三、研究思路以及技术路线

（1）明确本课题研究的目的。

（2）通过文献研究和其他多种渠道收集、分析资料，了解目前针对少数民族地区语言接触与文化适应的实际情况、研究现状。

（3）采用问卷调查法、访谈法。设计调查问卷，了解新疆不同少数民族地区语言接触与文化适应的总体情况。

（4）通过听课、访谈、问卷调查等研究手段，调查研究典型个案。

（5）统计和分析，对调查数据进行定性研究，分析不同少数民族地区语言接触与文化适应的共性与差异性及导致这些差异的原因。

（6）整理和阐述研究结果。

## 四、研究方法及实施步骤

本课题主要采用查阅文献、问卷调查、访谈、观察等方法。

实施步骤：

调查的范围为乌鲁木齐、喀什、和田、伊犁、哈密等地区，拟用两年半的时间完成。

2010 年 7 月——2011 年 4 月，收集资料、对选定的地区进行调研。

2011 年 5 月——2011 年 7 月，分析整理数据，补充数据。

2011 年 8 月——2012 年 2 月，形成阶段性成果系列论文。

## 五、研究对象和方法

（一）调查对象

乌鲁木齐市是新疆维吾尔自治区的政治、经济和文化中心，是一个多民族聚居的城市，全市现有 140 万的常住人口，其中汉族人口约占总人口的 76.3%，维吾尔族人口约占总人口的 13.1%，其他民族约占总人口的 13.2%（见 2006 年乌鲁木齐统计年鉴）。就读于乌鲁木齐市各高校民考民维吾尔族大学生尤其是出生在南疆的维吾尔族大学生，从自己的民族聚居区进入汉文化为主的主流文化之后就不得不面对语言适应和跨文化适应的考验，研究维吾尔族大学生的语言态度对研究新疆少数民族地区的语言政策、双语教育乃至民族关系也都具有重要的意义。

本研究的调查对象为生源地在新疆南疆地区的新疆师范大学民考民维吾尔族大学生，其班级专业分别为经济 2007—7 班、思想政治 2008—3 班、思想政治 2009—3 班以及法学 2009—3 班。

（二）研究问题

1.新疆师范大学南疆民考民维吾尔族大学生对母语的态度；
2.新疆师范大学南疆民考民维吾尔族大学生对汉语的态度；
3.新疆师范大学南疆民考民维吾尔族大学生在交际情景中的语言选择和语码转换态度。

（三）问卷设计和发放

本研究主要采用问卷调查法，学生以无记名方式填写问卷。调查问卷分学生基本情况和调查内容两部分。学生的基本情况包括：性别、民族、生源地、HSK 成绩与等级等信息。问卷中的问题是基于万明刚（2002）的关于藏族双语人的语言态度问卷，并对其题目进行修改而成。调查内容共计 18 题，包括 3 部分内容：对母语的态度（共 4 题）；对汉语的态度（共 9 题）；在交际情景中的语言选择和语码转换态度（共 5 题）。问题选项既有单选也有多选。

本次问卷调查时间为 2011 年 5 月中旬。发放问卷总数为 105 份，收回问卷 100 份，其中有效问卷 89 份，回收率为 90%，符合统计要求。数据统计工具为"Excel"软件系统。

## 六、结果与讨论

### （一）对母语的态度

该部分由 4 道题目组成。设计这些问题的目的在于了解在以汉族居多的城市及学校的环境里，汉文化作为强势文化而汉语是强势语言的情况下，被调查者对本民族母语的态度。

表 1　乌鲁木齐市各高校南疆民考民维吾尔族大学生对母语的态度（n=89）人

| 问题 | 态度反应%（人数） | | | |
|---|---|---|---|---|
| 1你保持和使用母语的原因是 | 使用方便 | 从小习得 | 有很深的感情 | 其他 |
| | 70.8%（63） | 74.2%（66） | 87.6%（78） | 11.2%（10） |
| 2你认为最能代表或反映你本民族特征的东西是 | 语言 | 宗教 | 其他文化内容（如服饰和习俗） | |
| | 95.5%（85） | 2.2%（2） | 3.4%（2） | |
| 3你认为新疆的汉族小学生、中学生是否也应该在学校学习少数民族语言 | 应该学习 | 无所谓 | 不应该学 | |
| | 77.6%（68） | 15.7%（14） | 9%（7） | |
| 4假如你有孩子，你希望他/她接受哪种语言的学校教育 | 汉语 | 本民族语言 | 民汉双语 | 从小学到大学各有 |
| | 4.5%（4） | 48.3%（43） | 34.8%（31） | 12.4%（11） |

从表 1 可以看出，95.5%的被调查者认为语言最能代表或反映其民族特征。87.6%的被调查者认为他们保持和使用母语的原因是对它有很深的感情。认为新疆的汉族小学生、中学生也应该在学校学习少数民族语言的被调查者占 77.6%。他们希望以后自己的孩子接受教育的语言依次是本民族语言（48.3%）>民汉双语（34.8%）>各阶段选择不同的语言（12.4）>汉语（4.5%）。

以上数据表明，尽管在目前新疆这样一个多民族、多语种的社会环境里，汉语的强势地位越来越明显，他们对自己的母语有着天然的、深厚的感情。这说明被调查者对其母语十分自然的、不自觉的、下意识的感情方面的语言态度大于强调其母语的实用价值和社会地位的理智的语言态度。一个民族的重要维系手段之一就是该民族的文化心理认同，而作为这种认同的重要表征，则是民族语言。语言使得文化中的观念、价值、准则和生活方式得以传承和表述❶。这里需要特别强调一点：这些维吾尔族大学生对本民族语言所表现出的感情比王洋调查的作为维吾尔族整体代表的被试更强烈（87.6%＞59.48%）。在社会交往中，使用强势语言的群体除非有特殊的用途，通常都不学习或掌握弱势文化群体的语言。由于语言交往中存在着事实上的不平等现象，77.6%的被试认为汉族学生也应该学习维语。本研究中的被试来自南疆偏远地区。原因可能在于南疆维吾尔族聚居区偏远闭塞，那里维吾尔族的民族意识和民族心理通过对母语的深厚感情得以传递，加之他们与外界的沟通少，与汉语的接触机会少，对汉语的认知程度明显偏低；学习、使用汉语有保守性倾向。一些调查显示，少数民族成员受教育程度越高，对本民族的利益与发展关注程度也越高❷。大多数维吾尔族大学生从小就受到强烈的民族意识和对汉语片面认知的影响，来到以汉文化、汉语言为主的环境里，对于本民族传统语言和文化等的保护以及对民族利益的维护等表现出一定的责任感与义务感，其民族自觉性也很强。

（二）对汉语的态度

该部分由 9 个问题构成，旨在了解被调查者对第二语言汉语的社会地位的评价、喜欢程度、学习难易度、汉语学习的动机、对于在少数民族学生学习汉语及其在家庭内部使用汉语的态度以及他们对学好汉语的愿望强烈与否。

---

❶ 万明刚、王亚鹏、李继利：《藏族大学生民族与文化认同调查研究》，载《西北师大学报》，2002 年第 5 期。

❷ 王莉、崔凤霞：《我国少数民族聚居区内的汉语言认同问题研究———以新疆维吾尔族聚居区为例》，载《甘肃社会科学》，2009 年第 5 期。

表2　乌鲁木齐市各高校南疆民考民维吾尔族大学生对汉语的态度（n=89）人

| 问题 | 态度反应%（人数） | | | | |
|---|---|---|---|---|---|
| 1你认为学会汉语不难 | 非常赞同 | 比较赞同 | 无所谓 | 比较不赞同 | 非常不赞同 |
| | 12.4%（11） | 41.6%（37） | 10.1%（9） | 25.8%（23） | 10.1%（9） |
| 2你喜不喜欢说汉语 | 非常喜欢 | 比较喜欢 | 一般 | 不太喜欢 | 不喜欢 |
| | 13.5%（12） | 20.2%（18） | 52.8%（47） | 9%（8） | 4.5%（4） |
| 3你觉得学汉语 | 非常重要 | 比较重要 | 一般 | 不太重要 | 不重要 |
| | 67.4%（61） | 15.7%（14） | 13.5%（12） | 0%（0） | 2.2%（2） |
| 4你是否希望父母在家中说汉语 | 希望／支持 | 无所谓 | 反对 | | |
| | 9%（8） | 29.2%（26） | 61.8%（55） | | |
| 5如果你的本民族同学不会讲汉语，你会认为 | 很不应该 | 无所谓 | 很自然 | | |
| | 36%（32） | 19.1%（17） | 44.9%（40） | | |
| 6你有强烈的愿望学习汉语，把汉语学好 | 非常同意 | 比较同意 | 无所谓 | 比较不同意 | 非常不同意 |
| | 40.4%（36） | 34.8%（31） | 18%（16） | 5.6%（5） | 1.1%（1） |
| 7你对少数民族学生学汉语持什么态度 | 非常支持 | 支持 | 无所谓 | 不太支持 | 不支持 |
| | 22.5%（20） | 55.1%（49） | 12.4%（11） | 9.0%（8） | 1.1%（1） |
| 8很多本民族小孩既学母语又学汉语，结果影响本民族母语学习效果，也影响其他科目的学习 | 非常同意 | 比较同意 | 无所谓 | 比较不同意 | 非常不同意 |
| | 56.2%（50） | 28.1%（25） | 3.4%（3） | 5.6%（5） | 6.7%（6） |

　　通过调查，54%的被调查者认为汉语不难学。对"是否喜欢学汉语"的问题，33.7%的被调查者表示喜欢汉语，持不置可否想法的被试占52.8%，还有13.5%的被试不喜欢学汉语。认为学汉语重要的被试占83.1%。61.8%的被调查者不希望父母在家中说汉语。认为本民族同学不会讲汉语很自然的被试占44.9%。75.2%的被调查者希望把汉语学好。支持少数民族学汉语的被试占77.6%。84.3%的被试认为很多本民族小孩既学母语又学汉语，结果影响本民族母语学效果，也影响其他科目的学习。

　　上面一组组充满矛盾的数字我们可以明显看出被试对汉语以及汉语学习充满着矛盾的心理。被试者对汉语也有明显的疏离感，对汉语的认同主要表现为一种实用功利的语言态度；被试在学习、使用汉语的保守性倾向也比较明显，对汉语的认同程度比较低。这一结论与王莉（2009）等人的研究结果一致❶。但本研究的被试对汉语的社会地位和社会功能认识和评价程度明显高于王莉等人的研究对象。导致这种现象的原因在于维吾尔族大学生越来越认识到自己民族的生存与发展以及个人的发展都离不开汉语这一媒介。但同时他们又担心母语的纯洁性受到破坏，认为家庭是母语的最后一块领地，有61.8%的被试反对父母在家中说汉语。这一结果造成了上面提到的矛盾心态。在当今中国，汉语作为国家行政管理、科技信息传播和社会信息传播的工具，发挥着其作为民族语、族际语、区域语和国际语的社会功能。汉语的这些社会功能和当今的时代背景使维吾尔族大学生对汉语的社会地位和社会功能的认同产生理性的认识。这一点可以在下表中加以证实。

表3　乌鲁木齐市各高校南疆民考民维吾尔族大学生学习汉语的动机（n=89）人

| 选项题目 | 9你学汉语是为了（可多选） |
| --- | --- |
| 选项1 | 与汉族人交往52.8%（47） |
| 选项2 | 兴趣或爱好15.7%（14） |
| 选项3 | 显得有文化、有修养24.7%（22） |
| 选项4 | 看汉语报纸、杂志、电影、电视，收听汉语广播42.7%（38） |
| 选项5 | 生活方便64%（57） |
| 选项6 | 为了升学考试或工作（找工作）方便80.9%（72） |
| 选项7 | 汉语是国语，对它有感情7.9%（7） |
| 选项8 | 要接受高等教育、融入主流社会62.9%（56） |
| 选项9 | 学好汉语对我学好现在的专业课有很大帮助68.5%（61） |

从上表可以看出，只有 7.9%的被试认为自己学习汉语是因为对汉语有感情；认为学习汉语是出于兴趣或爱好的被试只占 15.7%。而有 64%的被调查者学习汉语是为了生活方便；80.9%的被调查者是为了升学考试或工作（找工作）方便；认为学好汉语对学好现在的专业课有很大帮助的占 68.5%；62.9%的被试学汉语是为了要接受高等教育、融入主流社会。这些数据说明维吾尔族

---

❶ 王莉、崔凤霞：《我国少数民族聚居区内的汉语言认同问题研究——以新疆维吾尔族聚居区为例》，载《甘肃社会科学》，2009 年第 5 期。

学习汉语的动机中工具性动机远远大于融合性动机。他们对待汉语的态度中，认知因素远大于情感因素，表现为一种实用的、理性的语言态度。

（三）在交际情景中的语言选择和语码转换态度

此部分共有 5 个题目。语言是文化的载体，不同国家、地区、民族的人使用不同的语码、使用何种语码交流往往涉及到民族意识，表明了对某种语言的态度。维吾尔族大学生常常面临语码的选择和转换。被试对表 4 中的问题的回答反映了被试在家庭、社会情境中对自己和他人语言选择和语码转换的态度。

表 4　交际情景中的语言选择和语码转换态度（n=89）人

| 问题 | 态度反应%（人数） | | |
|---|---|---|---|
| 1 在家庭交往中你最愿意使用的语言是 | 维语 | 汉语 | 两种语言都用 |
| | 65.2%（58） | 4.5%（4） | 30.3（27） |
| 2 在家庭以外的交往中你最愿意使用的语言是 | 维语 | 汉语 | 两种语言都用 |
| | 57.3（51） | 13.5%（12） | 29.2%（26） |
| 3 你与本民族的同学聊天时，你用母语而对方用汉语，你会觉得 | 不舒服 | 很自然 | 无所谓 |
| | 78.7%（70） | 9%（8） | 12.4%（11） |
| 4 如果在维语对话中夹杂汉语单词、词组和句子，你认为这样做会达到什么效果 | 有利于沟通，避免歧义 | 对沟通没什么帮助 | 大家这样，我也这样 |
| | 40.4%（36） | 41.6%（37） | 18.0%（16） |

| 问题 | 态度反应%（人数） | | | |
|------|--------|--------|----------|------|
| 5如果有人跟你谈话时在维语里夹进汉语单词、词组和句子，你认为他或她 | 非常聪明 | 炫耀 | 语言技巧很差 | 正常 |
| | 0.0%（0） | 23.6%（21） | 42.7%（38） | 33.7%（30） |

从表 4 可以看出，65.2%的被试在家庭交往中最爱使用的语言是维语，而使用汉语的只占 4.5%。有 57.3%的被试在家庭以外的交往中最爱使用的语言时维语，使用汉语的占 13.5%。被问及被试与本民族的同学聊天，自己用母语而对方用汉语时的感受，78.7%的被试感觉不舒服。对于在维语对话中夹杂汉语单词、词组和句子会达到的效果，41.6%的被试认为对沟通没什么帮助，认为有利于沟通的被调查者占 40.4%。有 42.7%的被调查者认为如果有人谈话时在维语里夹进汉语单词、词组和句子，他的语言技巧很差。还有 23.6%的被试认为这样做是为了炫耀。

语码转换是语言接触的一种常见的现象。社会语言学主要研究语码转换与社会因素之间的内在关系及其社会意义与社会动机。[1]言者有意识地选择某种语码往往赋予了自己特殊的情感含义。语码转换和交际场景联系紧密，双语人往往根据特定的环境选择语言。以上数据表明，被试在家庭中主要使用维吾尔语，很少使用汉语。有部分被试在家中交替使用母语和汉语（占 30.3%）。任何一个文化集团的成员，虽然能掌握另外一个文化集团所使用的语言，但在一般情况下，他总认为只有使用他的母语才能表达其感情[2]，尤其是在家庭这样一个保持和传承母语的重要领域，用本民族语可以显示亲密的关系融洽的气氛，而且可以增强民族凝聚力。被试在家庭以外的交往中依然主要使用维吾尔语，使用汉语的人数比在家里说汉语的人数明显上升（13.5% > 4.5%）。在家庭

---

[1] 吕黛蓉、黄国文、王瑾:《从功能语言学角度看语码转换》, 载《外语与外语教学》, 2003年第 12 期。

[2] 攀建华、金志成:《语码转化的文化及心理因素探析》, 载《东北师大学报》, 2006 年第 4 期。

以外与在家中交替使用母语和汉语的人数基本一致。在家庭以外的场合，即使与本民族的成员交流，选择有较高的社会政治和经济地位的汉语，维吾尔族说话人要表示自己受过良好的教育，提升自己的社会地位，同时根据当时的情景来拉大或缩小与受话人的社会距离❶。但不难看出，虽然这些维吾尔族大学生与汉族人接触的机会更多，汉语言环境更优越，他们使用汉语的机会更多，但他们对汉语的态度仍然比较保守。

七、结论

本文以新疆师范大学维吾尔族为例，通过问卷调查了在乌鲁木齐高校就读的维吾尔族大学生对母语、汉语的态度以及在交际情景中的语言选择和语码转换态度。主要结果分析如下：

第一、在乌鲁木齐高校就读的维吾尔族大学生作为一个特殊群体保留了其民族的共同心理特征，虽然学习生活在汉族人口数量占多数的乌鲁木齐市，由于远离父母，他们对自己所属的群体就更加有依附感，表现出的是一种更为强烈的民族意识，对本民族的语言和文化有意识和努力维护。对本民族语言和文化高度认同，体现在对本民族语言很深的感情，努力传承和维护自己的母语，对汉语有很强的疏离感，对汉语言的认同程度低。

第二、他们在对待汉语的态度上处于非常矛盾的状态中。一方面他们想保持母语的纯洁性，对汉语有明显的疏离感；另一方面，他们对汉语的态度理性因素大于情感因素，对汉语对其民族的发展进步，对促进他们个人学业及未来事业日益突出的作用有比较理性的判断。

第三、在乌鲁木齐高校就读的维吾尔族大学生在家庭中主要使用维吾尔语，很少使用汉语，在家庭以外的交往中依然主要使用维吾尔语，但使用汉语的人数比在家里说汉语的人数多。在家庭以外与在家中兼用母语和汉语的人数基本一样。虽然他们在乌鲁木齐学习和生活，学习汉语言环境更优越，但与其他研究者对整个维吾尔族群体的研究结果相比，他们对汉语持更加谨慎保守的

❶ 曹湘洪、王丽:《多元文化背景下的语言选择——以乌鲁木齐市城市居民为例》,载《云南师范大学学报》, 2009 年第 6 期, 第 20 页。

态度。

### 六、建议及对策

从以上结论可以看出，维吾尔族大学生的语言态度具有该民族群体的普遍性，但作为少数民族群体的特殊群体，他们的语言态度又具有其特殊性。本研究希望通过对新疆维吾尔族大学生的语言选择和语码转换态度的调查为新疆的语言规划和双语教育政策的制定提供一些参考。此外，这些大学生的语言态度也可以折射出他们的民族文化观念，有助于我们比较客观地认识和了解新时期新疆的民族多元一体的交流与融合，消除不同民族语言与文化的冲突，实现各民族之间融洽的交流，促进各民族经济文化发展，维护边疆地区社会稳定，实现各民族共同繁荣。以下，本文将对双语教学以及高校加强维吾尔族大学生的语言认同两个方面提出一些建议与对策。

1. 采用贴近民族学生的教学方式

语言相对论认为："说话人的本族语言通过其语法范畴和语义类别决定一个人的思维方式或世界观。"❶因此，双语教育实质上是一种跨文化教育，不同文化之间的交流具有互补性和排他性。所以，互相尊重、平等相待，这一原则便成为跨文化教育的众多原则中最首当其冲、最为基础的，并且也是最为重要的一条原则。

20 世纪 90 年代以后，随着新疆民族教育改革的深化，双语教学也在向纵深发展，正进入双语教育试点阶段，全疆各地有 50 多个民族中学双语试点班。教学分为两个阶段：小学为第一阶段，以本民族语教学为主，各课程基本上用民文民语教授，同时强化汉语教学，让学生基本上掌握汉语。第二阶段为双语巩固提高阶段，文理科分别用民族语文和汉语文教学。与此同时，强化汉语教学，要求学生高中毕业时达到民汉兼通，可以直接参加汉语高考，上大学用汉语组织教学活动。由此可见，中小学教育阶段，母语教育是本民族传统语文教育的主要方式以培养其理解和思维能力。他们生活于母语之中，受制于母语，通过母语来洞悉世界，形成比较稳固的思维方式和世界观，对自己的母语有着深

---

❶ 张公瑾、丁石庆：《文化语言学教程》，教育科学出版社 2004 年版，第 258 页。

厚的情感，而对所学的第二语言——汉语仅仅是一种理性的认知态度。这种认知态度成为学习汉语的动机，其动力是不够的。因此，我们要在教学方法上下工夫。教学既要重视各民族文化差异，如教学内容要适合维吾尔民族学生性格，尽量满足他们的实际需要，通过灵活多变的教学方法与学生的思维方式相吻合，另外还应考虑民族感情，利用维吾尔族学生易兴奋、好激动的特点，寻找各民族悠久历史和灿烂文化中的"激励"之源，引出学生愉快的学习情绪和积极的思维活动。组织学生进行社会实践活动也是行之有效的手段。让学生利用假期或实习活动，回到自己熟悉的民族文化环境中去，这对于增强学生学习的主动性，减少盲目性，培养民族责任感和使命感是大有裨益的。

2. 以文化体验的方式增加中华文化的教学内容

传统教学只是培养"纯语言能力"，即具备"造出一些意义正确合乎语法规则的句子的技能"。然而，大量事实证明，仅有这种能力还远不足以保证人们在实际情况中进行有效的交际。因为脱离社会文化环境造出的句子，即使语法和语义都正确，但在实际应用中，由于不合乎社会运用规则而被摒弃。语言是文化的重要组成部分，是文化的凝聚体，承载着包括风俗习惯、伦理、道德、价值观等丰富的中华文化。在汉语言的教学过程中，体验性的文化学习应该贯穿于整个学习过程，使学生真正学到适合于社会交往的语言交际能力，增加课堂学习的有效价值，提高学生学习兴趣。学习者在体验性中华文化学习的过程中构建文化行为规则，获得文化信息，形成文化理解意识、个人反应，最终形成个人文化能力。因此，在不同学习阶段，教师应该选择和构建不同的文化学习内容。例如，中华文化学习内容可以让学生分阶段进行对话、扮演角色、表演体验，然后发展到真实材料、体验、个人记录，进而再发展到文化分析、研究性实践活动、实地体验、反思、聚焦交谈和写作等。在不同的教学阶段，教师也需要扮演不同的角色。例如，与文化学习内容相对应，教师可以是某一阶段的示范者和教练，也可以是资料的来源、信息资源的提供者、判断者和启发者，进而是引导者、合作研究者、倾听者和目击者等。通过这种方式的学习，有助于帮助加深少数民族学生对中国文化本质特征的了解，让他们理解祖国五千年的悠久而灿烂的中华文化是各民族兄弟姐妹在长期的历史交融中共同缔造的，强化中华民族整体意识，并始终把中华民族的共同利益摆在首位。

3.高校要采取措施加强对维吾尔族大学生文化适应与民族认同的教育引导工作，以此来消除他们对汉语言认同的障碍

语言认同作为一种语言观念形态，是一种文化心理的趋同现象，其形成是语言自身和其他诸多社会因素综合作用的结果。其中，如何较好地实现对主流文化的适应，同时又能保持对本民族传统文化及强化对本民族的认同，是少数民族大学生进入大学后面临的严峻考验，也决定着他们对汉语的评价与认同程度。因此，民族高等院校应有针对性地采取措施，引导少数民族大学生正确处理好文化适应与民族认同二者之间的关系。首先，要通过新生入学教育和开展职业生涯规划讲座等形式，培养学生学习和生活的独立性，帮助他们在新的环境中确定新的奋斗目标。其次，要引导学生积极参加学校的相关活动，提高人际交往的能力，建立良好的人际关系。再次，要充分发挥学校心理咨询机构的作用，及时对学生进行心理疏导和心理调适，缓解因文化适应而带来的各种心理压力。最后，要加强学生对本民族文化的了解，正确认识不同民族间的文化差异，树立起对本民族文化的自信心，并能以宽容的态度对待与接受其他民族文化，从而提高他们对以汉文化为主的主流文化的适应能力。总之，通过高校的教育引导，要"教育培养具有民族自信心和民族精神的人，为形成普遍的国家认同和民族认同，促进社会的稳定和国家的统一添砖加瓦"。

## 第四节　维吾尔族大学生的汉语言使用调查

### 一、问题的提出

中共十七大报告首次提出"建设中华民族共有精神家园"的伟大目标，即达到中华民族认同。中华民族共有精神家园是整个中华民族可以共同依托、愿意共同传承、乐于共同发扬的文化精神、价值观念和情感态度的总和。建设中华民族共有精神家园就是要构建一种全体国民共享的认同文化，这种文化有利于全体国民对中华民族和中华文明的认同，有利于中华民族凝聚力的提升，有

利于多民族国家的统一和稳定。

新疆是一个多民族地区，自古以来就是祖国不可分割的一部分，在与中华各民族长期交流融合中，各民族群众唇齿相依，和睦相处，逐步形成比较典型的多元文化和多种语言的社会，共同维系着新疆的统一和安宁。在多元文化的背景之下，每一社会成员，尤其是处于弱势文化语境下的少数民族成员，时刻面临着一种文化的调整和选择。语言是文化的一部分，它也是文化的载体，同时也塑造了文化，丰富了文化的内涵。"当语言成为重现或追溯民族文化最直接的方式时，它就不再单单是一种交际的工具，而变成了文化的象征，具有了文化身份，使用一种语言，就是选择了一种文化，并以这种文化身份存在。"❶研究语言使用的发展变化就是研究最真实的社会发展状况，是观察社会变化、把握社会脉象的一个重要的途径和发面，它也必然与该语言相联系的文化价值系统密切相关。

不能否认，在中国汉语是承载信息最丰富、社会功能最强大的一种语言，少数民族大学生作为本民族的精英群体，在他们接受学校双语言和双文化的教育过程中，成为两种文化碰撞最激烈的一个受体。当他们从自己熟悉的母体文化进入以汉文化为主流的高校文化后就必须面对语言沟通不顺畅和跨文化适应的考验。对这个群体语言使用和文化适应的研究，有利于各民族之间的跨文化交际，有利于提高语言教学的效果，同时对建设和谐稳定的新疆、"建设中华民族共有精神家园"都具有现实意义。

## 二、研究方法

### （一）研究对象

本研究的调查对象为生源地为南疆的新疆师范大学民考民维吾尔族大学生，其班级专业分别为经济 2007—7 班、思想政治 2008—3 班、思想政治 2009—3 班、化学 2008—5 班、化学 2009—2 班以及法学 2009—3 班。

---

❶ 黄亚平、刘晓宁：《语言的认同性与文化心理》，载《中国海洋大学学院学报》，2008年第 6 期，第 79 页。

（二）问卷设计和发放

本研究旨在调查新疆师范大学南疆民考民维吾尔族大学生母语和汉语的使用现状。主要采用问卷调查法，学生以无记名方式填写问卷。调查问卷分学生基本情况和调查内容两部分。学生的基本情况包括：性别、民族、生源地、HSK 成绩与等级等信息。问卷中的问题是基于丁石庆在 2009 年关于莫旗达斡尔族语言使用现状的问卷，并对其题目进行修改而成。调查内容为语言使用现状调查，共计 17 题，包括 3 部分内容：个人语言使用情况（共 4 题）；社区语言使用情况（共 7 题）；家庭语言使用情况（共 7 题）。问题选项既有单选也有多选。本次问卷调查时间为 2011 年 5 月中旬。发放问卷总数为 226 份，收回问卷 215 份，其中有效问卷 203 份，回收率为 94%，符合统计要求。数据统计工具为 "Excel" 软件系统。

## 三、结果与讨论

（一）社区语言使用情况

1. 非正式场合语言使用情况

表 1　乌鲁木齐市各高校维吾尔族大学生非正式场合语言使用情况（n=203）人

| 问题 | 语言使用情况%（人数） | | |
|---|---|---|---|
| 1跟本民族朋友私下聊天时通常使用的语言 | 维吾尔语 | 汉语 | 以维吾尔语为主，夹杂汉语 |
| | 63.5%（129） | 4.9%（10） | 31.5%（64） |
| 2在街道、公共汽车上、市场、医院、餐馆等场合与本民族陌生人交谈时通常使用的语言 | 维吾尔语 | 汉语 | 以维吾尔语为主，夹杂汉语 |
| | 61.6%（125） | 15.3%（31） | 23.2%（47） |

如表 1 所示，在非正式场合、环境较为轻松的环境里，有 63.5%的被调查者用维吾尔语同本民族朋友聊天，以维吾尔语为主，夹杂汉语的人数占 31.5%，只有 4.9%的被试使用汉语同朋友聊天。在街道、公共汽车上、市场、医院、餐馆等场合与本民族陌生人交谈时 61.6%的被调查者通常使用维吾尔语，15.3%的被调查者使用汉语，以维吾尔语为主，夹杂汉语的人数占 15.3%。

以上数据表明，被调查对象在非正式场合与本民族朋友或陌生人交流时很少说汉语，仅占总人数的 4.9%和 15.3%，而仅使用维吾尔语的人数占 63.5%和 61.6%，以维吾尔语为主，夹杂汉语的占 31.5%和 23.2%。导致这一现象的原因有以下几方面。一方面，在南疆，维吾尔族人口众多，汉族人口所占比例不到 1/10。由于特殊的地域特点、语言文化和周边环境，南疆地区青少年在教学语言的选择、对外交流、课外活动等不同场景中更喜欢使用本民族的语言，否则他们就会担心不被本民族认同[1]。另一方面，在当今中国，汉语作为国家行政管理、科技信息传播和社会信息传播的工具，发挥着其作为民族语、族际语、区域语和国际语的社会功能[2]。汉语的这些社会功能和当今的时代背景使维吾尔族大学生对汉语的社会地位和社会功能的认同产生理性的认识。维吾尔族学生越来越认识到自己民族的生存与发展以及个人的发展都离不开汉语这一媒介。

2. 较正式场合语言使用情况

表 2　乌鲁木齐市各高校维吾尔族大学生较正式场合语言使用情况（n=203）人

| 问题 | 语言使用情况%（人数） | | |
|---|---|---|---|
| 1在会议、宴会、课堂等场合与本民族同学或朋友说话时通常使用的语言 | 维吾尔语 | 汉语 | 以维吾尔语为主，夹杂汉语 |
| | 51.2%（104） | 10.8%（22） | 37.9%（77） |
| 2在会议、宴会、课堂等场合与本民族陌生人说话时通常使用的语言 | 维吾尔语 | 汉语 | 以维吾尔语为主，夹杂汉语 |
| | 64.5%（131） | 15.8%（32） | 19.7%（40） |

从表 2 可以看出，被调查者在会议、宴会、课堂等场合与本民族同学或朋友说话时选择维吾尔语的占 51.2%，选择汉语的占 10.8%，以维吾尔语为主，夹

---

[1] 王嘉毅、常宝宁、丁克贤：《新疆南疆维吾尔族青少年国家认同调查》，载《新疆社会科学》，2008 年第 4 期，第 40 页。

[2] 王洋：《新疆乌鲁木齐和吐鲁番地区维吾尔族语言态度探析》，载《新疆大学大学学报（哲学人文社会科学版）》，2007 年第 3 期，第 143 页。

杂汉语的占37.9%。

在会议、宴会、课堂等场合与本民族陌生人说话时，64.5%的被调查者选择维吾尔语，选择汉语的占15.8%，以维吾尔语为主，夹杂汉语的占19.7%。

以上数据显示，被调查者在会议、宴会、课堂等正式场合同本民族陌生人说话要比同本民族同学和朋友时使用维吾尔语的人数有显著提高（64.5% > 51.2%），而且夹杂汉语的人数也明显减少（19.7% < 37.9%）。这种情况反映出被调查者在与本民族陌生人交往时使用本民族语言以期获得对方对自己民族身份的认同，体现出自己与陌生人民族身份的一致性，从而拉近彼此之间的距离，更好地实现沟通的目的。

3. 工作学习场合语言使用情况

表3　乌鲁木齐市各高校维吾尔族大学生工作学习场合语言使用情况（n=203）人

| 问题 | 语言使用情况%（人数） | | |
|---|---|---|---|
| 3上小学、中学在学校与本民族老师说话时通常使用的语言 | 维吾尔语 | 汉语 | 以维吾尔语为主，夹杂汉语 |
| | 64%（130） | 10.8（22） | 25.1%（51） |
| 4上小学、中学时与本民族同学说话通常使用的语言 | 维吾尔语 | 汉语 | 以维吾尔语为主，夹杂汉语 |
| | 90.1%（183） | 1.5%（3） | 8.4%（17） |
| 5在现在就读的高校与本民族同学说话时通常使用的语言 | 维吾尔语 | 汉语 | 以维吾尔语为主，夹杂汉语 |
| | 59.6%（121） | 3%（6） | 37.4%（76） |

表3显示，上小学、中学时有90.1%的被调查者与本民族同学说话通常使用维吾尔语，使用汉语的占1.5%，以维吾尔语为主，夹杂汉语的占8.4%。64%的被试上小学、中学在学校与本民族老师说话时通常使用维吾尔语，使用汉语的占10.8%，以维吾尔语为主，夹杂汉语的占25.1%。在现在就读的高校与本民族同学说话时被调查者通常使用维吾尔语的占59.6%，使用汉语的占3%，以维吾尔语为主，夹杂汉语的占37.4%。

这里挑选几个明显的数字来说明这些数字背后所隐藏的客观事实：90.1%、64%、37.4%、90.1%告诉我们：尽管新疆个少数民族小学和中学实行双语教育已有几十年了，但在以维吾尔族为主的少数民族聚居区内，维吾尔语作为该地区的民族通用语在学习、工作及生活的方方面面发挥着主导地位，这导致了被试上小学、中学时与本民族同学说话通常使用的语言是维吾尔语。64%这个数字说明了一个很有意思的问题：一些地方的教育管理部门和学校领导由于对双语教育政策的片面理解严禁老师在课堂上使用母语，认为双语教育就是要强化汉语，必须采用强制手段让教师完全使用汉语授课，才能达到双语教育的目标❶。在这种压力之下，学生也无形中受到影响，认为自己在学习与老师多说汉语就会得到老师的表扬、鼓励和赞许，而与自己的同学及朋友在一起时使用维吾尔语就不需要有什么顾虑。透过37.4%这个数字可以反映出被试对待母语和汉语时的矛盾心理。他们来自南疆偏远地区，一方面他们想保持母语的纯洁性，对汉语有明显的疏离感；另一方面，他们对汉语的态度理性因素大于情感因素，对汉语对其民族的发展进步，对促进他们个人学业及未来事业日益突出的作用有比较理性的判断。所以他们在语言的选择上表现出这样的倾向：与本民族同学说话时通常使用的语言还是以母语为主，很少使用汉语，但为了在自己的同龄人面前显示出自己接受的教育程度和融入主流文化的能力，说母语的时候会有意识或无意识地加入汉语单词、词组和句子。

（二）家庭语言使用情况

1. 被调查者与家庭成员之间的交际用语情况

表4 乌鲁木齐市各高校维吾尔族大学生家庭语言使用情况（n=203）人

| 问题 | 语言使用情况%（人数） | | |
|---|---|---|---|
| 1 与长辈（如祖父母、父母等）说话时通常使用的语言 | 维吾尔语 | 汉语 | 以维吾尔语为主，夹杂汉语 |
| | 88.7%（180） | 0%（0） | 10.9%（23） |
| 2 与同辈（如兄弟姐妹）说话时通常使用的语言 | 维吾尔语 | 汉语以维吾尔语为主，夹杂汉语 | |

❶ 张梅：《新疆少数民族双语教育模式及其语言使用问题》，载《民族教育研究》，2009年第4期，第99页。

| 问题 | 语言使用情况%（人数） | | |
|------|------|------|------|
| 3与小辈（如孩子）说话时通常使用的语言 | 73.9%（150） | 0.5%（1） | 25.6%（52） |
| | 维吾尔语 | 汉语以维吾尔语为主，夹杂汉语 | |
| | 82.3%（167） | 1.5%（3） | 16.3%（33） |

如表 4 所示，被调查者与长辈（如祖父母、父母等）说话时使用维吾尔语的占 88.7%，以维吾尔语为主，夹杂汉语的占 10.9%，而没有一个受试选择汉语（0%）。他们与同辈（如兄弟姐妹）说话时使用维吾尔语的占 73.9%，以维吾尔语为主，夹杂汉语的占 25.6%,使用汉语的也只占 0.5%。与小辈（如孩子）说话时通常使用维吾尔语的被调查者占 82.3%，以维吾尔语为主，夹杂汉语的占 16.3%，使用汉语的占 1.5%。

以上数据表明，被试在家庭中主要使用维吾尔语，很少使用汉语。有部分被试在家中交替使用母语和汉语。任何一个文化集团的成员，虽然能掌握另外一个文化集团所使用的语言，但在一般情况下，他总认为只有使用他的母语才能表达其感情❶，尤其是在家庭这样一个保持和传承母语的重要领域，用本民族语可以显示亲密的关系、融洽的气氛，而且可以增强民族凝聚力。

2. 平时消遣娱乐的语言选择情况

表 5　乌鲁木齐市各高校维吾尔族大学生平时消遣娱乐的语言使用情况（n=203）人

| 问题 | 语言使用情况%（人数） | | |
|------|------|------|------|
| 1看的最多的书 | 汉文 | 维吾尔文 | 其他语言 |
| | 55.2%（112） | 43.8%（89） | 1%（2） |
| 2上网浏览最多的网页 | 汉文 | 维吾尔文 | 其他语言 |
| | 65%（132） | 34.5（70） | 0.5%（1） |
| 3观看最多的影视片 | 汉文 | 维吾尔文 | 其他语言 |
| | 52.2%（106） | 38.9%（79） | 8.9%（18） |
| 4最爱听的歌曲 | 汉文 | 维吾尔文 | 其他语言 |
| | 5.4%（11） | 87.2%（177） | 7.4%（15） |

---

❶ 攀建华、金志成：《语码转化的文化及心理因素探析》，载《东北师大学报》，2006 年第 4 期。

表 5 显示了被调查者平时消遣娱乐的语言选择情况。55.2%的被试平时看的最多的书是汉文书,看维吾尔文的占 43.8%,看其他语言书的占 1%。他们当中上网浏览最多的网页是汉文的占 65%,是维吾尔文的占 34.5%,其他语言的占 0.5%。有 52.2%的被调查者观看最多的影视片是汉文的,看维吾尔语影视片的占 38.9%,其他语言的占 8.9%。最爱听维吾尔语歌曲的被试占 87.2%,听汉语歌曲的占 5.4%,听其他语言歌曲的占 7.4%。

从实用性的角度来看,少数民族学生学习掌握汉语,可以从汉语承载的巨大信息量中获得立足现代社会所必需的科学文化知识,无论对其个人的发展,还是对新疆各项事业的发展都是极为重要的。包括方言区的汉族人,如果不学好规范的汉语普通话,也会给其个人的发展带来一定程度的影响。与汉语相比,新疆各少数民族的母语无论在区域范围内的使用功能多么强大,都无法掩盖其在各方面使用的局限性。❶汉语的这种巨大的信息承载功能可以通过书籍、影视或网络等媒介来表现出来。我们可以得出一个结论:被试对汉语有明显的疏离感;对汉语的认同主要表现为一种实用功利的语言态度;被试在学习、使用汉语的保守性倾向也比较明显。维吾尔族大学生越来越认识到自己民族的生存与发展以及个人的发展都离不开汉语这一媒介。但同时他们又担心母语的纯洁性受到破坏,更为谨慎地保护自己的母语,希望能用母语传承民族意识,增强民族情感。

从以上数据还反映出一个有趣的现象:有 87.2%的被调查者选择他们最爱听的歌曲是维吾尔文歌曲。新疆历史上就位于"丝绸之路"的要冲,它是三大宗教、三大文化、三大语系交融之地,得天独厚的人文地理条件使得新疆成为歌舞之乡,维吾尔族也以能歌善舞而著称。他们自幼就深受本民族音乐的熏陶,民族音乐作为民族情感的重要载体已深深地植入他们内心的深处,无法割舍。维吾尔族民族音乐可以增强民族情感,带给其成员亲切感和归属感,尤其当维吾尔族大学生离开家乡来到一个以汉文化为主的地区后会在一定程度上

---

❶ 张梅:《新疆少数民族双语教育模式及其语言使用问题》,载《民族教育研究》,2009年第 4 期,第 99 页。

不适应,思乡心切,他们可以从维吾尔族音乐里获得某种心灵的抚慰和安全感。

### 四、建议和措施

从以上各组数据我们可以看出,生源地为南疆的民考民少数民族大学生总体表现为对汉语的认知程度明显偏低,学习、使用汉语的保守性倾向比较重。他们大多数都要远离家乡,这种生活上的过渡,会使部分维吾尔族大学生产生极大的不适应;另一方面,维吾尔族大学生上大学后和汉族接触的范围进一步扩大,他们在学业和择业等很多方面更多地面临着与汉族学生的竞争,由于极强的独立性和认识上的片面性,往往会使他们把这种不利看作是由于自己的民族身份造成的,因此,就表现出较强的民族意识排他性、消极的汉语言认同甚至是消极的国家认同。要解决语言使用和认识上的一些问题只靠语言教学或行政命令强制语言使用者去改变其对某种语言的认识以及使用是不能解决问题的,还必须借助其他手段从思想教育、政策引导、心理辅导、学习生活帮助以及国家认同感的培养等方面多管齐下,才有可能较好地解决汉语言学习和认同的问题。

1. 建立专门的机构负责宣讲国家的民族政策、语言政策,增强少数民族大学生对国家政策的认同

新疆各高校可以根据本校的特点,建立专门的机构,采取讲座、知识竞赛、辩论赛、参观等多种多样的方式,加强少数民族大学生对国家民族和语言政策的理解和认同,积极构建富有民族特色的思想政治教育新体系,探索出一条符合地区发展实际的思想政治教育新模式,力争培养出了一批批政治合格、思想过硬、业务优良的社会主义事业建设者和接班人。

2. 积极组织少数民族大学生进行专业实践和社会实践活动,使他们充分认识到汉语作为国家通用语在社会生活中所发挥的主导作用,从而增强学习汉语的需求和认同

维吾尔族学生大多生活在比较封闭和维吾尔语起主导作用的环境中,传统农业社会的小农经济严重影响着他们的思想,让他们了解国内其他地区的经济社会生活状况,有助于引导他们对社会发展的全面认知,有助于帮助他们树立

正确的国家观、民族观、宗教观、历史观和文化观，提高学习汉语的水平和学习科学文化的意识。

3. 推进人文关爱，帮助解决少数民族大学生的实际困难，有利于加强中华民族的向心力

维吾尔族大学生多来自南疆贫困地区，生活环境的改变会给他们的生活带来诸多困难，在强化正面教育工作的同时，高校还应该特别注意帮助广大学生解决好涉及切实利益的问题，注重帮助解决学生学习、生活、就业等实际问题，通过人文关爱拉近他们与学校以及整个社会的心理距离，为文化适应和认同打下坚实的基础。

4. 高校应重塑校园文化，增强维吾尔族学生对中华民族文化的认同

大学校园文化是大学的精神和灵魂，对大学生的思想观念、价值取向和行为方式有着潜移默化的影响，具有重要的育人功能。开展特色校园文化，精心设计、组织关于民族团结方面的校园文化活动，挖掘校园文化活动的"民族特色"，以"民族团结、和谐共融"为出发点开展各种学术、科技、艺术、体育等大型校园文化活动，增进各民族师生之间互动和沟通，使各民族的文化相互交融、相互影响，让少数民族大学生真正体验到民族大家庭的温暖，增强对"多元一体"祖国的认同和光辉灿烂中华文化的认同。

## 第五节　维吾尔族大学生民族文化认同现状调查与研究

### 一、问题的提出

文化认同是文化适应的一个表象，是指个体或群体对于某种文化予以认可并产生归属感的社会心理过程。在个人层面上，文化认同影响着个人的社会身份认同和自我认同，在社会层面上，文化认同包括民族认同，它以民族文化为凝聚力，整合和辨识着多元文化中的各个民族，使之成为一种文化群体。在多民族国家中，由于少数民族是相对弱势的民族，因而其文化也就成了主流文化

背景下的一种弱势文化。[1]受文化变迁和社会发展的影响，少数民族大都面临文化融合和文化认同的共同问题。

新疆维吾尔自治区拥有维吾尔、汉等 13 个世居民族，现有民族成分更是达到 56 个，少数民族人口占 60%以上，周边又与 8 个国家接壤。就是在这样一个地缘格局复杂的边疆地区，在我国多民族国家的多元文化背景下，这里的维吾尔族居民特别是大学生群体(民考民)在自身民族认同上出现分化倾向：一部分少数民族大学生努力使自己融入社会的主流文化；另一部分少数民族大学生成为介于其母体文化与主流文化之间的"边缘人"；还有一部分大学生不愿意与其他民族及文化接触，只注重维护本民族的文化特色和文化认同。

作为群体水平上的一种认同取向，维吾尔族大学生的民族认同感应当与我们党和政府现阶段提倡的"四个高度认同"(对伟大祖国的认同、对中华民族的认同、对中华民族文化的认同、对中国特色社会主义道路的认同)相一致。中共十七大报告也提出了"建设中华民族共有精神家园"的伟大目标，即达到中华民族认同，构建一种全体国民共享的认同文化。这里需要强调的是，这一文化是 56 个民族共同的价值理念和价值追求，具有多元一体的特征；这一文化是以汉族文化为主流，融合了各少数民族文化，并不是纯粹的汉族文化。

维吾尔族大学生作为少数民族的精英，在进入大学后较多地体验到了本民族文化与主流文化之间的差异。因此，研究这一群体在文化适应与文化认同上的反应对于新疆现代文化的构建至关重要。目前，国内对于维吾尔族大学生(民考民)群体文化认同的研究，多是一些理论上的论述，很少有人对其文化认同状况做实地的考察和量化的分析，本文试图在这方面进行初步的尝试。

## 二、研究方法

### (一)研究对象

本研究是以 75 名新疆师范大学民考民维吾尔族大学生为调查对象，生源地均为南疆。其中约 67%的被试来自维吾尔族聚居的农、牧区，其班级、专业

---

[1] 万明刚:《少数民族学生心理发展与教育研究》,甘肃教育出版社 2002 年版,第 144 页。

分别为经济 2007—7 班、化学 2008—5 班、化学 2009—2 班。

（二）问卷设计和发放

本研究旨在调查新疆师范大学南疆民考民维吾尔族大学生文化认同现状，包括对维吾尔族文化和以汉文化为主体的中华文化的认同。主要采用问卷调查法，学生以无记名方式填写问卷。调查问卷分学生基本情况和调查内容两部分。学生的基本情况包括：性别、民族、生源地、年级以及父母亲文化程度等信息。问卷中的问题是基于万明钢等（2002）有关藏族大学生民族与文化认同现状的问卷，并对其题目进行修改而成。调查内容为语言认同现状调查，共计 11 题；身份认同共计 5 题；宗教认同共 6 题；风俗习惯认同情况共 7 题。问题选项为单选或多选。本次问卷调查时间为 2011 年 4 月中旬。发放问卷总数为 89 份，收回问卷 76 份，其中有效问卷 75 份，占 99%，符合统计要求。数据统计工具为"Excel"软件。

三、结果与讨论

（一）语言认同

语言认同本质上是一种语言态度，它是一种文化心理的趋同现象，它与文化心理的认同程度成正向关系——语言身份的相似度越高，文化心理的认同度也就愈高。这种共同的语言身份特征，将相同文化背景的族群链接在一起，使他们即使处在异地他乡也能得到社会的归属感和心理的慰藉[1]。有关语言认同的调查主要围绕被试在家庭、学校以及其他公共场合语言使用的情况及其对语言使用的态度展开。语言认同共包括 11 个题目，为多选题。初步的统计结果见表 1。

---

[1] 黄亚平、刘晓宁：《语言的认同性与文化心理》，载《中国海洋大学学院学报》，2008年第 6 期，第 79 页。

表 1  乌鲁木齐市各高校南疆民考民维吾尔族大学生的语言态度（n=75）人

| 问题 | 态度反应%（人数） | | | | |
|---|---|---|---|---|---|
| 1.你保持和使用母语的原因是 | 使用方便 | 从小习得 | 有很深的感情 | 其它 | |
| | 70.8%（53） | 74.2%（56） | 87.6%（66） | 11.2%（8） | |
| 2.你觉得学汉语 | 非常重要 | 比较重要 | 一般 | 不太重要 | 不重要 |
| | 67.4%（51） | 15.7%（12） | 13.5%（10） | 0%（0） | 2.2%（2） |
| 3.你喜不喜欢说汉语 | 非常喜欢 | 比较喜欢 | 一般 | 不太喜欢 | 不喜欢 |
| | 13.5%（10） | 20.2%（15） | 52.8%（40） | 9%（7） | 4.5%（3） |
| 4.你有强烈的愿望学习汉语，把汉语学好 | 非常同意 | 比较同意 | 无所谓 | 比较不同意 | 非常不同意 |
| | 40.4%（30） | 34.8%（26） | 18%（13） | 5.6%（4） | 1.1%（8） 5. |
| 5.假如你有孩子，你希望他/她接受哪种语言的学校教育 | 汉语 | 本民族语言 | 民汉双语 | 从小学到大学各有不同 | |
| | 4.5%（3） | 48.3%（36） | 34.8%（26） | 12.4%（9） | |
| 6.你是否希望父母在家中说汉语 | 希望/支持 | 无所谓 | 反对 | | |
| | 9%（7） | 29.2%（22） | 61.8%（46） | | |
| 7.如果你的本民族同学不会讲汉语，你会认为 | 很不应该 | 无所谓 | 很自然 | | |
| | 36%（27） | 19.1%（14） | 44.9%（34） | | |
| 8.在家庭交往中你最愿意使用的语言是 | 维语 | 汉语 | 两种语言都用 | | |
| | 65.2%（49） | 4.5%（3） | 30.3（23） | | |
| 9.在家庭以外的交往中你最愿意使用的语言是 | 维语 | 汉语 | 两种语言都用 | | |
| | 57.3 | （43） | 13.5%（10） | 29.2%（22） | |
| 10.你与本民族的同学聊天时，你用母语而对方用汉语，你会觉得 | 不舒服 | 很自然 | 无所谓 | | |
| | 78.7%（59） | 9%（7） | 12.4%（9） | | |
| 11.如果有人跟你谈话时在维语里夹进汉语单词、词组和句子，你认为 | 非常聪明 | 炫耀 | 语言技巧很差 | 正常 | |
| | 0.0%（0） | 23.6%（18） | 42.7%（32） | 33.7%（25） | |

从表 1 可以看出，65.2%的被试在家庭交往中最爱使用的语言是维语，而使用汉语的只占 4.5%。有 57.3%的被试在家庭以外的交往中最爱使用的语言是维语，使用汉语的占 13.5%。78.7%的被试感觉与本民族的同学聊天时，自己用母语而对方用汉语不舒服。有 42.7%的被调查者认为如果有人谈话时在维语里夹进汉语单词、词组和句子，他的语言技巧很差。还有 23.6%的被试认为这样做是为了炫耀。61.8%的被调查者不希望父母在家中说汉语。仅有 33.7%的被调查者表示喜欢汉语。本研究中的被试来自南疆偏远地区。一方面他们受教育程度越高，对本民族的利益与发展关注程度高，其民族自觉性也更高，对自己的母语感情也越深，担心母语的纯洁性受到破坏，认为家庭是母语的最后一块领地；另一方面，他们与汉语的接触机会少，对汉语的认知程度明显偏低，对汉语有明显的疏离感；学习、使用汉语存在保守性倾向。

同时 83.1%的被试认为学汉语重要，75.2%的被调查者希望把汉语学好。这说明这些维吾尔族大学生与汉族人接触的机会更多，汉语言环境更优越，越来越认识到自己民族的生存与发展以及个人的发展都离不开汉语这一媒介，对汉语的认同主要表现为一种实用功利的语言态度。

语言认同作为一种语言观念形态，其形成是语言自身和其他诸多社会因素综合作用的结果。这些因素包括民族的历史、地理分布、文化特征的不同以及其他各种社会、心理因素的影响以及语言本身的结构特点等等。王莉等对影响以新时期新疆维吾尔族聚居区的语言认同现象的原因做了比较透彻的梳理。 ●
主要有：

1. 维吾尔族对母语的忠诚客观影响着对汉语的认识和评价
语言是民族的特征之一。一种民族语言，不仅仅是这个民族的交际工具，同时也是民族认同性的符号，是民族成员资格和一致性的标记。因此，语言感情是一种民族的自我意识，实质上是对民族的感情。维吾尔族历史悠久，文化积累较为深厚，在长期的历史发展演变过程中，创造了许多影响深远的文化成

---

● 王莉、崔凤霞：《我国少数民族聚居区内的汉语言认同问题研究——以新疆维吾尔族聚居区为例》，载《甘肃社会科学》，2009 年第 5 版。

就，这些文化成就，即便是在今天的社会生活中，也执行着强大的社会功能，在许多方面满足着现实生活需要，因而被很好地传承着，而语言作为文化的载体和符号，当然也包括其中。在调查中，我们能够深切地体会到聚居区内维吾尔族对维吾尔文化的自豪和对维吾尔语的忠诚和热爱。维吾尔族对母语的这种深厚的感情，是民族意识和民族心理的一种具体表现，是作为第二语言的汉语一时难以替代的，这客观上弱化了对汉语言的认同。

2. 相对封闭的绿洲环境和自给自足的经济活动方式影响汉语使用需求

在新疆，维吾尔族聚居区地处边疆偏远地区，并且主要分布在天山山脉南麓、昆仑山北麓和塔克拉玛干沙漠南北边缘大大小小的绿洲之上，这些绿洲较为分散，相互之间往往有沙漠、戈壁阻隔，并且大都远离城市，交通非常不便，处于一种较为封闭的状态，与外界来往少，沟通交流也不多，语言主要用于族内交际，因而没有感到语言使用功能上的欠缺；同时，聚居区内的维吾尔族既从事家庭畜牧业生产，也从事农业和家庭手工业生产，交往面大多限于周边乡村，信息的需求少，生产、生活的自给自足程度较高，除少数商贸活动者外，基本上不需要与外界发生太多的接触，语言接触的机会少，掌握、使用汉语的需求相对较弱。

3. 宗教崇敬心理和社会文化观念对汉语言认同具有一定的消极影响

宗教传播无不以语言为工具，而语言在为宗教服务的过程中，其本身的价值不可避免地会受到影响，一般来说，信教人对宗教活动中使用的语言，都有一种尊敬的心理，不愿意做出有损于这种语言的事，更不愿轻易放弃它，在维吾尔族聚居区，伊斯兰教是大部分维吾尔族群众信仰的宗教，宗教的典籍、宗教文献绝大部分都是用维吾尔文撰写的，传教人所用的语言也是维吾尔语而非汉语，对宗教语言的崇敬往往关涉到对宗教的虔诚，聚居区内维吾尔族对维吾尔语的崇敬心理，一定程度上影响着对汉语言的认同。另外，伊斯兰教本身的唯一性，是维吾尔族深层次社会文化心理固守型的成因，受伊斯兰教以及传统观念、社会习俗等影响，在维吾尔族社会中，婚配限制、家庭伦理、习俗遵守、礼仪等生活方式的规范较为严密，社会文化观念有一定的保守性特征，语言观念的开放性不高，也对汉语的认同产生着消极的影响。

4. 汉语言使用环境的缺失制约着对汉语的认知和语用心理

在聚居区内，维吾尔族占绝对多数，远远超过汉族人口，且居住集中，分布也很均匀，维吾尔语是聚居区内处于绝对优势地位的交际语，广大纯民族乡村的少数民族基本听不懂汉语，更不会说汉语；各大城镇中的部分维吾尔人（包括学生、国家工作人员、部分居民）虽然在一定程度和一定范围内可以使用双语，但所占比例很小，从整个维吾尔人的分布看，还构不成覆盖面；汉语族（包括汉族、回族等）在聚居区内数量很少，居住分散，在族际接触中，也主要是运用维吾尔语作为交流工具。语言使用影响语言能力进而影响语言态度。在聚居区这种单语制的环境中，维吾尔族接触汉语的机会非常有限，缺少对汉语的基本了解，对汉语也往往局限于模糊或片面的感性认识，并且，单一民族聚居区，语言忠诚都比较强烈，使用本族语是一种严格的团体规范，使用本族语外的其他语言文字，包括汉语，会受到或多或少、这样那样的压力，影响到对汉语的态度。

5. 汉语和维吾尔语的非亲缘关系是汉语认同上的重要障碍

维吾尔语在形态结构上属于粘着语类型，在系属上属于阿尔泰语系，而汉语属汉藏语系，两者差异极大。具体来说，在语音方面，维吾尔语和汉语的元音、辅音数量不同，发音方式相异，汉语中还有独特的声调现象；在词汇方面，因维吾尔族和汉族自古以来所处的自然、文化环境不同，语言中的词汇内容差异明显，构词法也各有规律；在语法结构方面，维吾尔语和汉语也大相径庭，都有各自的规则和结构形式，等等。这些差异无疑会让维吾尔族对汉语产生一定的陌生感、距离感，一定程度上影响了对汉语的评价，增加他们学习汉语的畏难心理，对汉语言使用心理产生负面影响。

6. 汉文化和维吾尔族文化的差异影响对汉语的认知程度

语言离不开文化。汉语是汉民族文化的表现形式，汉民族的思维方式、心理素质、习惯、风俗等在汉语言中都有反映。比如：师生、官兵、男女、夫妻等的位置是不能随便颠倒错置的，因为它体现着汉民族的秩序、尊卑观念；在汉语中，也相当讲究地位、辈分，如问询年龄，对小孩发问常用几岁，对老人则要用高寿、贵庚、高龄等；在亲属称谓方面，汉语要比维吾尔语复杂得多，如果不联系汉民族的传统思想，就很难区分和理解，等等。由于维吾尔族文化和汉文化在历史、地理、风土、人情、传统、习俗、生活方式、行为规范、价值观念、思维方式等诸多方面存在明显差异，聚居区内维吾尔族对汉文化的相关背景知识掌握、了解有限，甚至相当陌生，势必影响到维吾尔族学习汉语言的兴趣和意愿，也会影响汉语认知的深度和水平。

7. 汉语教育的落后状态制约着语言认同程度

从教育来看，多语教育先行带来的实际利益往往决定人们的语言态度。习得、精通汉语所带来的就业机会增多、社会地位改善、收入状况好转等，都可以改变个人或者族群对汉语的态度。在聚居区，汉语教师素质低下、汉语教师奇缺是非常突出的问题，不少学生学了十几年汉语仍不能用汉语交流，虽然有少数学生通过学习走出了聚居区并获得了更好的发展，但大多数学生仍回乡务农，本族语已经完全能够满足生产生活需要，认为学习汉语用处不大或者没必要在学习汉语上下很大工夫的观念还是相当普遍存在的；另外，我国坚持语言平等原则，各民族都有使用和发展自己的语言文字的自由，聚居区内的绝大多数人选择了母语维吾尔语作为第一语言，汉语仅被作为一门课程来学习，学习汉语的目的往往局限于考试、升学、就业等方面而非汉语言使用能力的提高上，这不仅强化了学习汉语的功利性倾向，而且影响了学习汉语的热情和积极性、主动性。此外，聚居区内维吾尔族的年龄构成、职业特点、文化程度状况等，也会对汉语认同有一定的影响或者制约。

语言认同是一种社会心理现象，属于语言态度范畴，它是一定语言环境和社会环境中的产物，伴随着社会发展、语言文字功能的变化而不断发展变化，双语（多语）化是我国少数民族语言的发展趋势。在新疆的少数民族聚居区，封闭型的语言观念和对汉语的保守性认同状况，不利于民族的发展和聚居区的经济、社会进步，当前，以营造汉语使用氛围为手段，以推广和使用汉语为重点，采取各种有效措施，提高聚居区内维吾尔族对汉语的认同程度，促使他们以更加开放的态度对待汉语和语言发展是当务之急。

（1）大力推广和发展双语教育

语言认同观念因年龄不同而有所不同，年轻人思想较老年人更为开放，更容易接受社会价值观念的变化以及由此引起的语言观念的变化，但是，在少数民族聚居区，由于缺乏汉语言环境，在家庭生活和社交中，他们很少甚至没有说汉语或者接触汉语的机会，学生只有在学校才有机会说汉语，学校能否为学生提供一个汉语学习和使用的良好环境具有非常重要的意义。

为此，有必要在聚居区的各级各类学校中，遵循语言学规律，推广和发展不同年龄阶段、不同层次的双语教育，既把汉语作为学习的对象，同时又把汉语作为一种教学语言，把汉语的学习浸入到其他各种课程知识的学习之中，让学生在学科学习的过程中自然地习得汉语和母语能力，熟悉、理解多元文化，这不仅可以满足国家、地方和学生未来发展的需要，而且，也可以逐步影响和改变聚居区内的汉语认同状况，培养更加开放的语言观念。

（2）加快经济发展和城市化进程

语言认同观念根本上取决于人的生存发展和交际的需要。新疆的维吾尔族聚居区大都是边远、闭塞、经济贫穷落后的农村地区，民汉语言之间的接触影响机会少，掌握使用汉语言的需求更少，汉语认同明显受制于交通条件和经济发展水平。为了改变这种状况，迫切需要综合采取各种有力措施，改善居住环境，促进聚居区经济文化社会发展，特别是要大力推进聚居区人口城市化进程。事实证明，人口城市化并不是只表示大量农村人口迁往城市，同时它意味着工业的进步、产业的发展、交通的便利，在城市化过程中，为了适应迅速变动的现代社会，少数民族必需改变观念，主动学习掌握汉语、英语等其他语言，以更多、更快地接受和传播各种信息，提高自己在城市中的生存发展能力。聚居区人口的城市化必然会影响汉语言使用及汉语言认同心理的积极变化。

（3）促进人口流动，增加民族间交往

乡土观念和固守故土意识容易滋生封闭和保守性心理，人口的流动迁徙往往是观念变化的诱因。当聚居区内民族离开本土到民汉杂居区或者汉语族聚居区做生意、打工时，随着民族间交往的增多和汉语社会功能增强，其生产生活方式和身上根深蒂固的语言价值观念会受到来自新环境多方面、多层面的冲击，有关汉语言的使用需求、使用频率、使用心理都会有相当程度的变化。彻底打破二元社会经济结构，通过政治、经济、社会等方面综合措施，为聚居区的人口流动提供尽可能多的条件和机会，对增强聚居区内维吾尔族对汉语言的认同有重要作用。

（4）加强聚居区广播、电视、互联网等公共文化服务建设

广播电视等新闻媒介工具在传播信息方面有着无法比拟的作用，聚居区内民族了解信息，获取知识和娱乐，主要渠道就是通过广播、电视以及互联网等文化设施。为提高聚居区内民族汉语言认同水平，需要充分发挥媒介优势，加强聚居区内文化服务设施建设，提高互联网的覆盖面，制作内容丰富、形式多样、群众喜闻乐见的汉语广播电视节目，引导聚居区群众开阔视野，更新观念，以更加开放的心态学习和吸收汉语、汉文化，促进民族聚居地区的语言文化发展和经济社会进步。

（二）民族身份认同

民族身份认同（又称族群认同）是一个民族的人们对其自然及文化倾向性的认可与共识，主要指文化认同，属于文化范畴。国家认同，即国民认同，是指一个国家的公民对自己祖国的历史文化传统、道德价值观、理想信念、国家主权等的认同，属于政治范畴。两者大体上是一致的，相辅相成、互为补充：民族身份认同是国家认同的前提，国家认同以民族文化认同为根基。国民对国家的认同往往表现在对该国家的自豪感、归属感和忠诚感。生活在新疆的各民族群众承认我国是统一多民族国家的历史和现状，承认本民族是中华民族的一个组成部分，自己是中华民族的一员，就表现了对国家的认同。

表2 乌鲁木齐市各高校南疆民考民维吾尔族大学生的民族认同态度（n=75）人

| 问题 | 态度反应%（人数） | |
|---|---|---|
| 1.我认为自己是一个地道的维吾尔族人 | 符合 | 不符合 |
| | 93.3%（70） | 6.7%（5） |
| 2.我更喜欢交本民族朋友 | 符合 | 不符合 |
| | 90.7%（68） | 9.3%（7） |
| 3.我更喜欢参加只有本民族成员参加的社会活动 | 符合 | 不符合 |
| | 81.3%（61） | 18.7%（14） |
| 4.每当听到国歌或看到国旗升起时我会为之激动 | 符合 | 不符合 |
| | 42.7%（32） | 57.3%（43） |
| 5.我更愿意采取汉族人的生活方式，尽量避免自己像一个少数民族 | 符合 | 不符合 |
| | 13.5%（10） | 86.7%（65） |

从表2看出93.3%的被试认为自己是地道的维吾尔族，并且有86.7%的被试不愿意采取汉族人的生活方式，从而避免自己像一个少数民族。这反映出他们非常认同自己的民族身份。中华人民共和国国旗和国歌是祖国的象征，但有超过一半的被试（57.3%）不认为自己在听到国歌或看到国旗升起时会为之激动。90.7%的被试更喜欢交本民族朋友。81.3%的被试更喜欢参加只有本民族成员参加的社会活动。这些数据可以说明很多维吾尔族大学生来到大学并与全国各地的大学生接触，明显地认识到自身与他人在风俗、习惯、信仰等方面的不同，本民族自我意识有所增强，拉大了自己同汉族及其他民族之间的社会距离和情感距离，弱化了国家认同意识。

2004年，新疆维吾尔自治区党委提出了强化"四个高度认同"，其核心是国家认同教育，这与社会主义核心价值体系教育在本质上是一致的。现阶段，尖锐复杂的意识形态斗争和民族问题结合在一起，这给少数民族大学生国家认同教育提出了新的挑战。对新疆少数民族大学生进行社会主义核心价值体系认同教育面临着特殊性和紧迫性。

如果新疆维吾尔族大学生的公民身份缺无、国家认同意识淡漠，而其族群或民族意识高涨，狭隘民族主义以及各种从属的身份认同凸现，又被灌输极具煽动性、欺骗性和危险性的极端民族主义思想，就会被民族分裂势力所利用，对我国边疆少数民族的国家认同乃至边疆稳定都会造成极大的破坏。从根本上说，对少数民族大学生进行认同教育，最重要的是强化中华民族的意识，具体而言，就是对少数民族大学生加强中华民族的共同文化的教育，引导少数民族大学生构建基础性的社会身份（即国民身份），强化公民意识、国族意识，淡化民族身份意识。

（三）宗教认同

宗教信仰在维吾尔族文化中占有相当重要的地位。有关宗教认同的调查主要由他们的宗教态度、宗教行为倾向、对宗教的依恋以及体验等方面构成。宗教认同6个题目组成，对其统计结果见表3。

表3　乌鲁木齐市各高校南疆民考民维吾尔族大学生的宗教认同态度（n=75）人

| 问题 | 态度反应%（人数） | |
|---|---|---|
| 1.对于一个没有宗教信仰的人，您是否觉得不可思议 | 是 | 否 |
| | 69.3%（52） | 30.7%（23） |
| 2.如果您将来很有钱的话，您愿意不愿意拿出一部分捐给清真寺 | 愿意 | 不愿意 |
| | 85.3%（64） | 14.7%（9） |
| 3.我很愿意去宗教场所参加一些宗教活动 | 是 | 否 |
| | 80.0%（60） | 20.0%（15） |
| 4.我对我的宗教怀有尊敬之情 | 是 | 否 |
| | 90.7%（68） | 9.3%（7） |
| 5.宗教信仰意味着我的精神生活的归属 | 是 | 否 |
| | 78.7%（59） | 21.3%（16） |
| 6.我经常阅读一些与宗教有关的书籍 | 是 | 否 |
| | 81.3%（61） | 18.7%（14） |

伊斯兰教在长期的历史过程中深深地浸入到了维吾尔族民族精神的内部。它的思维方式、行为方式、价值观念、道德规范已在很大程度上转化成该民族的生活方式，与其民族感情、文化习俗融为一体，是维系维吾尔民族内部团结的最重要的纽带。表3的数据表明伊斯兰教对维吾尔族大学生的影响较强大。这些学生在思想上对自己的宗教很自豪，怀有敬畏之情，体现在90.7%的被试对自己的宗教怀有尊敬之情；80%的被试愿意去宗教场所参加一些宗教活

动；85.3%的维吾尔族大学生愿意在自己将来有钱的条件下拿出一部分捐给清真寺；69.3%的被试认为对于一个没有宗教信仰的人是不可思议的。行为上则表现为81.3%的被试经常阅读一些与伊斯兰教相关的书籍。

维吾尔族大学生应当清醒地认识到：伊斯兰教宗教生活也不等于维吾尔民族的全部生活，它只是其中的一个有限的组成部分，维吾尔族文化还包含着世俗文化。所以，维吾尔族大学生应以保护和发展本民族传统文化、世俗文化为己任，来满足本民族不同层次的文化认同心理，而不应狭隘地将宗教认同等同于民族认同。

如今，维吾尔族大学生面临着学业、就业的双重压力，个人诉求无法满足，自我价值难以实现，当他们希望在伊斯兰教中寻求心理慰藉和精神寄托时，就很容易给西方分裂势力和伊斯兰原教旨主义者以可乘之机。他们对一部分维吾尔族大学生大肆宣扬"一教一国"理论，利用宗教在他们中间的强大精神感召力，增大与异族、异教群体的矛盾，在某种特定的条件和环境中掀起集体性的非理性的行为，企图达到他们妄图瓦解中国、把新疆从祖国分裂出去的罪恶目的。

（四）习俗认同

习俗是人们在共同的生活中逐渐形成并且共同遵守的习惯和风俗。它是民族心理素质内在共同性的反映，也是民族风貌的外在特征。可以说，习俗既是文化的载体，也是文化的具体象征❶。对于维吾尔族大学生而言，情况亦是如此。此部分共有7个题目。初步统计结果见表4。

表4　乌鲁木齐市各高校南疆民考民维吾尔族大学生的习俗认同态度（n=75）人

| 问题 | 态度反应 | %（人数） |
|------|------|------|
| 1.我觉得应该保持我们本民族的文化传统，而不是去适应汉族文化 | 符合 | 不符合 |
| | 62.7%（47） | 37.3%（28） |

---

❶ 万明钢、王亚鹏、李继利：《藏族大学生民族与文化认同调查研究》，载《西北师大学报》，2002年第5期。

| 问题 | 态度反应 | %（人数） |
|---|---|---|
| 1.我觉得应该保持我们本民族的文化传统，而不是去适应汉族文化 | 符合 | 不符合 |
| | 62.7%（47） | 37.3%（28） |
| 2.我很了解本民族的各种风俗习惯 | 符合 | 不符合 |
| | 90.7%（68） | 9.3%（7） |
| 3.我非常喜欢传统的本民族食品 | 符合 | 不符合 |
| | 93.5%（70） | 6.7%（5） |
| 4.我经常穿本民族的传统服饰 | 符合 | 不符合 |
| | 61.3%（46） | 38.7%（29） |
| 5.我很愿意多去了解汉族和其他少数民族的风土人情和风俗习惯 | 符合 | 不符合 |
| | 76.0%（57） | 24.0%（18） |
| 6.为了更好地适应社会，我会有选择的模仿一些汉族人的行为方式 | 符合 | 不符合 |
| | 17.3%（13） | 82.7%（62） |
| 7.我会庆祝一些传统的汉族节日 | 符合 | 不符合 |
| | 24.0%（18） | 76.0%（57） |

从上表数据可以看出，76%的被试愿意了解汉族和其他一些少数民族的风俗习惯，但 82.7%的被试并不认同也不会去模仿或吸收其他民族的风俗习惯。62.7%的被试认为要保持本民族的文化传统，而不是去适应汉族文化。82.7%的被试不赞同为了更好地适应社会而去模仿一些汉族人的行为方式。90.7%的被试认为自己很了解本民族的各种风俗习惯。93.5%的被试非常喜欢本民族的传统食品。61.3%的被试经常穿本民族的传统服饰。有 76%的被试不会庆祝一些传统的汉族节日。

维吾尔族学生进入大学后，脱离了土生土长的社会环境，转移了生活空间，对新环境的不适应表现在日常生活、课堂学习、人际交往、心理体验等诸多方面。这种不适应背后有其稳定的规律性，体现在文化认同的过程：即从认知、认可到认同❶。在最初接触到以汉文化为主流的文化环境时，他们会感到既新奇又困惑。随着与其他民族文化特别是汉族文化与其本民族文化接触增多、范围与深度加大，开始觉察到之间的巨大差异，这在生活习俗方面表现得格外强烈和突出。有些维吾尔族大学生在逐渐了解了汉族大学生的生活习俗

---

❶ 张先亮、戢广南：《文化认同：边疆民族地区和谐社会建设之魂》，载《新疆师范大学学报》，2008 年第 4 期，第 156—159 页。

后，对其并不认可，表现出文化适应阶段中的"分离"状态，即一部分大学生看到了本民族典型习俗的一些特征在与汉族交流与文化接触中逐渐被淡化，为此感到了深深的忧虑；另一部分大学生在比对维、汉习俗后，对本民族习俗充满优越感和自豪感，而不愿意与其他民族及其文化接触，甚至排斥其他民族的风俗习惯。

维吾尔族大学生学习主流社会的文化准则及参加一些共同的活动是很重要的，这将会促进他们与主流成员建立紧密的关系，以便更好地融入主流文化社会中去。但是这种"分离"状态不利于他们的文化适应，也不利于他们在共同繁荣发展进程中实现更高层次的更新与整合。而这里所说的整合态度是跨文化适应中最佳的一种文化认同态度，有助于维吾尔族大学生既保留自己传统文化认同又不一概排斥其他民族优秀的、先进的文化价值观。

此外，课题组的杨茜老师也通过对来自新疆喀什、和田及克尔克孜自治州三个维吾尔族聚居区民族中学从初一到高三的 3730 名中学生进行调查和研究，着重考察民族中学生民族认同的发展状况及其与汉语学习之间的关系不仅有利于进一步采取措施，提高民族地区的教育水平，而且能够使我们更好地搞好民族地区的汉语教学工作，同时对了解和把握第二语言的学习规律也具有重要的理论意义。她的研究得出了以下结论：

1. 民族认同的发展

结果显示，民族中学生对于汉民族的认同和适应性的发展出现了不均衡的现象，即维吾尔族中学生在我们所主要观察的汉语言态度、汉文化态度和汉民族态度三个方面存在不同的发展状况。

首先发展最顺利的是对汉语的态度，无论是初中生还是高中生，对汉语普遍持接受和肯定的态度。究其原因主要是近年来学生学业发展对汉语能力的要求越来越高，因此学生处于自身发展的需要，对汉语的态度普遍比较积极。例如，在我认为学汉语对我其他课程的学习有帮助等题目上，学生都表示高度认可。另一方面，社会经济的发展和语言政策的变化，对于学生的汉语言态度也存在一定程度的影响。许多学生都认为学习汉语对将来的生活有帮助。学生对汉语的态度在整个中学阶段,都保持很高的认可程度,并且随着年级的提高,学生对汉语的重视程度也在不断上升。

另外我们还注意到,即使在中学低年级,学生也已经非常重视汉语,认为学习汉语是重要的事情,并且这种态度在整个中学阶段都能一直保持。

其次,学生对汉文化所持的态度要比对汉语的态度差很多,这种差距在中学各个阶段均非常明显。不过我们注意到,无论是在高中还是初中,学生对汉文化的态度都呈现出随年级升高而逐渐提高的趋势。但需要注意的一点是,高中学生对汉文化的态度要比初中学生差。尤其是高三阶段,学生对汉文化的态度评价最低。我们认为导致这种现象可能有三方面的原因:一是目前迫于升学压力,在中学教育中普遍采取注重书本知识的传授、忽略对学生社会性发展的应试教育,这导致了越到高年级阶段,升学压力越大,学生也就愈加忽视对书本之外知识的学习和关注,也降低了对汉文化的学习兴趣。二是在民族地区的汉语教学中,由于各类汉语考试主要考的是语言能力和知识,因此对应的在教学中也普遍存在注重语言能力的培养,忽略了语言教学的另一个目的,同时也是更为重要的目的——通过语言来传播文化,这就导致学生越到高年级,就越重视汉语言的学习,却越忽视汉文化的学习。这样必然造成民族学生学会了汉语,却没有学到汉语所承载的汉民族文化。第三个原因可能来源于学生自身民族自我认同意识的不断发展。随着学生年龄的不断增长和自我意识的不断发展,学生对民族的自我认同也在不断提高。这种对本民族语言和文化的接受和认同有可能造成学生对其他民族的语言和文化的排斥或重新评价,因此这也可能造成高年级民族学生对汉文化的评价降低。

第三,民族学生对于汉民族的态度发展最不顺利。首先,在初中和高中阶段,学生对于汉民族的评价都低于对汉语言的评价。而且随着年级的增加,民族学生对汉族态度的评价逐渐降低,对汉族的态度趋向消极。我们认为,造成这种状况的原因和前面造成对汉文化态度评价不高的原因是一样的。另外,我们所调查研究的这三个地区都是南疆维吾尔族聚居区。当地汉族人口所占比例很低,这就造成维汉民族之间交往的欠缺。人际关系认知的形成主要来自于彼此的交往。由于平时学生缺乏这种交往，因此也可能造成对汉族的评价不高。

实现不同民族和不同文化之间的交流与了解，增进团结，共同繁荣，是我们在民族地区推进汉语教育事业的目标。但从调查研究结果来看，汉语教学的目的在贯彻过程中存在着一定的偏差，这需要引起从事汉语教育的广大教师的高度重视。目前在民族地区的汉语教育中，确实存在着重语言、轻文化和民族态度教育的状况。各级学校和政府主管部门通过各种渠道改善汉语教学的条件虽然是非常必要的，但仅仅靠这些是远远不够的。我们还应该重新审视在民族地区推广汉语教育的目的是什么，使每一位汉语教师都时刻牢记汉语教育不仅仅是传授语言技能和知识，更重要的是通过语言来建立学生对于中华民族和文化的认同，只有这样，才能实现我们推进汉语教育的最终目标。

2. 民族适应性与汉语学习的相互关系

我们进一步分析了维吾尔族学生民族适应性与汉语学习的相互关系。结果发现，在三种民族适应性指标中，汉语言态度和汉语学习的关系最为密切，对汉语言持肯定态度，其汉语水平也更高；其次是汉文化态度和汉民族态度，虽然两者和学生汉语水平的相关度没有汉语言态度高，但是两者和学生汉语水平的相关系数在各个年级均超过了 0.25，这表明两者与学生的汉语水平存在密切的关系。由此我们认为，民族适应性的三个方面和民族学生的汉语学习均具有非常密切的关系。

进一步的回归分析表明，在民族适应性的三个指标中，汉语适应对学生汉语学习情况的预测力最好，其次是汉民族适应和汉文化适应。

谢丽尔、毕比和贾尔斯、萨利姆等研究者将民族认同视为一个整体来加以研究。但菲尼（Phinney）和王亚鹏却认为民族认同包含个体在多个方面对本民族和他民族的信念、态度和认可，因此，民族认同是一个综合变量。本研究按照菲尼和王亚鹏的思路，从维吾尔族学生对他民族（汉族）三个主要方面的态度和评价情况，探讨了民族认同和第二语言学习的关系。研究结果也证实民族认同的三个亚层面和第二语言的学习确实存在密切的关系。

我们分析，民族学生的民族认同与汉语学习存在密切的关系，其作用的方式主要有以下两个方面：一方面是第二语言学习对民族认同的影响。我们认为在维吾尔族聚居区，这是首因。在学生日常生活中，很少有接触汉族及其文化的机会。入学后，学习汉语成为正式的学习任务，使学生开始通过汉语的学习走进汉民族的世界。于是，民族学生学习汉语的时间实际上可以反映出其与汉文化接触的多少。由于语言是文化的载体，所以越早开始学习汉语的个体，接触汉文化的时间也就越早，受到汉文化的影响与冲击也就越多。学习汉语时间较长的个体，有更多的机会对两种文化进行比较，在比较的过程中，他们对母文化的情感被凸显出来。这有利于他们更为客观地看待不同文化之间的差异，并建立起多元文化的世界观，从不同角度认识本民族文化的价值所在。

学习汉语时间较长的民族学生，其汉语水平较高。由于以汉语为媒介的信息量远多于以少数民族语言为媒介的信息，社会主流媒体（如广播、电视、报纸、杂志等）所用的也大都是汉语，汉语水平较高的学生有更多的机会获取有关外部世界和外界对本民族文化评价的信息。眼界的开阔使他们在了解、接触汉文化的同时，还能接触到世界上其他更为先进的文化。由此可以看出，汉语言的习得有助于人们了解外部世界对于自身文化的看法，有助于多元文化世界观的建立，进而促使个体更好地认识本民族文化所具有的价值，激起民族自豪感和责任感。自我认同坚定的青少年对其他民族比较不会持负面的态度，儿童愈能感知民族的差异，则愈能正确地确认和接纳自己的民族。

另一方面是民族认同对第二语言学习的影响。本文所探讨的民族认同主要是对他民族语言、文化和民族的态度和评价。从研究结果可以发现，民族认同中的不同方面对于第二语言学习的影响是不同的。第二语言的学习会受到学习者语言和文化态度的影响。在维吾尔族学生民族认同的三个方面中，语言态度的发展最为顺利，也最为积极，它对学生第二语言学习情况的解释力也最大。由此可见，对学生语言态度的影响可以显著地促进民族学生第二语言的学习。另外，民族态度和文化态度也对民族学生的第二语言学习有影响。以往学者对此中原因论述很多，本文就不再赘述了。

我们想强调的一点是，虽然民族态度和文化态度对于学生第二语言的学习影响力要小于语言态度，但是我们应该认识到，对民族学生开展汉语教育，培养学生良好的民族和文化认同是我们重要的教育目的之一，其重要性甚至超过掌握第二语言本身，这一点对于民族地区汉语教育的发展方向将具有一定的启发意义。

## 结　语

中央新疆工作座谈会召开至今，新疆维吾尔自治区党委、政府坚定不移贯彻中央关于新疆发展和稳定的总体部署，大力实施"稳疆兴疆、富民固边"战略，立志将新疆打造为中国西部区域的增长极和向西开放的桥头堡。实现跨越式发展和长治久安两大历史任务，必须要在党中央国务院的坚强领导下，在各省的援助、各部委的关心下，依靠新疆各族人民的内生动力和奋发有为的精神状态，充分发挥主体作用。如何在发展中充分发挥新疆的主体作用，人才是基础，尤其是少数民族人才，而人才培养的根本在于教育，新疆各高校担负着少数民族大学生社会主义核心价值体系认同教育的重任，必须开展马克思主义国家观、民族观、宗教观、历史观、文化观和新疆历史、民族发展史、宗教演变史的教育；深入开展"热爱伟大祖国、建设美好家园"主题教育活动，引导各族大学生感恩伟大祖国、感恩社会主义；不断增强大学生国家意识、法律意识、公民意识和现代意识，为新疆的进一步发展锻造合格的人才，提供智力支撑和后劲。

在新疆这一多元文化背景下，当代各族大学生不应该狭隘地、单向地认同本群体、本民族的文化，而应超越本己文化，形成各民族师生之间互尊、互敬、互信、互帮、互爱、互学的浓厚氛围。尊重各民族的文化和风俗习惯，引导各族师生以开明、开放的心态互相学习先进文明成果，从而具有豁达的胸怀及多元的问题解决方式。

新疆各高校在各族大学生中间要坚持进行"反暴力、讲法制、讲秩序"教育，深入开展社会主义法制宣传教育，严厉查禁高校内的民族分裂思想、宗教极端思想和暴力恐怖思想的传播。高校还要引导各族大学生牢固树立"汉族离不开少数民族、少数民族离不开汉族、各少数民族之间也相互离不开"的思想，把全体各族师生的智慧和力量凝聚到实现新疆的跨越式发展和长治久安两大历史任务上，凝聚到中国特色社会主义的伟大事业上，凝聚到中华民族的伟大复兴上。

# 第七章　民考民维吾尔族大学生的英语学习与跨文化适应研究

新疆地处古丝绸之路的中心地带，自古在连接亚欧各国方面有着得天独厚的作用。新世纪随着西部大开发的号角吹响，新疆又一次迎来繁荣希望的曙光，面临巨大的发展潜力，同时也面临社会发展中各种各样的挑战，这就要求新疆高校要培养大批高素质的人才，尤其是少数民族优秀人才来挑起这些重担。英语可以使这些学生掌握世界先进技术和理念。但很多学生在英语学习时会面临巨大的跨文化适应问题，陌生的英语文化使他们无所适从，心理上经受的文化碰撞加大了学习的负担，降低了学习效果。因此，英语教师肩负着了解学生的学习心理，以及了解他们学习英语的优缺点，帮助他们提高跨文化能力，从而不断增强他们的信心和学习兴趣。

## 第一节　新疆高校英语教学中目的语文化、汉文化和新疆本土文化的兼容并蓄的重要性和必要性

当今科技迅猛发展、国力竞争日益激烈，英语发挥着国际通用语和提升国家竞争力的功能。在加入世贸、上海申博成功、北京成功举办奥运会等重大事件之后，中国正以更加自信和开放的姿态，在国际交流的大舞台上扮演着越来越重要的角色。新世纪西部大开发使学习和熟练地掌握英语的重要性凸显出来。此外，2009年在新疆乌鲁木齐市发生的"7·5"事件也给了我们一点启示：新疆稳定归根结底要靠这一地区的发展，发展的前提是教育水平的提升，当然包

括对掌握英语的少数民族高素质人才的培养。在发展新疆少数民族地区经济、改变贫穷落后面貌的进程中，精通英语的少数民族人才将起到重要的"排头兵"和"领头羊"的作用。培养他们是少数民族高等教育的重要使命，而推进民族院校大学英语教学的改革与创新是民族高等教育发展的需要。新疆是比较典型的多元文化和多种语言的社会。新疆少数民族大学生作为少数民族群体的精英，在文化适应上表现得比较敏感。他们从自己熟悉的母体文化进入一个新的双语或三语环境中之后就不得不面对语言学习不顺畅和英语跨文化适应的考验。他们在学习英语时既要受到汉文化的影响，又要受英语国家文化的影响，其所经受的文化碰撞性远远比汉民族深刻，这种文化冲突势必会加大英语学习的负担，在一定程度上影响学生在英语学习上的输入效果。

面临多元文化的影响，少数民族学生往往会在最初产生困惑和不安，进而对他们不熟悉的语言和文化产生恐惧甚至排斥的情绪。文化适应是当今跨文化教育中最重要的领域之一，随着这种学习方式在各国的日益普及和多元化，移民学生、交流学生和少数民族学生等在多元化社会中的学习和文化适应过程也开始被重视起来，当面对教育文化、教育制度和环境等出现一系列变更和冲突时，学生必然产生一定的心理和行为变化，这种变化的趋向和程度也是是否能顺利完成跨文化语言学习的关键。

语言和文化关系密切。语言承载并象征着文化现实，是文化的一部分，也是文化的载体。既然语言和与其相关的文化是不可分割的，那么教授一种语言就不可避免地会教授其相关文化，因为任何一种语言教学都不可能在文化真空中发生。教师如果忽略了社会文化方面的因素而单纯地传授语言知识，最终这种教学模式会走入一个死胡同。

新疆少数民族大学生是我国一个特殊的英语学习群体，他们从小接触民、汉语言环境，文化氛围十分特殊，从而为他们的英语学习提供了先天的优势，表现在极强的语言天赋和接受外来文化的能力，同时他们外向型的性格特征造就了他们中大部分人独特的英语学习动机。与此同时，由于其较为典型的多元文化和多种语言的社会背景，新疆各少数民族在自己的形成和发展中，受其所处的独特的地域、社会意识形态和风土人情等诸多因素的影响，形成了本民族特有的文化体系。新疆少数民族大学生作为少数民族群体的精英，在文化适应上表现得更为敏感。他们从自己熟悉的母体文化进入一个新的文化环境之后就不得不面对语言沟通不顺畅和跨文化适应的考验。新疆少数民族大学生在英语学习时既要受到汉文化的影响，又要受到英语国家文化的影响。其所受的文化碰撞性远远比汉族学生深刻，造成比汉族学生更多的"文化诧异"和文化冲突现象。这种文化冲突势必会影响学生在外语学习上的输入效果，在少数民族外语教学中，是影响外语学习的一个重要因素，是英语教师在英语教学时不容忽视的重要方面。外语教学的主要目的之一就是训练学生进行"跨文化交际"，即培养学生成功地跨文化交际所需要的能力或素质。跨文化交际是语言与文化的双向交际，而完全失去自我文化的交际就变成了单向文化交际。跨文化交际决不能仅局限于对交际对象的"理解"方面，而且还有与交际对象的"文化共享"和对交际对象的"文化影响"方面，在某些情况下，后两者对于成功交际则更为重要。在发展新疆少数民族地区经济、改变贫穷落后面貌的进程中，精通英语的少数民族人才将起到重要的"排头兵"和"领头羊"的作用。少数民族地区的高校为少数民族大学生开设英语课，学生通过学习英语，能够直接体会英语国家的思想观、道德观、价值观和精神蕴涵，体验不同文化观念的冲击与碰撞。英语学习的结果不仅能提高学生的语言交际能力，也有利于他们思维观念的拓展和价值观念的提高。通过培养他们的跨文化交际能力，使他们能够以英语为工具了解国外先进的科学知识与技能，提高自身素质和创造性解决问题的能力，成为知识型劳动者，进而促进整个少数民族科学文化素质的提高。我们学习外语的目的不再只是为了目的语文化的单向导入。在新疆少数民族英语教学过程中，英语教师要加强英语文化和汉文化的对比、新疆少数民族文化与英语文化的对比以及汉文化与新疆少数民族文化的对比。努力实现学生对多元文化更广、更深地理解，尤其是加强学生作相应的中西文化对比，使他们对外国文化、汉文化以及母语文化的本质和表象上的差异和共同点获得比较深刻的了解，这是成功交际的前提。

通过中西方文化对比，还可以加深少数民族学生对中西方文化差异的分辨、分析能力，加深他们对中国文化本质特征的了解，让他们理解祖国五千年悠久而灿烂的中华文化是各民族兄弟姐妹在长期的历史交融中共同缔造的；要警惕和抵制国际敌对势力、境内外民族分裂主义势力在文化领域、意识形态领域的渗透和破坏，始终把中华民族的共同利益摆在首位；训练他们使用英语中介语更好地弘扬中华民族的文化精髓。

## 第二节　新疆地区高校英语教育历程以及面临的困境

新疆师范大学作为新疆维吾尔自治区的重点院校，其少数民族英语教学工作开展得比较早，教学体系更加完善。下面以新疆师范大学少数民族英语教学为例来看新疆地区高校英语教育历程。新疆师范大学大学英语部于 1996 年开始给少数民族同学开设大学英语课程。鉴于学生最初对英语的认识程度与接受程度不一样，教师从各个民族班中选出一些优秀学生在晚上上课，延续了两年。当时的英语教学处于摸索阶段，条件比较艰苦，没有统一的教学大纲，也没有特别合适的英语教材，教师上课有很多内容都需要自己去筛选，然后复印好发给学生。在不断探索过程中，大学英语部的教师结合少数民族学生学习英语的认知特点开始尝试自己编写了一套维英教材，旨在减少学生使用汉语编写的英语教材时语言频繁转换带来的理解性障碍。从 2000 年起，几位少数民族教师开始给民考民理科班的学生使用这套教材。2005—2006 年期间给民族实验班的学生选用了大学英语部吴秀琴教授编写的一套《大学基础英语》教材。之后，随着我校民汉教学一体化教程的加快以及民汉学生合班政策的实施，双语实验班和民转汉学生人数不断增加。这些同学英语基础较弱，给英语教学工作带来了一定的压力。为此，学校从 2010 年开始给这些非纯民考汉学生单独开设"基础英语"必修课。少数民族英语教学发展到今天几经起落，从刚起步时教学条件几乎是一张白纸到现在在办学条件、教学理论、教学实践、课程设置、师资建设、教学管理等方面均有了较大发展，培养了一批又一批既懂专业知识，又能够用英语获取世界各方面前沿知识和讯息的优秀少数民族人才。

但目前新疆高校英语教师却面临着非常尴尬困惑的境遇：大部分教师责任心很强，在课堂上一方面要时刻努力维持课堂秩序，另一方面又要完成繁重的课堂教学任务，往往身心疲惫，教学效果欠佳。同时，学生还觉得上英语课乏味，没意思。新疆的英语教师也从英语学习动机，兴趣等方面针对少数民族大学生做了一些研究。其中有研究得出以下发现：❶

（1）非英语专业维吾尔族大学生英语学习兴趣普遍比较高，但难以持之以恒

兴趣是一个人倾向于注意认识某种事物和研究某种事物的一种心理活动，是学生学习积极性中最现实、最活跃的心理因素。在问卷反馈的信息中，47%的少数民族大学生对英语学习非常有兴趣，36%的学生比较感兴趣。但由于少数民族学生天性活泼，自我学习能力及控制能力较差、情绪不稳定、注意力易分散，对英语学习很难维持较长的时间。

（2）教师创建良好的课堂心理环境至关重要

教师在课堂教学过程中处于主导地位，他们的教学管理方式、教学情感、教学风格及其个性修养等，都会影响甚至决定着少数民族大学生英语课堂心理环境的建设。问卷调查结果显示，只有13%的学生认为自己不受教师情绪及课堂教学环境的影响，55%的少数民族大学生表示，在课堂中教师的教学情感会直接影响学生学习英语的积极性和主动性，教师的教学风格、教学方法及言语行为都会影响课堂心理环境的创建。

（3）问题行为常常破坏课堂教学环境

问题行为是指学生有意或无意干扰课堂教学正常进行的各种行为。如违反课堂纪律，无故旷课或逃学，过度焦虑，情绪不稳定，长期抑郁，极度羞怯，注意力无法集中，自制力差，频繁动作等。

新疆高校大多数少数民族班级均为 50 人左右的大班，课堂秩序常常会因

---

❶ 陈玲、刘懋琼:《新疆少数民族大学生公共英语学习心理环境建设研究》，载于《民族教育研究》，2012 年第 5 期，第 86—90 页。

学生的课堂问题行为所干扰。在问卷调查中，39%的学生表示自己曾在课堂上出现违反课堂纪律、情绪不稳定的现象；17%的学生表示自己有多次无故旷课的记录。在这种情况下，教师往往会中断或停止课堂活动去干预，这不仅会耗去大量的时间，也会干扰课堂教学进程，而且良好的课堂教学心理气氛也遭到了破坏，影响了学生课堂学习心情。

（4）学生渴望平等的课堂对话交流

调查结果表明，69%的少数民族大学生希望能与老师进行健康愉快的课堂对话交流活动。健康愉快的课堂交流，能使教师的工作顺利进行。54%的少数民族大学生表示，在遇到困难或有心事时，愿意寻求教师或同学们的帮助。在对话交流活动中，倾听是课堂交流中最为重要的一个环节，它是师生互相尊重的一个重要标志。

根据《2009年新疆年鉴》，截至2008年底，新疆现有在校本专科生230971人，其中少数民族学生占36.6%，然而纵观我们的教育，新疆的人才储备和教育水平远远低于内地尤其是发达省份，少数民族英语教育的整体水平更是不高，成为严重制约新疆发展的瓶颈。少数民族大学生的英语教学已经成为新疆所有高校英语教学所要面对的难题。了解少数民族大学生的心理及行为特征、他们的英语学习情况，从而因材施教，整体提高少数民族学生英语水平也成为高校英语教师必须要担起的重要责任。

## 第三节　新疆少数民族大学生英语学习的特殊性

### 一、缺陷和不足

1. 学生的语言障碍

（1）新疆高校少数民族英语课堂存在着教师英汉授课和使用英汉教材的问题，如果没有良好的汉语水平，学生的英语学习会很吃力。

（2）新疆地域广大，南北疆经济和教育发展极不平衡，有些地区在进行双语教学的同时又增加了外语教学，而有些地区连双语教学都无法保证正常进行，更不用说开设英语课程。"学生英语水平参差不齐，入校后外语学习成绩

两极分化严重。"❶

（3）刘润清提到了习得第二语言的两种语言环境：一是目的语的社会环境（在目的语国家学习）；二是课堂环境（在非目的语国家学习）。❷少数民族大学生和汉族大学生一样缺乏学习英语的社会环境，但由于很多少数民族大学生入校后要上汉语课，无法获得足够的课时来学习英语，所以英语课堂环境明显少于汉族学生。

2. 心理障碍

新疆高校少数民族学生大多来自偏远落后的南疆，那里的教学组织形式、教学内容、教学方法等方面都较落后，师资队伍相对薄弱，学生没有条件接受系统的英语综合能力训练，导致他们进入大学后难以适应大学英语教学的要求，进而造成各种各样的心理障碍，主要体现在：

（1）基础较差而产生畏难情绪或紧张和焦虑的情绪，在课堂上干脆不听课，甚至放弃学习；

（2）认为学习英语无用，成绩好坏基本不影响其毕业，加之学校对他们的英语学习成绩没有高的要求，因而自动放弃学习英语；

（3）缺乏学习英语的毅力，知难而退，惰性明显；

（4）对英语教师的教学方法不满意，课堂上提不起兴趣；

（5）对英语学习有好奇心，但缺乏自信心；

（6）缺乏远大抱负，竞争意识不如内地学生强，缺乏主动性和积极性。

这些心理障碍给学生的英语学习带来消极影响，必然会妨碍他们英语学习的积极性。

3. 文化冲突

新疆是比较典型的多元文化和多种语言的社会。新疆少数民族大学生作为少数民族群体的精英，在文化适应上表现得比较敏感。他们从自己熟悉的母体

---

❶ 麦丽哈巴·奥兰：《新疆少数民族大学生英语学习状况研究》，载《新疆大学学报》，2007年第 3 期。

❷ 刘润清：《论大学英语教学》（第一版），外语教育与研究出版社 1999 年版，第 15 页。

文化进入一个新的三语环境中之后就不得不面对语言沟通不顺畅和跨文化适应的考验。他们在学习英语时既要受到汉文化的影响，又要受英语国家文化的影响，其所经受的文化碰撞性远远比汉民族深刻，这种文化冲突势必会加大英语学习的负担，在一定程度上影响学生在英语学习上的输入效果。

4. 学习动机和策略

学习动机是影响学生学习英语效果的可控因素之一，它表现为渴求外语学习的强烈愿望和求知欲，是直接推动外语学习的一种内部动因。研究结果表明，有相当数量的少数民族大学生的英语学习深层动机不强，学习英语的热情不高，容易倦怠。[1]也有研究发现，受试在学习外语的过程中普遍缺乏管理意识，不会合理地确立目标、制定学习计划和选择方法，导致学习质量低，教学效果差。[2]

5. 教师教法、教材和大纲的落伍

新疆高校的英语教师大多照搬教授汉族大学生的教材、大纲和方法来教授少数民族学生，课程设置多是以基础知识的培训为主，甚至出现在"大学英语课堂上扫中学英语的盲"，新疆目前的英语教材中的内容一方面陈旧且与当今经济发展和文化交流相去甚远，无法满足毕业后的工作需要；另一方面体现浓重汉族思维模式，忽视了新疆各个少数民族生活方式、不同的民族习俗以及认知方式，接受教育的水平各有差异的事实，让很多民族学生接受起来比较困难。加上部分教材内容死板，没有趣味性，不符合语言教学规律，给少数民族英语教学带来极大的不便。[3]

6. 教育管理制度和理念的落后

基础教育阶段英语课程开设不足，尤其在南疆很多地区没有开设少数民族

[1] 吴霞：《维吾尔族学生英语学习观念和动机的调查》，载《新疆大学学报（增刊）》，2003年第9期，第127—129页。

[2] 全鸿翎：《新疆师范大学民考民\民考汉少数民族学生外语学习过程中学习策略应用的调查报告》，载《新疆师范大学学报》，2006年第4期，第129—133页。

[3] 张红：《新疆少数民族学生英语学习存在的问题调查及对策》，载《广西民族大学学报》，2006年第6期，第132—135页。

中小学英语课程，而在高校里虽然提倡在少数民族大学英语授课时使用全英教材，但都处在试验阶段，缺乏系统性和长远规划，试验后的经验总结和各院校间的观点交流远远不够，不利于这些宝贵经验的推广。总之，高校教学管理不是单纯的人事管理，它要求管理机构对师资建设、教学大纲设计、教学评估和测试等各方面做出全局性的思考和创新。

## 二、对策研究

### （一）教学管理部门要重视少数民族学生的英语学习，加大投入力度

新疆很多地方缺乏针对少数民族学生的基础英语教育制度，对少数民族地区开设英语课程认识不足，这包括民族学生主体自身的认识，也包括各级教育管理部门及社会的认识。一些高校的教育管理部门教学管理不善，没有制定出一套切合民族院校学生实际的外语教学制度是阻碍民族院校学生英语水平稳步提高的重要原因。有鉴于此，教育管理部门必须做好基础英语教育的普及和大学英语教育的衔接。忽视这一规律性，就会造成在大学英语课堂上扫小学、中学英语的盲。

### （二）教学大纲和要求、教材和课程设置的优化

#### 1. 大纲

由于完全依附于国家的英语教育政策，少数民族地区开设的英语课程缺乏灵活性和创造性。制定国家历次颁发的英语教学大纲还未就民族地区的特殊性制定专门的政策、内容和目标；教材的编排也没有考虑新疆少数民族学生三语学习的特点。所以，新疆高校少数民族英语教学要参照初中和高中的英语教学大纲，结合《大学英语课程教学要求》（试行本）来制定合理的《教学大纲》是改革的基础。

#### 2. 选择和编写合适的教材

确立教材以交际能力的培养为主的导向性，同时要把用英语来表述本民族最具特色的文化内容作为教材的重要补充。要实现这一目标，教材编写者必须突出本地区的地域性特色，遵循教育性、科学性原则，编写出适合少数民族学

生使用的教材，教材的内容要新，还要力求符合少数民族学生心理与需求，选材要贴近他们的实际生活和文化特色，从而有利于他们学习的提高和自身文化的传承。

3. 课程设置

据贺继宗的调查结果❶，以培养学生英语语言基础知识为主导的传统的课程教学内容比较陈旧，已经不能适应当前迅速发展的社会经济形势和少数民族学生们对就业、创业和自身发展的要求。他建议将职业性课程，如外贸英语、金融英语等引入到英语教学中，并且可以结合新疆的独特人文、地理条件，开展复合型英语专业人才的培养，如英语与民族文化结合，与民族旅游结合等等。这种观点是非常切合新疆少数民族英语专业学生英语学习的需求，同时也可以为新疆高校非英语专业少数民族学生的英语课程设置提供参考。

（三）教师教法的改革和自身素质的提高

英语教师应结合新疆少数民族大学生的特点，扬长补短，从以下几个方面对他们进行培养。

1. 掌握学生的心理特征，努力完善教师的教学方法

由于目前用于少数民族大学生的全国通用教材不但忽略了他们的思维模式，还忽略了他们的民族差异。这样做的结果不仅给教师的教学带来了困难，更使少数民族大学生学习起来丧失了成就感。我们从相关的研究可以看出，很多少数民族大学生对英语学习缺乏兴趣，积极性不高，教学效果差强人意。要想改变这一局面，我们不妨以新疆高校少数民族大学生英语教育课程设置的改进为切入点，辅以合情合理的、完善的评价体系，使所设课程能以学习者为本，与时俱进，使教育评价真正成为推动课程改革的动力，走出课程评价过分强调甄别和选拔功能之误区，进一步提高少数民族大学生的英语学习兴趣和学习程度，从而为提高他们的综合素质及能力打下基础。教师在教学过程中不断挖掘

---

❶ 贺继宗：《新疆高校英语教学与人才培养》，载《国外外语教学》，2002 年第 2 期，第 47—49 页。

学生身上的特点和优势，从各方面激发、培养学生的学习兴趣，设法创造条件，用多种灵活的教学方法和教学内容，把英语教学变成灵活多样的活动，才能收到良好的教学效果。

此外，英语教师要熟练掌握先进的、现代化的电教工具，创造出生动活泼的、开放式的课堂教学环境。"打铁就要自身硬"，教师全方位的才能会使学生在心目中树立对教师由衷的敬佩，甚至将教师偶像化，学生自然会对英语课程产生浓厚的兴趣。

2. 帮助学生树立和完成目标

树立学习目标也是激发语言学习动机的重要组成部分。在外语学习中，很多少数民族学生目标不明确或不实际，尤其缺乏长期目标。考虑到少数民族学生语言的实际困难，不能与汉族学生以同一标准来衡量，教师有必要提出切合实际的教学目标。针对大部分学生英语学习起点低、底子薄的现状，要求学生根据自己的实际情况制定目标，相信自己的智力和能力，目标不要盲目虚高，也不能妄自菲薄。目标太高容易挫伤学生学习的积极性，目标太低又会使他们降低对自己的要求，容易产生懒惰心理，降低学习上的竞争意识。

3. 加强对学生学习策略的指导

改进学生的学习方法对提高学生的英语水平至关重要。教师在完善自己的教学策略的同时，还要适时加强对少数民族学生学习策略的指导。学生一旦形成了一套适合自己的学习策略，他们学习英语的自信心和成就感也会跃然提升，从而形成积极的学习态度和良好的学习习惯。

4. 培养学生勤奋好学的优良品质

在学习英语的过程中，每一位学生都会遇到许多难以想象的困难与挫折，缺乏这种意志品质就无法坚持学下去。所以在英语教学中教师要重视培养学生不怕苦的品质，为他们今后顺利学习铺平道路。

5. 加强学生自我监控、自我管理与自主学习的能力

从现有的关于新疆少数民族大学生的学习状况的研究可知，很多学生没有形成良好的英语学习动机，表现出学习目标不明确，学习方法不得当，对自己

的学习行为缺乏有效监控，对自己的学习效果不能客观评估。因此，教师应向学生教授自我学习监控知识，对监控策略的运用给予明确、直接的指导，让学生不断实践并最终内化为自控能力，在学习上由不自觉到自觉、由它控到自控，最终成为独立自主的学习者。

三、结 语

新疆在西部大开发战略思想的指引下，正面临着巨大的机遇和挑战。要发展离不开高素质、懂专业、会外语的人才，这就使新疆各高校必须进行英语教学的改革与创新。新疆少数民族大学生的英语学习既有语言学习的一般规律，又有多元文化背景下的英语学习的特殊性。新疆教育管理部门要加大投入力度，英语教师要不断在教育科学研究中发现学生学习英语的特点，转变教学观念，改进教学方法，因地制宜，因势利导，探索出一条适合新疆少数民族学生英语学习的教学体系，做到既认识到这些学生的英语学习的劣势，又能利用其优势来弥补不足，培养其各方面的语言技能和跨文化意识，增强学生的国家认同和民族认同，为新疆的经济建设和社会稳定与发展培养出高质量的少数民族英语人才。

目前，少数民族英语教学课拥有一支教学经验丰富、学历层次高、实践能力强、科研水平高的优秀教师队伍。承担少数民族英语课程教学任务的教师基本功扎实、教学经验丰富、责任心强，学历和职称结构也更趋合理，其余教师均为硕士。

少数民族英语教学培养目标明确，能根据形势的发展与实际教学效果对目标进行调整。新世纪西部大开发促使英语在新疆也成为重要的交流工具，学习和熟练地掌握英语的重要性凸显出来。在发展少数民族地区经济、改变贫穷落后面貌的进程中，精通英语的少数民族人才将起到重要的作用。培养他们是少数民族高等教育的重要使命，而推进民族院校大学英语教学的改革与创新是民族高等教育发展的需要。新疆少数民族英语教育经历了一个从无到有的漫长过程，受制于其地域、经济、民族文化等不利条件，少数民族学生学习英语的时间短、起步低、基础极不扎实、困难重重，很难达到国家教育部所制定的标准。为了改变这种现状，近年来"少数民族英语教学"主要在更新教学理念、完善课程教学体系、丰富教学方法与手段等方面进行了改革和创新，及时调整，使教学计划、理论及实践环节与培养目标紧密相扣，保证了培养目标的落实。

少数民族英语教学十分注重学生基础知识、基本技能、学生的英语综合应用能力，特别是听说能力，使他们在今后工作和社会交往中能用英语有效地进行口头和书面的信息交流，同时增强其自主学习能力，提高综合文化素质，以适应我国社会发展和国际交流的需要。

经过多年努力，把少数民族英语教学作为一门全面提高少数民族学生听、说、读、写、译等多种技能的课程已逐渐成熟，其内容充实，教学计划完善，教材稳定，教学方法灵活多样，考核规范，这种具有一流的教学理念与教学手段以及一流的教师队伍，应该是新疆高校英语教师共同的奋斗目标。

# 附　录

## 一、新疆各高校少数民族大学生个人信息调查问卷

1.你上小学前最先学会的语言是什么？（　）

　　A.维吾尔语 B.汉语 C.其他（请写出）

2.你什么时候开始学习汉语的？（　）

　　A.幼儿园 B.小学 C.中学 D.大学

3.你是通过什么途径学会汉语的？（可多选）（　）

　　A.在学校学习 B.看电视、上互联网 C.听汉语广播 D.看汉语报纸和杂志

E.家里人说，就会了 F.和别的人说多了就会了

4.现在你能用哪些语言与人交流？（　）

　　A.维吾尔语 B.汉语 C.维吾尔语和汉语 D.其他语言或方言（请写出）

5.在家与长辈（如祖父母、父母等）说话时，你通常使用下列哪种语言？（　）

　　A.维吾尔语 B.汉语 C.以维吾尔语为主，夹杂汉语 D.其他语言或方言

6. 在家与同辈（如兄弟姐妹）说话时，你通常使用下列哪种语言？（　）

　　A.维吾尔语 B.汉语 C.以维吾尔语为主,夹杂汉语 D.其他语言或方言（请写出）

7.在家与小辈（如孩子）说话时，你通常使用下列哪种语言？（　）

　　A.维吾尔语 B.汉语 C.以维吾尔语为主,夹杂汉语 D.其他语言或方言（请写出）

8. 跟本民族朋友私下聊天时，你通常使用下列哪种语言？（　）

　　A.维吾尔语 B.汉语 C.以维吾尔语为主,夹杂汉语 D.其他语言或方言（请

写出）

9.上大学，你面临的最大困难是什么？（可多选）（ ）

A.学习 B.人际交往 C.生活费用 D.生活环境 E.饮食 F.用汉语同汉族学生和老师交流 G.其他

_____.

10. 在会议、宴会、课堂、工作地点等场合与本民族同学或朋友说话时，你通常使用下列哪种语言？（ ）

A.维吾尔语 B.汉语 C.以维吾尔语为主,夹杂汉语 D.其他语言或方言(请写出）

11.在会议、宴会、课堂、工作地点等场合与本民族陌生人说话时，你通常使用下列哪种语言？（ ）

A.维吾尔语 B.汉语 C.以维吾尔语为主,夹杂汉语 D.其他语言或方言(请写出）

12. 在学校与本民族老师说话时，你通常使用下列哪种语言？（ ）

A.维吾尔语 B.汉语 C.以维吾尔语为主,夹杂汉语 D.其他语言或方言(请写出）

13. 上小学、中学时与本民族同学说话，通常使用下列哪种语言？（ ）

A.维吾尔语 B.汉语 C.以维吾尔语为主,夹杂汉语 D.其他语言或方言(请写出）

14. 当你在现在就读的高校与本民族同学说话时，你通常使用下列哪种语言？（ ）

A.维吾尔语 B.汉语 C.以维吾尔语为主,夹杂汉语 D.其他语言或方言(请写出）

15. 当你在街道、公共汽车上、市场、医院、餐馆等场合与本民族陌生人交谈时，你通常使用下列哪种语言？（ ）

A.维吾尔语 B.汉语 C.以维吾尔语为主,夹杂汉语 D.其他语言或方言(请写出）

16.现在你看的最多的是哪种语言的书？（ ）

A.汉文 B.维吾尔文 C.其他语言（请写出）

17.你上网浏览最多的是什么语言的网页？（ ）

A.汉文 B.维吾尔文 C.其他语言（请写出）

18.你观看最多的影视片是什么语言的？（ ）

A.汉文 B.维吾尔文 C.其他语言（请写出）

19.你最爱听什么语言的歌曲？（ ）

A.汉文 B.维吾尔文 C.其他语言（请写出）

20.你属于哪一类学生？（ ）

A.民考民 B.民考汉 C.双语班

21.你在本市的居住时间为：（ ）

A.1—2年 B.3—4年 C.5—6年 D.7—8年 E.9年以上

22.小时候你周围的邻居中：（ ）

A.汉族人多 B.维族人多 C.汉维几乎一样多 D.多民族混杂

23.现在你家周围的邻居中：（ ）

A.汉族人多 B.维族人多 C.汉维差不多一样多 D.多民族混杂

24.你的家里有民考汉成员吗？（ ）

A.有 B.没有

25.你的家人说汉语吗？（ ）

A.经常 B.有时 C.偶尔 D.从不

26.你平时和本民族同学/朋友说汉语吗？（ ）

A.经常 B.有时 C.偶尔 D.从不

27.你中小学上的是：（ ）

A.汉校 B.民校 C.民汉合校

28.给你上汉语课的第一位教师是：（ ）

A.汉族 B.维吾尔族 C.其他（请写出）

29.给你上课的少数民族老师在用汉语上课时，汉语使用有多少？（ ）

A.很少 B.一般 C.很多 D.基本都是汉语

## 二、语言能力调查表

（一）上大学前的语言能力：

1.你的母语口语程度怎么样？（　）

　　A.能流利地与人交谈，没有任何障碍

B.能熟练地使用，但个别时候会遇到障碍

C.基本能交谈，但不熟练

D.能听懂，但不太会说

E.能听懂一些，但不会说

F.一点都不会

2.你的母语书面语表达能力怎么样？（　）

　　A.非常熟练，无障碍

B.比较熟练，有点障碍

C.不熟练，障碍较大

D.一点都不会

3.你的汉语口语程度怎么样？（　）

　　A.能流利地与人交谈，没有任何障碍

B.能熟练地使用，但个别时候会遇到障碍

C.基本能交谈，但不熟练

D.能听懂，但不太会说

E.能听懂一些，但不会说

F.一点都不会

4.你的汉语书面语表达能力怎么样？（　）

　　A.非常熟练，无障碍

B.比较熟练，有点障碍

C.不熟练，障碍较大

D.一点都不会

5.你的英（外）语口语程度怎么样？（　）

A.能流利地与人交谈，没有任何障碍

B.能熟练地使用，但个别时候会遇到障碍

C.基本能交谈，但不熟练

D.能听懂，但不太会说

E.能听懂一些，但不会说

F.一点都不会

6.你的英（外）语书面语表达能力怎么样？（　）

    A.非常熟练，无障碍

B.比较熟练，有点障碍

C.不熟练，障碍较大

D.一点都不会

7.你的汉语 HSK 考试通过几级了？＿＿＿＿＿＿＿＿＿＿

8.除汉语教科书外，你通常还如何接触和学习汉语？请在下列横线处列出。

＿＿＿＿＿＿＿＿＿＿＿＿＿＿＿＿＿＿＿＿＿＿＿＿＿＿＿＿＿＿＿＿＿

9.你学习汉语时遇到的最大障碍是什么？

    A.语法难懂

B.词汇量大

C.汉语的文化背景知识了解不够

D.语调难发准确

其他（请写出）

＿＿＿＿＿＿＿＿＿＿＿＿＿＿＿＿＿＿＿＿＿＿＿＿＿＿＿＿＿＿＿＿＿

10.你是否学习了一门外语？＿＿＿＿＿＿（是／否）；水平如何？＿＿＿＿＿＿＿（很差、一般、很好）

11.你学习英（外）语时遇到的最大障碍是什么？

    A.语法难懂

B.词汇量大

C.英（外）语的文化背景知识了解不够

D.语音、语调难发准确

其他（请写出）

_____

（二）从上大学到目前的语言能力：

1.你的母语口语程度：（　）

A.有提高

B.有下降

C.几乎没变化

原因（请写出）

_____

2.你的母语书面语程度：（　）

A.有提高

B.有下降

C.几乎没变化

原因（请写出）

_____

3.你的汉语口语程度：（　）

A.有提高

B.有下降

C.几乎没变化

原因（请写出）

_____

4.你的汉语书面语程度：（　）

A.有提高

B.有下降

C.几乎没变化

原因（请写出）

_____

5.你的英（外）语口语程度：（　）

A.有提高

B.有下降

C.几乎没变化

原因（请写出）

_____

6.你的英（外）语书面语程度：（ ）

A.有提高

B.有下降

C.几乎没变化

原因（请写出）

_____

### 三、语言态度调查表

1.你保持和使用母语的原因是（可多选）：（ ）

A.使用方便 B.从小习得 C.有很深的感情

D.其他（请写出）_____

2.你认为最能代表或反映你本民族特征的东西是（可多选）（ ）

A.语言 B.宗教 C.其他文化内容（如美食，服饰）

3.你认为学会汉语不难。（ ）

A.非常赞同 B.比较赞同 C.无所谓 D.比较不赞同 E.非常不赞同

4.你认为相对于汉语来说，外语更容易学好。（ ）

A.非常赞同 B.比较赞同 C.无所谓 D.比较不赞同 E.非常不赞同

5.你喜不喜欢说汉语？（ ）

A.非常喜欢 B.比较喜欢 C.一般 D.不太喜欢 E.不喜欢

6.你觉得学汉语（ ）

A.非常重要 B.比较重要 C.一般 D.不太重要 E.不重要

7.你学汉语是为了（可多选）：（ ）

A.与汉族人交往

B.兴趣或爱好

C.显得有文化、有修养

D.看汉语报纸、杂志、电影、电视，收听汉语广播

E.生活方便

F.为了升学考试或工作（找工作）方便

G.汉语是国语，必须学好

H.对汉语有感情

I.要接受高等教育、融入主流社会

J.学好汉语对我学好现在的专业课有很大帮助

K.其他（请写出）

8.你是否希望父母在家中说汉语？（　　）

　　A.希望／支持 B.无所谓 C.反对

9.如果你的本民族同学不会讲汉语，你会认为：（　　）

　　A.很不应该 B.无所谓 C.很自然

10.你有强烈的愿望学习汉语，把汉语学好。（　　）

　　A.非常同意 B.比较同意 C.无所谓 D.比较不同意 E.非常不同意

11.你对少数民族学生学汉语持什么态度？（　　）

　　A.非常支持 B.支持 C.无所谓 D.不太支持 E.不支持

12.你认为新疆的汉族小学生、中学生是否也应该在学校学习少数民族语言？（　　）

　　A.非常同意 B.比较同意 C.无所谓 D.比较不同意 E.非常不同意

13.很多本民族小孩既学母语又学汉语，结果影响本民族母语学习效果，也影响其他科目的学习。（　　）

　　A.非常同意 B.比较同意 C.无所谓 D.比较不同意 E.非常不同意

14.你与本民族的同学聊天时，你用母语而对方用汉语，你会觉得：（　　）

　　A.不舒服 B.很自然 C.无所谓

15.你认为你家乡的小学最好用哪种语言进行教学？（可多选）（　　）

　　A.汉语

B.本民族语

C.本民族语为主，汉语为辅

D.汉语为主，本民族语言为辅

16.你认为你家乡的中学最好用哪种语言进行教学？（ ）

　　A.汉语

B.本民族语

C.本民族语为主，汉语为辅

D.汉语为主，本民族语言为辅

17.今后在国内交往中，你认为哪些语言比较重要？（可多选）（ ）

　　A.汉话

B.本民族语

C.英语

D.其他外语，如日语或俄语

18.今后在国际交往中，你认为哪些语言比较重要？（可多选）（ ）

　　A.汉语

B.本民族语

C.英语

D.其他外语，如日语或俄语

19.你对汉族文化中的哪些内容比较感兴趣？（可多选）（ ）

　　A.语言文字 B.节日 C.传统道德观和价值观 D.历史典故和传说 E.宗教
F.生活习俗 G.其他（请写出）

20.假如你有孩子，你希望他/她接受哪种语言的学校教育？（ ）

　　A.汉语 B.本民族语言 C.民汉双语 D.从小学到大学各有不同

21.你认为在说维语时夹进汉语单词、词组和句子是（可多选）？（ ）

　　A.维语里没有合适的单词和句子

B.让别人知道我是一个懂汉语的人

C.只是习惯

D.有些词用汉语更简洁、方便

E.不想让周围的其他人知道那个词语或句的维语意思

F.突出某些话语，引起别人注意

G.使对话变得有趣

H.别人都这样说，我也这样

I.没想过这个问题

J.其他（请写出）

22.如果在维语对话中夹杂汉语单词、词组和句子，你认为这样做会达到什么效果？（　）

    A.有利于沟通，避免歧义，提高交际效果

B.对沟通没什么帮助

C.没概念，大家都这样，我也这样

23. 如果有人跟你谈话时在维语里夹进汉语单词、词组和句子，你认为他或她：（　）

    A.非常聪明

B.炫耀

C.语言技巧很差

D.正常

24. 汉文化中有很多东西值得你学习和借鉴。（　）

    A.非常同意 B.比较同意 C.无所谓 D.比较不同意 E.非常不同意

25. 越喜欢本民族文化，就越不愿意学习和了解其他民族文化。（　）

    A.非常同意 B.比较同意 C.无所谓 D.比较不同意 E.非常不同意

26. 学习和了解汉语、汉文化越多，越觉得自己的母语和传统文化不重要。（　）

    A.非常同意 B.比较同意 C.无所谓 D.比较不同意 E.非常不同意

27. 学习和了解汉语、汉文化越多，越觉得自己的母语和传统文化重要。（　）

    A.非常同意 B.比较同意 C.无所谓 D.比较不同意 E.非常不同意

28.汉语学得越好，汉文化越好懂。（　）

    A.非常同意 B.比较同意 C.无所谓 D.比较不同意 E.非常不同意

29.汉文化懂得越多，汉语越好学。（　）

    A.非常同意 B.比较同意 C.无所谓 D.比较不同意 E.非常不同意

30.本民族文化与汉文化有很大的差异，这是很自然的，还能互相取长补短。（　）

    A.非常同意 B.比较同意 C.无所谓 D.比较不同意 E.非常不同意

31.汉语学得越好，和汉族人的交往越自信、越顺利。（　）

    A.非常同意 B.比较同意 C.无所谓 D.比较不同意 E.非常不同意

## 四、维吾尔族大学生文化认同问卷

| 题号 | 题目 | 完全不符合 | 比较不符合 | 一般符合 | 比较符合 | 完全符合 |
|---|---|---|---|---|---|---|
| 1 | 我认为自己是一个地道的维吾尔族人 | 5 | 4 | 3 | 2 | 1 |
| 2 | 我喜欢交汉族朋友，也喜欢交本民族朋友 | 5 | 4 | 3 | 2 | 1 |
| 3 | 我更愿意保留我们本民族的生活方式，而不采取汉族的生活方式 | 5 | 4 | 3 | 2 | 1 |
| 4 | 我更喜欢参加只有汉族人的社会活动 | 5 | 4 | 3 | 2 | 1 |
| 5 | 我更喜欢交本民族朋友 | 5 | 4 | 3 | 2 | 1 |
| 6 | 在日常的生活中，我既喜欢用本民族语言，同时也喜欢用汉语进行交流 | 5 | 4 | 3 | 2 | 1 |
| 7 | 我喜欢参加既有本民族成员又有汉族人参加的社交活动 | 5 | 4 | 3 | 2 | 1 |
| 8 | 我觉得在保持本民族的文化传统时，同时也应适应汉族文化 | 5 | 4 | 3 | 2 | 1 |
| 9 | 我希望采用汉族人的生活方式的同时，也保留我们本民族的生活方式 | 5 | 4 | 3 | 2 | 1 |
| 10 | 我对我的宗教怀有尊敬之情 | 5 | 4 | 3 | 2 | 1 |
| 11 | 我更愿意交汉族朋友 | 5 | 4 | 3 | 2 | 1 |
| 12 | 我更喜欢参加只有本民族成员参加的社会活动 | 5 | 4 | 3 | 2 | 1 |
| 13 | 我觉得少数民族应该去适应汉族文化，而不要固守自己的文化传统 | 5 | 4 | 3 | 2 | 1 |
| 14 | 我更愿意采取汉族人的生活方式，尽量避免自己像一个少数民族人 | 5 | 4 | 3 | 2 | 1 |
| 15 | 我觉得应该保持我们本民族的文化传统，而不是去适应汉族文化 | 5 | 4 | 3 | 2 | 1 |

| 题号 | 题目 | 完全不符合 | 比较不符合 | 一般符合 | 比较符合 | 完全符合 |
|---|---|---|---|---|---|---|
| 16 | 如果您将来很有钱的话，您愿意不愿意拿出一部分捐给清真寺 | 5 | 4 | 3 | 2 | 1 |
| 17 | 我认为在现代社会，保持本民族文化传统很必要 | 5 | 4 | 3 | 2 | 1 |
| 18 | 每当听到国歌或看到国旗升起时我会为之激动 | 5 | 4 | 3 | 2 | 1 |
| 19 | 宗教信仰意味着我的精神生活的归属 | 5 | 4 | 3 | 2 | 1 |
| 20 | 我很愿意多去了解汉族和其他少数民族的风土人情和风俗习惯 | 5 | 4 | 3 | 2 | 1 |
| 21 | 对于一个没有宗教信仰的人，您是否觉得不可思议 | 5 | 4 | 3 | 2 | 1 |
| 22 | 为了更好地适应社会，我会有选择的模仿一些汉族的行为方式 | 5 | 4 | 3 | 2 | 1 |
| 23 | 我很愿意去宗教场所参加一些宗教活动 | 5 | 4 | 3 | 2 | 1 |
| 24 | 我愿意尽可能和汉族老师搞好关系，以获得更多学习方面的帮助 | 5 | 4 | 3 | 2 | 1 |
| 25 | 我与汉族老师、学生和朋友交流时在语言上有很大障碍 | 5 | 4 | 3 | 2 | 1 |
| 26 | 进入大学后，我能很快适应新的学习和生活环境 | 5 | 4 | 3 | 2 | 1 |
| 27 | 进入大学后，我汉语说得不标准或不流利时，害怕受到别人的嘲笑 | 5 | 4 | 3 | 2 | 1 |
| 28 | 汉语学好了，我更想去了解汉族和其他少数民族文化，也因为祖国的悠久灿烂的文化而自豪 | 5 | 4 | 3 | 2 | 1 |
| 29 | 在汉语课上教师通过对比汉文化和我本民族文化，提高了我学习汉语的兴趣 | 5 | 4 | 3 | 2 | 1 |
| 30 | 我在就读的高校学习汉语比较容易，因为我会主动找很多机会与汉族老师和同学用汉语交流 | 5 | 4 | 3 | 2 | 1 |
| 31 | 我与汉族老师、学生和朋友交流时在对一个事情的理解上有很多不同看法 | 5 | 4 | 3 | 2 | 1 |
| 32 | 我的观点和长辈不同的时候很多 | 5 | 4 | 3 | 2 | 1 |
| 33 | 我非常了解本民族的历史传说 | 5 | 4 | 3 | 2 | 1 |
| 34 | 我很了解本民族文字的起源 | 5 | 4 | 3 | 2 | 1 |
| 35 | 我很了解本民族信仰的宗教的起源以及教义、教规 | 5 | 4 | 3 | 2 | 1 |

| 题号 | 题目 | 完全不符合 | 比较不符合 | 一般符合 | 比较符合 | 完全符合 |
|---|---|---|---|---|---|---|
| 36 | 我很了解本民族的各种风俗习惯 | 5 | 4 | 3 | 2 | 1 |
| 37 | 我经常阅读一些与宗教有关的书籍 | 5 | 4 | 3 | 2 | 1 |
| 38 | 我毕业后愿意去本民族聚居的地区工作 | 5 | 4 | 3 | 2 | 1 |
| 39 | 我非常喜欢传统的本民族食品 | 5 | 4 | 3 | 2 | 1 |
| 40 | 我经常穿本民族的传统服饰 | 5 | 4 | 3 | 2 | 1 |
| 41 | 我生病的时候会去看本民族医生，吃本民族传统药物 | 5 | 4 | 3 | 2 | 1 |
| 42 | 我非常了解汉族的历史传说 | 5 | 4 | 3 | 2 | 1 |
| 43 | 我非常了解本民族的传统风俗习惯 | 5 | 4 | 3 | 2 | 1 |
| 44 | 我生病的时候会经常去看中医，吃中药 | 5 | 4 | 3 | 2 | 1 |
| 45 | 我的生活习惯比较接近汉族 | 5 | 4 | 3 | 2 | 1 |
| 46 | 我会庆祝一些传统的汉族节日 | 5 | 4 | 3 | 2 | 1 |
| 47 | 为了更好地融入主流社会，我尽可能地认识和接触一些汉族老师，同学和朋友 | 5 | 4 | 3 | 2 | 1 |

# 参考文献

## 中文文献

[1] 曹湘洪，王丽.多元文化背景下的语言选择——以乌鲁木齐市城市居民为例[J].云南师范大学学报，2009，（6）：20.

[2] 陈光伟.少数民族英语师范生学习障碍成因及对策[J].民族教育研究，2005，（2）：38-42.

[3] 陈玲、刘懋琼.新疆少数民族大学生公共英语学习心理环境建设研究[J].民族教育研究，2012，（5）：86-90.

[4] 从丛.我国英语教学的缺陷[N].光明日报，2000，（10）：19.

[5] 戴庆厦.社会语言学教程[M].北京：中央民族大学出版社，1994：144.

[6] 丁石庆.莫旗达斡尔族语言使用现状与发展趋势[M].北京：商务印书馆，2009：234.

[7] 盖兴之.双语教育原理[M].昆明：云南教育出版社，2002.

[8] 顾明远.教育大辞典[M].第1卷，上海：上海教育出版社，1990：37.

[9] 郭林花.壮族学生英语学习中的文化障碍及其对策[J].民族教育研究，2001，（6）：87-91.

[10] 郭日兰.壮族学生学习英语的劣势及教学对策[J].广西教育学院学报，2005，（6）：134-136.

[11] 哈经雄、滕星.民族教育学通论[M].北京：教育科学出版社，2001.

[12] 郝亚明.中华民族认同：中华民族共有精神家园的建设目标[J].广西民族研究，2011，（1）.

[13] 贺继宗.新疆高校英语教学与人才培养[J].国外外语教学，2002，（2）：47-49.

[14] 黄亚平，刘晓宁.语言的认同性与文化心理[J].《中国海洋大学学院学报》，2008.（6）：79.

[15] 姜宏德.双语教育研究报告[M].北京：新华出版社，2006.

[16] 姜秋霞等.西北民族地区外语基础教育现状调查—以甘肃省为例[J].外语教学与研究，2006，（3）：129-135.

[17] 巨积兰，范晓民.高校少数民族学生预科英语课程的设置[J].大连民族学院学报，2004，（6）：81-82.

[18] 科林.贝克著翁燕珩等译.双语与双语教育概论[M].北京：中央民族大学出版社，2008.

[19] 李静.民族心理学研究[M].北京：民族出版社，2005：120.

[20] 李　菊.对民族学生英语教学的几点思考[J].石河子大学学报，2001，（3）：54-55.

[21] 李月林.少数民族学生英语学习的特殊性研究[J].西南民族大学学报，2003，（8）：334-336.

[22] 李红杰、马丽雅.少数民族语言使用与文化发展政策和法律的国际比较[M].北京：中央民族大学出版社，2008.

[23] 廖冬梅.新疆民族双语发展历史现状与成就[M].乌鲁木齐：新疆人民出版社，2008.

[24] 刘彩霞，吴新平.新疆多元文化成因探析[J].石河子大学学报，2009，（1）：9-12.

[25] 刘炬红等.藏族学生的社会、语言、文化背景及学习英语的困难和干扰[J].西南师范大学学报，1998，（5）：37-40.

[26] 刘军.新疆中小学汉语、双语教学研究[M].乌鲁木齐：新疆教育出版社，2008.4.

[27] 刘润清.论大学英语教学[M].第一版.北京：外语教育与研究出版社，1999：15.

[28] 吕黛蓉，黄国文　王　瑾.从功能语言学角度看语码转换[J].外语与外语教学，2003，（12）.

[29] 麦丽哈巴·奥兰.新疆少数民族大学生英语学习状况研究[J].新疆大学学报，2007，（3）.

[30] 攀建华，金志成.语码转化的文化及心理因素探析[J].东北师大学报，2006，（4）.

[31] 全鸿翎.新疆师范大学民考民\民考汉少数民族学生外语学习过程中学习策略应用的调查报告[J].新疆师范大学学报，2006，（4）：129-133.

[32] 孙若穷.中国少数民族教育学概论[M].北京：中国劳动出版社，1990.

[33] 滕星.中国少数民族双语教育研究的对象、特点、内容与方法[J].民族教育研究，1996，（2）.

[34] 王斌华.中外比较：双语教育的界定、属性与目的[J].教育发展研究，2005，（6）.

[35] 王嘉毅，常宝宁，丁克贤.新疆南疆维吾尔族青少年国家认同调查[J].新疆社会科学，2008，（4）：40.

[36] 王鉴.民族教育学[M].兰州：甘肃教育出版社，2002.

[37] 王鉴.试论我国少数民族教育政策重心的转移问题》[J].民族教育研究，2009，（3）.

[38] 王莉，崔凤霞.我国少数民族聚居区内的汉语言认同问题研究———以新疆维吾尔族聚居区为例[J].甘肃社会科学，2009，（5）.

[39] 王锡宏.中国少数民族教育本体理论研究[M].北京：民族出版社，1998：119-180。

[40] 王亚鹏.少数民族认同研究的现状[J].心理科学进展，2002，（1）。

[41] 《50个"为什么"———维护国家统一反对民族分裂加强民族团结读本》，乌鲁木齐：新疆教育出版社，2009.

[42] 吴汉平.少数民族英语高等教育研究十年述评[J].民族教育研究，2007，（2）：174-177.

[43] 吴霞.维吾尔族学生英语学习观念和动机的调查[J].新疆大学学报（增刊），2003，（9）：127-129.

[44] 武咏梅.云南省少数民族大学生公共英语学习困难因素浅析[J].云南财贸学院学报，2002，（6）：117-120.

[45] 向红笳.民族院校学生英语学习的困难因素分析[J].民族教育研究，1998，（6）：22-25.

[46] 许菊.壮族学生英语学习的障碍及对策[J].民族教育研究，2000，（2）：72-75.

[47] 徐思益.徐思益语言学论文选（续集）[M].乌鲁木齐：新疆大学出版社，2006.

[48] 严学宭.中国对比语言浅说[M].武汉：华中工学院出版社，1985.

[49] 杨丽珍，谢劲芳.民族院校大学英语教学中存在的问题及对策[J].黔南民族师范学院学报，2006，（4）：81-83.

[50] 杨小鹃.少数民族英语教育的问题与对策[J].贵州民族教育，2006，（3）：133-137.

[51] 杨艳华.汉、藏语言在藏族学生英语语言习得中的负迁移作用[J].大连民族学院学报，2009，（1）：85-88.

[52] 余强.双语教育的心理学基础[M].南京：江苏教育出版社，2002：97~98.

[53] 张公瑾，丁石庆.文化语言学教程[M].北京：教育科学出版社，2004：258.

[54] 张 红.新疆少数民族学生英语学习存在的问题调查及对策[J].广西民族大学学报，2006，（6）：132-135.

[55] 张津海.英语学习动机、自我监控与学习效果的相关研究[J].民族教育研究，2005，（1）：

[56] 张梅.新疆少数民族双语教育模式及其语言使用问题[J].民族教育研究，2009，（4）：99.

[57] 张伟.浅谈双语教学的类型[J].贵州民族研究，1987，（3）.

[58] 张先亮，戬广南.文化认同：边疆民族地区和谐社会建设之魂[J].新疆师范大学学报.2008，（4）：156-159.

[59] 张燚等.新疆少数民族大学生英语学习态度动机调查[J].北京教育学院学报，2004，66-71.

[60] 赵其娟，赵其顺.民族学生英语认知能力调查分析[J].青海师专学报，2009，（1）：117-119.

[61] 周耀文.双语现象与双语教育[J].云南民族语文，1987，（3）.

[62] 周庆生.中国双语教育类型[J].民族语文，1991，（3）.

[63] 新疆维吾尔自治区编，《2009年新疆统计年鉴》，北京：中国统计出版社，2009。

[64] 新疆维吾尔自治区民族语言文字工作委员会编，《新疆民族语言分布状况语发展趋势》，北京语言大学出版社，2002。

# 英文文献

[1] Aida，Y.，Examination of Horwitz, Horwitz, and Cope's construct of foreign language anxiety: The case of students of Japanese. *The Modem Language Journal* 78，1994，155-168.

[2] Arnold J.，*Affecting Language Learning*，Foreign Language Teaching and Research Press，2000.

[3] Campbell，C. M. & Oritz，J. A. Helping Students Overcome Foreign Language Anxiety: A Foreign Language Anxiety Workshop. In E. K. Horwitz&D. J. Young（eds.），

[4] Language Anxiety: From Theory and Research to Classroom Implications. *Englewood Cliffs*，NJ: Prentice-Hall，1991: 153-168.

[5] Horwitz E K，Horwitz M B，Cope J.，Foreign Language Classroom Anxiety，*Modern Language Journal*，1986，Vol.70: 125-132.

[6] Macintyre PD，Gardner R C.，Anxiety and Second Language Learning: Toward a Theoretical Clarification. *Language Learning*.

[7]  Phinney, J., Chun, K., Organista, P., &Marin, G., *Acculturation*: *Advances in Theory*, *Measurement*, *and Applied Research*, .Washington, DC: American Psychological Association, 2003: 32-33.

[8]  Phinney , J.S.&L.L.Alipurial"Ethnic Identity in College Students from Four Ethnic Groups", *Journal of Adolescence*, 1990, (13).

[9]  AshleyW1Doane, Jr1, Dominant Group Ethnic Identity in the United States: The Role of'Hidden'Ethnicity in Inter-group Relations", *The Sociological Quarterly*, 1997, (38).

[10] Paul Wong Eds., Race, Ethnicity, and Nationality in the United States USA: West View Press, 1999, Peter I, Rose, The and We: Racial and Ethnic Relations in the United States, McGraw-Hill Companies Inc, 1997, (1).